北京市门头沟区村落志

香峪村志

北京市门头沟区地方志编纂委员会
北京市门头沟区档案史志馆 编

方志出版社
Publishing House of Local Records

图书在版编目（CIP）数据

香峪村志 / 北京市门头沟区地方志编纂委员会，北京市门头沟区档案史志馆编. -- 北京 : 方志出版社，2023.12

ISBN 978-7-5144-6142-8

Ⅰ. ①香… Ⅱ. ①北… ②北… Ⅲ. ①村史—门头沟区 Ⅳ. ①K291.5

中国国家版本馆CIP数据核字（2024）第024852号

责任编辑：丛　珺
责任校对：张玉霞
责任印制：梅中英
出 版 者：方志出版社
地　　址：北京市朝阳区潘家园东里9号（国家方志馆4层）
邮　　编：100021
网　　址：http://www.zgfzcb.cn
发　　行：方志出版社图书营销中心（010-67110500）
印　　刷：廊坊市国彩印刷有限公司
开　　本：787毫米×1092毫米　1/16
印　　张：19.5
字　　数：271千字
版　　次：2023年12月第1版
印　　次：2023年12月第1次印刷
定　　价：178.00元

北京市门头沟区地方志

编纂委员会

《香峪村志》编纂委员会

主　任：陈连军　史伟崇

副主任：于晓君　安文娴　赵　冉　金　敬

委　员：(按姓氏笔画排序)

王亚男　王金林　王建华　王建梅　王紫珊　吕嘉豪

刘　然　孙二树　李小婵　赵　艺　郭　赢　韩书清

《香峪村志》编辑部

主　　编：张慧军

副 主 编：王丙华

执行主编：潘会楼

编　　辑：徐贺成　付向东

编　　务：冯智逵　马春雨

《香峪村志》评审专家

王　鹏　艾永贵　石建山　朱　磊　任全礼

安全山　杨德林　张广来　罗保平　郝若婷

董志魁　韩春鸣　谭烈飞

凡　例

一、本志以马克思列宁主义、毛泽东思想、邓小平理论、“三个代表”重要思想、科学发展观、习近平新时代中国特色社会主义思想为指导，坚持辩证唯物主义和历史唯物主义的立场、观点和方法，全面客观记述古村落香峪村发展历程，传承历史文化，留住乡土记忆，服务首都全国文化中心建设。

二、记载村落地域范围为志书下限时间点的区域范围。

三、记述时限上限追溯至村落事物发端，下限到2020年底。

四、本志采用章节体结合条目体，结构为章、节、目、子目四层。前设概述、大事记，中为各专志，后设附录。横排门类，纵述史实，述而不论。

五、运用述、记、志、传、图、表、录七种体裁，以志为主，设专题图片和随文图表。

六、数字用法、标点符号用法分别采用国家标准《出版物上数字用法》（GB/T 15835—2011）、《标点符号用法》（GB/T 15834—2011），计量单位采用国家技术监督局1993年12月发布的《量和单位》系列国家标准。历史上使用的计量单位，如里、尺、斤等，尊重当时的情况，一般不作换算。

七、采用的各类数字以门头沟区统计部门公布的数字为准，个别采用专业部门、有关史料等提供的数字。

八、除引文资料和附录原始文献外，统一使用规范的现代语体文记述。

九、记述各个历史时期的党派、机构、职务、地名等，均以当时的名称为准。对频繁使用的名称，首次用全称，其后用简称。

十、入志人物记述分为传、简介、名录，遵循“生不立传”原则，收录本籍杰出人物的生平、事迹，以及在当地产生过影响的客籍人物。

十一、清代及清以前使用朝代年号纪年，1911 年起采用公元纪年。

十二、本志资料来源于各级档案馆（室）及旧志、家谱、报刊、专著和口述记载，需要说明的作页下注。某些史籍记载不一的材料，一时又难以考证确定者，以诸说并存为原则记述。

十三、本志记载中华人民共和国成立前的碑文、诗文，标点符号为编撰者所加。部分碑文、诗文的题目，为编撰者所拟。部分碑文的书写格式，与原碑刻和拓片有所不同，为编撰者重新编排，均用简体字。记载、引用的古代碑文、诗文中，出现缺字、残字，每个字以□代替；出现丢字，以【】形式补充，补字在【】内标出；出现错字、异字，在保留原字的同时，以 () 形式注出，注字在 () 内标出。

十四、大事记中的“△”表示本事件发生时间与上一事条相同。

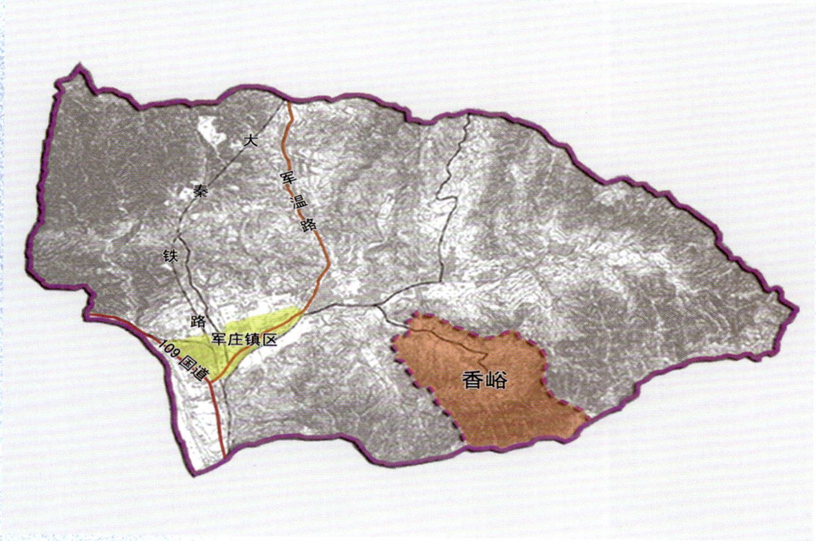

2020年香峪村在军庄镇位置示意图

2020年香峪村各项用地分布图

香峪村鸟瞰(2009 年 9 月 30 日摄)

香峪村北口牌楼（2021 年 8 月 31 日摄）

香峪村村北街区（2014 年 5 月 29 日摄）

香峪村八份沟观景亭（2008 年 11 月 17 日摄）

村党支部换届选举（2020 年摄）

村党支部“学习党课一小时”活动（2021 年 3 月 7 日摄）

党支部组织党员参观“没有共产党就没有新中国”纪念馆（2019年10月18日摄）

村委会研究工作（2019年5月8日摄）

村委会成员入户为老年人发放生活补助金（2020年1月22日摄）

香峪村“迎奥运　庆七一”联欢会(2008年6月30日摄)

香峪村民居风貌（2021 年 11 月 23 日摄）

香峪村韩家老宅院门（2021 年 6 月 6 日摄）

香峪村斗子坡居住区（2021 年 6 月 6 日摄）

香峪村农家乐小院（2014 年 5 月 29 日摄）

香峪村委会办公院（2022 年 6 月 22 日摄）

香峪村香峪观光园（2021 年 11 月 23 日摄）

香峪村养鸡场（2009 年 2 月摄）

香峪村七彩生态园（2012 年 6 月摄）

嫁接果树 (2019 年 9 月 30 日摄)

香椿种植基地（2013 年 1 月 13 日摄）

京白梨授粉（2018 年 4 月 10 日摄）

樱桃种植园（2021 年 11 月 23 日摄）

老西沟煤窑坑口遗迹
（2021 年 11 月 23 日摄）

裕丰陶粒厂车间遗址（2021 年 6 月 6 日摄）

八份沟林果基地冷库（2022 年 10 月 13 日摄）

香峪村乡情村史陈列室（2021 年 6 月 6 日摄）

香峪村文化文艺主题实践活动（2022 年 3 月 22 日摄）

反映古代农耕生活的村文化墙（2021 年 6 月 6 日摄）

村文化宣传栏（2021 年 6 月 6 日摄）

村民参加红五月大合唱（2016 年 5 月 15 日摄）

秧歌队表演花卉舞（2009 年 6 月 30 日摄）

香峪村医务卫生室（2022 年 10 月 19 日摄）

向老人宣讲卫生防疫知识（2022 年 3 月 23 日摄）

军民一起扫雪除冰 (2019 年 2 月摄)

洒水降尘清洗街道
(2021 年 11 月 14 日摄)

香峪村环境卫生清洁日活动
(2020 年 1 月 30 日摄)

香峪村妇女“三八”登山活动合影 (2008 年 3 月 8 日摄)

村民健身娱乐活动 (2021 年 3 月 22 日摄)

村休憩园内健身器械 (2021 年 6 月 6 日摄)

七神庙遗迹 (2021 年 6 月 6 日摄)

古门楼（2012 年摄）

香峪古驮道遗迹 (2022 年 10 月 13 日摄)

香峪大梁的三区交界碑
(2022 年 10 月 13 日摄)

八份沟岭上的城乡共建基地“同心”碑
（2012 年 7 月摄）

香峪村樱桃园“携手共建　精准帮扶”碑石（2021 年 11 月 23 日摄）

收存在村委会院内的清代安亲王墓地界桩石 (2021 年 6 月 6 日摄)

证书
北京市门头沟区军庄镇香峪村：
被评为"全国文明村镇"，特发此证予以表彰。
中央精神文明建设指导委员会
2017年11月
荣誉证书
军庄镇香峪村村民委员会：
被评为2010年度北京市门头沟区森林防火工作先进单位。
二〇一〇年十月
荣誉证书
北京市门头沟区军庄镇香峪村村委
在二〇〇九年爱国卫生工作中成绩显著，评为市级爱国卫生先进单位，特颁发荣誉证书。
北京市爱国卫生运动委员会
二〇〇九年十二月
荣誉证书
香峪村治保会：
二零零三年在维护首都社会治安和各项安全保卫工作中成绩显著，被评为北京市先进治保会。
北京市公安局
二零零三年十二月
荣誉证书
军庄镇香峪村党支部 荣获2006--2008年
先进基层党组织
XIANJINJICENGDANGZUZHI
中共门头沟区委
二〇〇八年六月
荣誉证书
军庄镇香峪村
被评为二〇〇九年度首都文明村。
特颁此证。
首都精神文明建设委员会
二〇〇六——二〇〇八年度
北京市"五个好"村党组织
中共北京市委组织部
中共北京市委农村工作委员会
二〇〇九年三月
北京市农村妇女"双学双比"
示范基地
北京市"双学双比"竞赛活动协调小组
北京市妇女联合会
二〇一三年九月

香峪村获得的部分荣誉

香峪村民观看“砥砺奋进的五年”大型成就展后留影（2017 年 12 月 19 日摄）

香峪村组团到避暑山庄旅游留影 (2012 年 5 月 25 日 摄)

目　录

概　述

北京市门头沟区军庄镇香峪村，在门头沟区域东部，距门头沟区政府驻地大峪街道12.50千米，距军庄镇政府2.50千米。村中有沥青公路，与军庄镇至东山村公路相连。

香峪村坐落于香峪大梁北麓，地势南高北低。东与军庄镇的孟悟村、新村、东山村毗连，南与石景山区的五里坨街道隆恩寺村交界，西与军庄镇的西杨坨村为邻，北与军庄镇的东杨坨村相接。村域最高点在香峪大梁主峰克勤峪，海拔797米；最低点在村口牌楼北部香峪沟的沙沟沿底，海拔150米。2020年年底，村域面积254.85公顷。其中，村庄建设用地9.68公顷，非建设用地104.89公顷，山林用地140.28公顷。村域自然资源丰富，地面林木葱茏，植被茂密，香椿树尤多；地下矿产主要有煤炭、页岩等，水资源丰富。

香峪明代已成村。明万历年间编纂成书的《宛署杂记》中即有"香峪山""香峪村""香芋沟"的记载。清代初期，香峪大梁南麓建立清饶馀敏郡王阿巴泰及其四子安亲王岳乐之墓，村庄所在地被划入寝园墓区范围之内。清朝前期，因认为采煤影响王坟风水，王坟墓主在香峪村设立看坟人员，宛平县衙署在香峪村立坟墓界碑，禁止在香峪村域采煤。清后期至民国年间，香峪村采煤业一度繁兴，村人传香峪村曾有煤窑 72 座，村中运煤驮道经香峪大梁走过街塔至碧云寺前煤厂街，成为三山五园的重要煤炭供应地。因采煤业发展，村庄建有多处宅院，形成商业街，还有首饰银楼。20 世纪 30 年代后期至 40 年代前期，日本侵略者在香峪村开办北开煤矿，掠夺村庄煤炭资源，以蒸汽机作为动力机械，以汽车外运煤炭。在日本侵略军的奴役下，香峪村村民过着悲惨的生活。日本投降后，香峪村所在地成为国民党统治区，社会动荡，香峪村村民无法正常生产，经济难以发展。

中华人民共和国成立后，香峪村村民在中国共产党领导下，进行土地改革，耕者有其田，居者有其屋。20 世纪 50 年代中期走集体化道路，建立农业生产合作社。1958 年成立人民公社，为政社合一的管理体制，香峪村隶属东杨坨生产大队，村民主要从事农业生产劳动。社会主义的优越制度，焕发出村民的生产积极性，集体经济发展壮大，人民生活水平逐年提高。村庄尽人力、物力、财力，支援社会主义建设。提供大批青壮年劳动力，参加国家煤矿等单位建设。1959 年至 1960 年，因国家建设工程需要，香峪村大量土地被征用或划拨。香峪村上街村民整体迁出，在孟悟村与东山村之间建立新村，香峪村减少近一半人口。

1961 年下半年农村划小经济核算单位，香峪成为军庄公社的直属生产大队。1969 年，中共香峪村党支部建立，直属军庄公社党委领导。20 世纪 70 年代，香峪村进行农田基本建设，治山治沟，扶唇垒堰，开辟梯田，养猪积肥，推广科学种田，提高土壤肥力，改变了农作物生长条件，增强了抵抗自然灾害能力，粮食产量大幅度提高。村庄重视生态建设，因地制宜，植树造林，荒山披上绿装，果树成林成片。

1978 年党的十一届三中全会后，党的工作重心转移到社会主义经济建设上来，香峪村人解放思想，积极投身改革，发挥优势，农林牧副全面发展，村庄面貌焕然一新。众多村民新建了房屋，村中铺设了标准水泥公路，汽车可直接开进村庄。1983 年，国家撤销人民公社、大队建制，香峪大队改称香峪村，为门头沟区军庄乡的 8 个建制村之一。香峪村建立村民委员会，逐步实行村民自治制度。进行经济体制改革，实行家庭联产承包责任制。香峪村转变经济增长方式，不再以粮食种植业为主。村庄因地制宜，大力发展多种经营，为承包土地、果树的村民投资，促进村庄经济协调、可持续发展。

进入 21 世纪，香峪村根据北京城市功能定位需要，按照市、区生态涵养建设的有关规定，积极开展社会主义新农村建设活动。香峪村制定新农村发展规划，制定村规民约。村党支部、村委会积极支持村民勤劳致富，努力扩大就业门路，鼓励村民自主创业。组织村民栽植果树和林木，发展香椿产业，建立香椿生产基地，形成特色品牌。进行小流域治理和生态园建设，保水保墒，田间水泥道路通上多处山顶。发展观光农业，组织采摘活动，果园建有冷库，山上建有多处观景亭台。通往村中公路加宽调直，增加护坡和围墙，设立 4 处固定停车场。街道全部铺上石板，街旁、路旁全部进行了绿化美化，安设有太阳能路灯。村庄重新铺设调整供水排水管道，村民全部用上自来水，洗浴方便。村中建起综合文化活动中心和游乐、健身活动场所。其中，2012 年开馆的乡情村史陈列室是门头沟区首家，带有铁网围栏的灯光篮球场属全镇唯一，村中安设的体育锻炼器材器械有 60 余台（套）。村庄实行垃圾分类管理，建立水冲式厕所。村庄的居住环境、村容村貌、服务设施、公益事业发生巨大变化。村民看病有医疗室，看书有图书馆，锻炼有健身场所，开会有多功能会议中心，出行有公共汽车，用电、用水、上网方便，超过退休年龄的劳动力也享受到保险待遇。村庄进行集体经济股权确认，村民成为股东。全村实现少有所学、壮有所成、老有所养，村民的吃、住、行和医疗、教育等生活条件得到彻底改善，生活水平显著提升。香峪村党支部多次被评为门头沟区“五好”党支部，香峪村先后获得“首都绿色村庄”等多种荣誉称号。2017 年，香峪村被评为全国文明村镇，

2020 年进行复查，香峪仍然保留全国文明村镇称号。

2020 年 12 月 31 日，香峪村常住人口 223 户 367 人。其中，农户人口 96 户 161 人，非农户人口 127 户 206 人。有土地面积 3783 亩。其中，农用地 3587 亩，建设用地 196 亩。全村建筑面积 4.91 万平方米，其中村民住宅面积 2.50 万平方米。村民自有宅院 146 个（套），有房屋 1280 间。村庄主导产业，已经实现转轨变型，主要从事林业管护等生态建设工作和发展文化旅游业。全村域森林覆盖率在 90% 以上，传统果品京白梨为当地品牌产品，传统林产品香椿年产量近万千克，建有八份沟等生态园、观光园，村庄的经济效益、社会效益、环境效益协调发展，村庄成为宜居、宜业、宜养的社会主义新山村。

社会主义的优越社会制度，使香峪村获得新生，村民成为社会的主人，过上比较富裕美满的生活。改革开放四十多年，香峪村的生产、生活方式发生了历史性的嬗变，村民进入小康，生活更加幸福。

香峪村的明天，将会更加美好。

大 事 记

明

万历年间（1573—1620）

《宛署杂记》一书记有“香峪山，在县西九十里玉河香峪村”。又载有“香芋沟”村名。

清

清代初期

多罗饶馀郡王阿巴泰及其四子安亲王岳乐在香峪大梁南麓建立王坟，将香峪大梁北侧香峪一带划入坟茔范围之内，派有王、陈、朴、郭4姓人家迁入香峪村，以护坟茔。

康熙三十一年（1692）

十一月，朝廷给位于香峪村的东三分窑、东双门窑发官价，同王府之南新窑，和王府自行购买的榆树窑、三分窑，一并封闭。

乾隆元年（1736）

宛平县将香峪村煤窑勒石永禁。

乾隆三年（1738）

三月，为保护饶馀敏郡王阿巴泰及其四子安亲王岳乐之墓，宛平县在香峪村立“遵旨永禁碑”，禁止在香峪采煤。

清代末

香峪村隶属京师顺天府宛平县捕卫南乡。

中华民国

1937年

年底，日本侵略军占领北平地区后，在农村建立保甲制度，香峪村设有甲长。

1941年

侵华日军在香峪村开办北开煤矿，有锅炉蒸汽动力机械。

1943年

在日本侵略军统治下，香峪村众多村民生活困难，外出逃荒要饭。

1945年

抗日战争胜利，香峪村村民开展庆祝活动。

1948年

12月，香峪村解放。

1949年

3月，中国人民解放军对原驻守北平的国民党守军进行整编，有部分人员拒绝整编逃到香峪附近，被追回缴械。

中华人民共和国

1950 年

香峪村张富宝、王文元等青年积极报名参加志愿军，赴朝参战，保家卫国。

1952 年

9 月，北京市设立京西矿区，辖 7 区 1 镇 277 个建制村，香峪作为自然村，隶属京西矿区大台小区。

1953 年

京西矿区划乡工作完成，全区设有 8 个小区、1 镇。8 个小区为农村区，有 112 个乡 324 个自然村，香峪村作为自然村，隶属京西矿区石门营小区东杨坨乡的东杨坨村。

1956 年

10 月，京西矿区撤销小区改设大乡，香峪自然村隶属军庄乡东杨坨村。

是年，香峪村建立“五保”（保吃、保穿、保住、保医、保葬）供养制度，对村里缺乏劳动能力和生活无依靠的老年人，保证有衣穿、有饭吃、有房住，得病能及时治疗。

1958 年

5 月，北京市撤销京西矿区，成立门头沟区，香峪自然村隶属门头沟区军庄乡东杨坨村。

8 月 31 日，门头沟区撤乡成立 3 个人民公社，香峪村隶属门头沟人民公社军庄生产大队。

是年，香峪生产队建立农民公共食堂，在张林泉院内建立托儿所和幼儿园。

1959 年

3 月，因单位占地需要，香峪生产队上街村民计 43 户 155 人，整体搬到山下孟悟村与东山村之间，另建村庄，名新村。

是年，香峪生产队办养猪场。

1961 年

6 月，门头沟区 3 个大人民公社划为 14 个小人民公社，香峪为隶属军庄人民公社的直属生产大队。建立大队管理委员会，设有队长、副队长、会计、保管等大队领导和管理人员。

1962 年

是年，香峪大队开始独立经济核算，自我经营、自我发展、自负盈亏。

△ 香峪大队小学由村中娘娘庙搬至下街原猪场所在地，大队新盖 2 间教室和 1 间教师办公室。小学校有 3 个年级计 20 余名学生、1 名教师。

1963 年

是年，香峪大队村民开始使用电灯照明，香峪大队按村民灯口数量收缴电费，再付给供电单位。

1964 年

6 月 10 日至 11 日，香峪大队所在地域降冰雹，有的雹粒直径 4.5 厘米，重达 9.4 克，香峪大队林果业受灾。

是年，香峪大队成立贫下中农协会（简称贫协）。贫协主席韩书元。

1965 年

春季，香峪大队开展以“四清”（清政治、清思想、清经济、清组织）为主要内容的社会主义教育运动。

是年，香峪大队成立共青团支部。村共青团组织在“四清运动”中，发展 7 名团员，加上原有的 6 名团员，共有 13 名团员，占全村 18 名青年的 72%。

是年，香峪大队设出纳员，财务管理除会计外，由出纳员管理现金业务，主要从事银行的取、存款，支票、汇票管理，社员借款、劳动报酬发放等。

△ 香峪大队建立卫生室，为村民提供医疗服务。

1966 年

6 月，香峪大队 4 名积极分子加入中国共产党，香峪村成立党小组，隶属中共东杨坨大队党支部。

同月，香峪大队成立治安保卫委员会。

1968 年

2 月 29 日，香峪大队成立革命委员会。王淑琴任革命委员会主任。

1969 年

下半年，香峪大队在行政管理上学习解放军政治建队。村革命委员会设政治指导员；生产大队下设三个排，每个排设政治工作员。

7 月 11 日，中共香峪大队党支部成立，党支部书记王淑琴。

是年，香峪大队建立合作医疗。由大队和村民共同出资，作为合作医疗资金。

△ 在北京矿务局木城涧工作的香峪大队韩宝瑞当选为中共“九大”代表并出席中共“九大”会议。

1970 年

6月18日至7月21日，香峪大队地域连续刮大风，最大风速29米／秒，香峪大队农作物倒伏。

11 月 20 日，门头沟区西辛房中学 16 名初中毕业生到香峪大队集体插队落户。

1971 年

8 月 4 日，经中共军庄人民公社委员会常委会同意，香峪大队党支部书记改由朴玉兰担任；香峪大队新一届革命委员会由 7 人组成，主任为王金宝。

1974 年

香峪大队发生核桃毛虫、棍虫、青刺蛾、草履芥虫灾，大面积树叶被害虫吃光，很多树木枯死。

1976 年

7 月 28 日，唐山发生大地震，波及香峪大队，部分房屋受损。

是年，香峪大队党支部开展“三会一课”（党支委会、党员大会、党小组会、党课）活动。

1978 年

香峪大队妇联开展争当“三八”红旗手活动，动员和组织村中妇女为社会主义建设事业贡献力量。

1979 年

香峪大队全年总收入达到 9.4 万元，比 1978 年增长 39.3%，创香峪大队年收入历史最高水平。

1980 年

是年，香峪大队革命委员会撤销。

1981 年

10 月，香峪大队党支部换届选举，党支部书记为韩书清。

是年，香峪大队开始实行农民退休制度，退休金从公益金支出。劳龄从 1958 年开始计算，每劳动 1 年，每月发 1 元。退休金在年终一次性发放。

1983 年

12 月，香峪大队管理体制改为行政村建制，原生产大队长王金林为香峪村村委会主任。

是年，香峪大队农业生产实行家庭联产承包责任制，将集体土地分给个人经营，承包期限 15 年。

1984 年

香峪村村民宅基地批准权改由上级土地部门批准。

1985 年

香峪大队和北京市建材局墙体材料公司合作，在香峪村建立北京裕丰陶粒厂，生产建筑材料人造轻骨材料陶粒。1992 年陶粒厂关闭。

1988 年

3 月，香峪村在陶粒厂办公院内打机井 1 眼，深 205 米，每小时可出水 20 立方米。

8 月 2 日，香峪村地域下大暴雨，部分农田遭水灾淹毁，农业歉收。

是年，香峪村与东辛房水电安装队联营蛋鸡养殖场，养鸡 1 万只。

1989 年

7 月，经村民会议代表民主投票选举，产生香峪村第一届村民委员会，主任为王金林。

80 年代末

香峪小学校撤销，村民子女读书到东杨坨村学校。

1990 年

是年，香峪村妇联在村妇女中开展“学文化学技术，比成绩比贡献”的“双学双比”活动。

1991 年

香峪村成立农工商经济合作社。社长为王金林。

是年，香峪村集体养猪 158 头，是养猪头数最多的一年。

1993 年

香峪村建立养老保险机构。

1994 年

香峪村与北京煤炭工业技术学院合作成立北京科爱思铝粉厂。该厂由香峪村提供生产厂房场地和劳动力 30 人，煤炭工业技术学院出资

850 万元，共同进行生产经营。2002 年，北京科爱思铝粉厂生产经营终止。

1995 年

香峪村在村南建第一个垃圾池，雇用拖拉机拉运垃圾。同年，香峪村筹资在村内新建 3 个卫生公厕。

1996 年

香峪村村民承包土地期限延长至 30 年。很多村民在经营土地过程中，改种粮为种树，灵活经营。

1997 年

香峪村为特困户发放低保补助金每人每月 297 元。2000 年起逐年增加，逢年过节还有物质照顾。

1998 年

6 月，香峪村按照全国人大会议新修订的《中华人民共和国村民委员会组织法》规定要求，换届选举产生第四届村民委员会。王金林任村委会主任。

1999 年

香峪村推行村务公开制度，成立村务公开领导小组与村民监督理财小组。

2000 年

香峪村用国家投资 15 万元，建立一个建筑面积 1500 平方米的小尾寒羊养殖小区，内有小尾寒羊 100 多只。

2002 年

香峪村建立村民会议制度和村民代表会议制度。

2003 年

香峪村引进北京格瑞开元高科技有限公司在村域办厂，利用废旧塑料等原料，生产国家重点扶持且具有知识产权的壁炉、栅栏等产品。香峪村每年收取土地租赁费 14 万元，同时解决了村里大部分劳动力就业。

是年，香峪村采取消毒、洒药、值班设卡、发放口罩等多种方法，预防“非典”疫情。

△ 香峪村投资 5000 元，在街路下铺设 700 米长排水管道，解决村民生活用废水的排放问题

2004 年

7 月，杨香公路（东杨坨—香峪）拓宽铺油工程全面完工。公路长 1.8 千米，平均宽 7.5 米，香峪村筹资 52 万元并组织村民出工出力建设。

是年，香峪村加大产业结构调整力度，完成退耕还林 112 亩。

△ 香峪村成立村民体育健身队，有队员 20 余人。

△ 香峪村党支部被中共门头沟区委评为“五个好”党支部。

2005 年

12 月，香峪村党支部开展先进性教育活动。

是年，军庄镇政府聘请北京炎黄方圆城市规划设计院为香峪村制订新农村建设规划。

△ 香峪村建立综合文化服务中心，面积 1300 平方米，设有图书室、计算机室等。

△ 香峪村成立秧歌队、锣鼓队。

△ 香峪村制定为农户老人发放补助金制度。

2006 年

3 月，香峪村妇联被评为门头沟区“双学双比”先进集体。

6 月，香峪村在原场院西北侧打一眼村民供水用机井，深 405 米；建两间 50 平方米的水泵房，铺设一条 2000 米长的供水管道。

11 月 23 日，香峪村与北京金隅集团物业公司举行“城乡携手迎奥运、共建文明京郊行”签约仪式。

是年，香峪村在八份沟辟建农林产业基地，亦称“香峪七彩生态农业园”。

△ 香峪村成立老年人协会。

△ 香峪村出资为 46 名育龄妇女进行免费体检。

△ 香峪村建立卫生保洁制度，设立专职保洁员和垃圾清运车，每天对街道、垃圾池、公厕进行清理和打扫，保障村容街貌干净整洁。

△ 香峪村被列为门头沟区新农村建设试点村。

2007 年

2 月，香峪村组织村民参加军庄镇“迎新春”花会表演，获一等奖。

是月，香峪村被中共门头沟区委、区人民政府授予“门头沟区 2006 年人口和计划生育示范村”称号。

3 月，香峪村被首都精神文明建设委员会评为“2006 年度首都文明村”。

4 月，香峪村表演队通过区文化委员会评审，成为区“文艺演出星火工程”活动第一批非企业队表演单位，在全区“和谐新区快乐生活”文化展演中获区最佳创意奖。

10 月，香峪村成立村务公开民主管理专项督查小组。

12 月 7 日，香峪村与石景山区广电中心举行“城乡携手迎奥运、共建文明京郊行”签约仪式。

12 月，香峪村被北京市社会主义新农村建设领导小组、村务公开办公室评为“村务公开民主管理示范村”。

是年，香峪村建成老年活动站，成立老年人学校。总出资 25 万元，建筑面积 246 平方米。

△ 首都精神文明建设委员会授予香峪村“2007 年首都军民共建精神文明先进单位”称号；香峪村被北京市计划生育协会认定为“北京市幸福工程项目基地”。

△ 香峪村为确保安全饮水，为机井配套安装变压器，修建了供水厂，砌筑消毒过滤池，建 2 个扬水站，铺设供水管网长度增至 2.5 万米。

2008 年

6月，香峪村与门头沟区档案局、石景山区广电中心和香峪村驻地军队共同举行庆祝“七一”党的生日联欢活动。

12月，由门头沟区文联民俗协会、香峪村联合编纂的《香峪》一书出版，全书11万字。

是年，香峪村建篮球运动场，面积400余平方米，设有围网、照明灯具、观众座椅和赛事服务台，是军庄镇唯一的乡村室外灯光篮球场。

是年，中国联通公司和中国移动公司，分别在香峪村建立通信塔。

△ 香峪村建立益民书屋、数字家园，有图书1000余册及电脑、影碟机等。

△ 香峪村组织村民向汶川地震灾区捐款活动。村民捐款5520元，党员交纳特殊党费2610元。

△ 香峪村党支部把环境整治工作纳入“迎奥会　做贡献”的重点工程。共组织大规模环境治理行动16次，出动人员530余人次，动用车辆45台次，清理村内堆物堆料150余处600多立方米；治理残墙断壁3处，共290米；砌护坡挡墙300立方米；在道路两侧新栽各种树木花卉3200株，累计绿化1800平方米。

2009 年

2月，香峪村被北京市人民政府、首都绿色委员会评为首都绿色村庄。

12月，香峪村被北京市爱国卫生运动委员会评为2009年爱国卫生先进集体。

是年，香峪村在区农委出资支持下，建成一座太阳能村民公共浴室，建筑面积85平方米，室内配备有成套洗浴设施。

2010 年

2月，香峪村被中共门头沟区农业农村工作委员会、门头沟区农村工作委员会、门头沟区人力资源和社会保障局评为2009年度农民致富先进村。

4月，香峪村获首都精神文明建设委员会颁授的“2009年首都文明村”荣誉证书。

10月，香峪村被门头沟区森林防火指挥部评为2010年度森林防火先进单位。

2011年

5月，香峪村在北村口兴建牌楼，为两柱单门三横梁悬檐式的仿古建筑。

2012年

7月21日，香峪村遭遇暴雨袭击，部分农田庄稼受灾，村民住房受损。

是年，香峪村建立村史陈列馆。

2013年

5月，香峪村被北京市农村妇女“双学双比”（学文化、学技术、比成绩、比贡献）活动协调小组和北京市妇女联合会授予“北京市农村妇女‘双学双比’活动示范基地”称号及荣誉牌匾。

7月18日，香峪村村民自治章程开始实施。

是年，香峪村开展为四川雅安地震灾区捐款活动，有72人参加，计捐款4700元。

2014年

香峪村在“五一”劳动节期间为村民发放粮油费，在“三八”妇女节期间，为妇女和儿童发放慰问金，还为147名老人提供免费体检，共支出5.16万元。

是年，香峪村组织村民参加门头沟区登山比赛活动，获得门头沟区体育局颁发的健步登山比赛一等奖。

2015年

香峪村在村北修建小微绿地公园，占地2.7万平方米。公园里有凉亭、休憩座椅、青砖步道、多种观赏树木。

是年，门头沟区园林部门在香峪村八份沟的大坨山梁上，建立高约7米的铁架防火瞭望塔。

2016年

7月18日，香峪村村规民约张榜上墙，公布实施。

是年，香峪村出资2万元，建立老年活动站，设立老年学校，建筑面积80平方米。

2017年

11月，香峪村荣获中央精神文明建设指导委员会颁发的“全国文明村镇”荣誉证书。

是年，香峪村实施八份沟“七彩生态园”建设工程。对园区内农林业设施修建维护，共砌筑石墙1100立方米，辟建田间步道350米，构架双面围栏350米；对果树进行打药、剪枝、处治病虫害等，还在园区补栽梨树1100棵。

△ 香峪村开展打造美丽乡村与环境整治100天专项行动。实施街坊道路、太阳能路灯、太阳能浴室、污水处理站、社区回收站等升级改造项目，组建环境保洁员和监督员队伍，开展“环境优美户”和“好村民”评选活动。

△ 香峪村舞蹈队参加门头沟区文化委员会、门头沟区文化馆举办的第四届“舞动门头沟”舞蹈展演活动，获最佳进步奖。

2018年

11月26日至12月14日，香峪村为18名退役军人住家悬挂退役军人光荣牌。

是年，香峪村成立退役军人服务站。

△ 香峪村参加门头沟区及军庄镇政府开展的“疏解整治促提升、美丽乡村建设专项”行动，推进“厕所革命”，新建1座水冲式公共厕所，

将村内原有 6 座公共厕所维修改建提质升级，完成区、镇政府交办的拆除违法建设和低端污染产业退出等工作。

2019 年

香峪村成立“守护青山志愿服务队”及“门头沟热心人志愿服务队”，巩固和保障村庄环境治理成果。

2020 年

3 月 27 日，香峪村参加门头沟区组织的创城高潮日大扫除行动，香峪村打扫胡同 3 个，清理卫生死角 6 处。

7 月，门头沟区军庄镇政府委托首建品印国际建筑规划设计（北京）有限公司编制的《香峪村美丽乡村规划（简本）》完成。

是年，香峪村建 2 处机动车停车场，砌建主干街道文化墙 500 米。

△ 香峪村组建村庄环境治理与基础设施管护队伍，配有街坊路管护人员 16 人，垃圾分类收集设施管护人员 1 人，公厕管护人员 6 人，路灯管护人员 2 人，绿化管护人员 2 人。

第一章　村落起源与建置

香峪村在明万历年间即有记载。因村有采煤业，曾一度兴盛。清初，所在地被划入王坟山场，并迁入看坟户，村庄规模扩大。中华人民共和国成立后，走集体化发展道路，人民生活水平提高。1959 年，因单位征用土地，近半数村人搬迁。60 年代初，成立香峪生产大队，为政社合一的基层经济核算单位。改革开放后，实行家庭联产承包制，香峪生产大队改为建制村。至 2020 年底未变。

第一节　村庄位置与村名

村庄位置

香峪村为北京市门头沟区军庄镇辖属的 8 个建制村之一。位于北京市门头沟区军庄镇域东南部，在香峪大梁北麓。香峪村东面与军庄镇的孟悟村、新村、东山村为邻，南面与石景山区的隆恩寺村交界，西面与军庄镇的西杨坨村为邻，北面与军庄镇的东杨坨村为邻。村域东西最宽约 2 千米，南北最长约 5 千米。最高点在香峪大梁，海拔 797 米；最低点在村北牌楼西侧的香峪沟的沙沟沿底，海拔 150 米。村委会距门头沟

图 1-1　香峪村下街民居风貌（2008 年 6 月 8 日摄）

区政府约 12.5 千米，距军庄镇政府 2.5 千米。

香峪村聚落分为老民居片和新民居片两部分。老民居片的户数和房屋建筑，占全村聚落面积的 4/5。香峪村坐南朝北，三面环山，北面敞开。民居沿南北向的香峪沟谷排列，形成一条南北向街道。街道长约 700 米，两旁房屋院落高低错落。新民居片位于斗子坡，占全村聚落面积的 1/5。坐北朝南，沿东西向的斗岭子山排列，房屋建筑也呈散落式分布。新民居片在 20 世纪 80 年代末开始建设，至 2020 年陆续形成。

香峪村有标准沥青公路通东杨坨村，称为杨香路。杨香路起于杨东路（西杨坨—东山）的香峪路口，向南蜿蜒而上，至香峪大梁下的驻香峪村部队营区止。

杨东路在西杨坨村与军温路（军庄—海淀区温泉）相交。香峪村村委会办公室至军庄镇政府驻地，途经杨香路、杨东路、军温路。从军庄镇政府再往西约 1000 米至军庄村，有 109 国道（北京—拉萨）通过。在香峪村北的西杨坨村，有北京市西六环路、北京市西环线铁路经过。在军庄村，还有北京至张家口的高速公路。

21 世纪初，门头沟区交通运输公司设公交车通香峪村，在香峪村设有香峪村和香峪两个公交车站。

2020 年底，香峪村有土地面积 3783 亩。其中，农用地 3587 亩，建设用地 196 亩。农用地中，林地 3480 亩，园地 107 亩。建设用地中，农村宅基地157亩，公益性建设用地4亩，经营性建设用地35亩。全村户籍人口有223户367人。

村名由来

图1-2 香峪村内公路（2022年10月19日摄）

香峪村名来历，最早见于明代万历二十一年（1593）编纂成书的《宛署杂记》。载有“香峪山，在县西九十里玉河香峪村，相传先年所产草木多异香，今无之”。又载“……曰大觉寺、曰孟窝村、曰东山村、曰香芋沟、曰杨家坨、曰寨口村、曰灰峪村、曰军庄村……”此书记有香峪地名3个，分别为香峪山、香峪村、香芋沟，由此可证，香峪村在明代已成村庄。又有村民传说，因村中盛产香椿，香味浓郁，村名由此而得。

第二节 建置沿革

明代，香峪村隶属北京顺天府宛平县玉河乡。清代，香峪村隶属京师顺天府宛平县捕卫南乡。中华民国初年，香峪村隶属京兆宛平县。1928年6月后，改北京市为北平特别市，香峪村先后隶属北平特别市城郊5区、北平特别市西郊区。北平特别市西郊区香山第五分署曾设有西杨坨警察所，管理包括香峪村在内的杨坨附近8村的治安和收取捐税，直到 1949 年 1 月。

图 1-3　香峪村村委会办公院（2022 年 6 月 20 日摄）

1938 年，香峪村先后属昌宛县、昌宛房联合县第七区。解放战争时期，香峪村先后隶属昌宛县三区、二区、宛平县民主政府第六区。

1949 年 1 月至 1949 年 7 月，香峪村隶属北平市第十八区。1949 年 7 月至 1951 年 4 月，香峪村隶属北平市（北京市）第十六区。1951 年 4 月至 1952 年初，随北京市行政区划的调整和变动，香峪村隶属北京市第十三区第五行政村（东杨坨村），此期间的香峪村为自然村。

1950 年 6 月，中央人民政府内务部征求宛平县区划意见，宛平县政府提出，将北京市的温泉、南安河、东山、孟悟、香峪、东杨坨、西杨坨、王湾、老庙、灰口等村划归宛平县，或将宛平县的北安河小区划归北京市。宛平县的意见当时没有被采纳。但至 1952 年初宛平县区划再次变动时，北京市第十三区的西杨坨、东杨坨、孟悟、香峪、老庙、王湾、灰口等村已划入宛平县。

1952 年 9 月，北京市成立京西矿区，将北京市第十六区和河北省宛平县全境，以及房山县北部 46 村、良乡县北部 3 村、北京市第十五区西部6村全部划入京西矿区所辖，京西矿区为北京市第一个远郊区。1952年年底京西矿区开始划乡准备工作，当时全区有7个小区1个镇277个村庄，香峪村隶属京西矿区大台小区。1953年，京西矿区划乡工作完成，全区设有8个小区1个镇。其中8个小区为农村区，有112个乡324个自然村；1个镇为门头沟镇，有5街77个自然村。香峪村隶属石门营小区东杨坨乡。当时的东杨坨乡辖有西杨坨、东杨坨、香峪、孟悟、东山、灰口、王湾、老庙8个自然村。

1956年10月，京西矿区撤销小区改设大乡，全区的小乡合并组成41个大乡，大乡直接由区政府领导。其中，原石门营小区的东杨坨乡、大台小区的灰峪乡、军庄乡，合并组成新的军庄乡。香峪村隶属京西矿区军庄乡东杨坨村。

1958年5月，京西矿区更名为门头沟区，门头沟区辖有19个乡6个街道，香峪村隶属军庄乡东杨坨村。1958年人民公社化，门头沟区将乡、街道、农业社合并组成3个大公社，人民公社为政社合一体制。香峪村隶属门头沟公社东杨坨生产大队。东杨坨生产大队下辖西杨坨、东杨坨、香峪、孟悟、东山生产队，因此，东杨坨生产大队也被称为东五大队。

1958年因军事建设征用土地，香峪村的上街搬迁到山下，另建村庄，名为新村。

1961年6月，门头沟区的3个大公社改组划小为14个小公社，并划小经济核算单位。香峪村直接隶属军庄公社，建立香峪生产大队，为军庄公社直接领导的行政、经济组织。1962年，香峪大队开始经济独立核算。

1983年12月，门头沟区改公社建乡，香峪生产大队改称香峪村，隶属军庄乡。1990年2月军庄乡改乡建镇，香峪村隶属门头沟区军庄镇，为军庄镇直接领导的建制村庄，至2020年年底未变。

第三节　村域地名

自然地名

香峪大梁　位于香峪村南，明代《宛署杂记》书中，记为香峪山。香峪大梁为横贯东西的一道山梁，东起于海淀区的过街塔村，西至永定河边。大梁北有门头沟区军庄镇的香峪等村庄，西有门头沟区龙泉镇的三家店村；南有石景山区的隆恩寺、潭峪等村庄，大梁南坡现属黑石头村管辖。大梁山顶有门头沟区、石景山区和海淀区的三棱柱形界碑。香峪大梁，《石景山区地名志》称之为克勤峪，在隆恩寺地区称为荐福山。香峪大梁主峰海拔 797.2 米，山势雄伟，翘首长空，南向平原，视野开阔。明代在山南建有多座寺院，清代饶余敏郡王将此地作为墓地，并将山北的香峪村等地划入墓地山场范围，后又派王、齐、朴、郭四姓人家驻守香峪，以维护坟墓，保护风水。民国年后，香峪大梁上部成为官山。20 世纪 60 年代初，农村划小经济核算单位后，对生产大队的土地集中成片管理，解决"插花地"，香峪大梁北部山阴，多为香峪生产大队所有范围，从事生产经营。

香峪沟　是香峪村所在地贯穿南北的一条沟谷。明代《宛署杂记》书中，记为香芋沟。沟南端在香峪大梁，北端在东杨坨村的公路旁。沟水由南向北流淌，注入从东山村流入军庄的大沟。香峪村的地域，基本在香峪沟流域内。香峪沟中，分有众多支沟、毛沟，主要支沟有八份沟、降蓬沟、煤窑沟等。香峪村民居建筑，散落分布于香峪沟中部。

斗子坡　是村口牌楼东部的山坡，南部与东杨坨村土地交界，东部与孟悟村交界。斗子坡坐东面西，下部是梯田坡地。有几个面积比较集中的地块，称为四亩地、十五亩地，土壤比较肥沃。坡上有红土岭，因土呈红色得名，出风化石，可制石笔。20 世纪 80 年代末期，斗子坡下部临公路处，建筑增多，逐渐形成民居。由斗子坡往东往上，有地名称为于家洼、梁家洼、姚家洼、大北洼、小北洼等。再往东往上，连接八份沟。

八份沟　在香峪村下街东侧，沟东西向，沟口在大长条地与香峪主沟相汇。八份沟名称可能因此地是八家股份的田地，也有人说此地曾是八家合股开煤窑的地方。八份沟坐东面西，面积 300 余亩，东与孟悟村接壤。沟中梯田层层，果树茂盛。20 世纪 90 年代以后，香峪村进行小流域治理，在沟中修建有水泥石板田间路，可通行汽车。有旅游步道、观景台，建有果品冷库。山岗顶上，名大坨，有防火瞭望塔。沟中下部分有地名王家坟地、八堰地，上部分地名有付家地、黑窑厂。再往东过磕罗峪，有地名称为卢沟窖，与海淀区的过街塔村交界。八份沟往上往南，有香峪村至海淀的古驮道经过，旧时是香峪往海淀运煤、运果品的便捷通道。驮道上有地名称为十八盘，山径曲折，蜿蜒向上，此处传说有皇家采石场，出产紫石，有废弃紫石原料和开采遗迹。至山顶隘口，地名称为狼撒欢，是古驮道的最高点，也是个风口，冬季寒风刺骨，夏季冷气袭人。行人至此，无论东行西去，皆开始下山，脚步不由加快，故得名狼撒欢。八份沟西南有小孤山，再往南为烟囱沟。

图 1-4　八份沟田间道路（2010 年 6 月 24 日摄）

烟囱沟　为香峪沟支沟，在八份沟南，香峪大梁山阴。沟狭谷深，光线较暗，形如烟囱。有九条小山洼，也被称为九道沟。沟中有石门，为一宽近 10 米 、高约 20 米的峭壁，在香峪村中南望，犹如香峪大梁的门口，在黑黝黝、绿茵茵的大山中，十分显眼。 烟囱沟上的山峰，称轿子山，从哪个方向看，山形都如同轿子。村人还根据其所在位置，称其为南东大山。

降蓬沟　在烟囱沟西，香峪大梁山阴，香峪村民居正南，是香峪沟的主沟之一，因沟上部山形如同蒸食品用的草编炊具降蓬而得名。沟中有 2 条断谷，名大黑阴沟、小黑阴沟，沟长度分别为 30 米、20 米左右。有人说天然形成，有人说采煤塌陷所致。此地日照少，光线差，植物种类却较多。有山路，可通行至隆恩寺和三家店。民国年间，是香峪村村民去隆恩寺和三家店的近路。20 世纪 90 年代，常有旅游爬山者走此路。2000 年，香峪大梁南发生山火，军庄镇和香峪村均曾组织人员沿此路上山救火。

煤窑沟　在降蓬沟西，香峪村上街正西，也被称为老西沟，为香峪沟西侧支沟。此地矿产丰富，旧时煤窑众多，今仍可见采煤矿口等遗迹，所以得名煤窑沟。20 世纪 80 年代中期至 90 年代初期，香峪村陶粒厂在此地挖掘页岩，作为生产陶粒原料。沟下部为梯田，果树众多。沟下部偏北方向，地名称杏树洼，曾经有成片杏树林。

大显头、二显头　也称大岭头、二岭头，在煤窑沟北部，是香峪村下街正对的西部两座山头。大显头西，有地名称为后沟、赵家洼。大显头与二显头之间的连接处，称兔儿洼。二显头下，有地名称为南洼、白窝棚。南洼之西，有卧佛肚子、卧佛脑袋、卧佛脚等地名，都以山形得名。再往西还有地名称大墙，为建筑遗址，墙痕犹存，传说此地曾建过营寨。

大水泉　在香峪沟中部，香峪村上街与下街之间，是村民饮用水源，水泉出水之地在一块巨石下面，村民称此石为母石头，称此泉为母亲泉。

泉水四季不竭，水质甘醇。泉水溢出，下注香峪沟。一般年景，泉水在香峪沟中，可流经几百米，渗入地下。雨季时，泉水与香峪沟水相汇，可使香峪沟成为季节河，水流汇入东山至军庄的大沟。20 世纪末，香峪村铺上管路，将泉水引入各家各户。在大水泉下部的香峪沟西侧，还有支沟名称为庙儿沟、坛子沟。

图 1-5　香峪村大水泉旧址（2021 年 6 月 6 日摄）

桩子沟　在桃树院的水井旁，因此地立有清代饶余敏郡王坟墓山场的石质界桩得名。现石界桩在村委会院中保存。附近有地名曰韩家老坟地。桩子沟以北以下，牌楼以西，有地名称为上霍港、下霍港、西坡子、付港、南沙岩、北沙岩、沟嘴等，再往北出村进入东杨坨村地域。

民居地名

上街　也称山上村。在香峪沟大水泉上部。院落多坐南朝北，民居建筑东西横向成街。1959 年解放军部队征用此地，上街村民悉数搬迁至孟悟村与东山村之间的大沟北侧，另建家园，起名新村。人民公社将东山、孟悟两个生产队的土地各取出一部分划入新村使用，计 240 亩。1961 年下半年，农村划小核算单位，新村成为人民公社直接辖管的生产大队。

下街　也称山下村。在香峪沟大水泉下部。院落多坐东朝西，民居沿香峪沟东侧南北纵向成街，建筑高低错落，步步登高。下街与上街之间，垂直高差约有 80 米。下街中地名有韩家大院、大台子等。

斗子坡居住片　在斗子坡下部、杨香公路东侧。20 世纪 80 年代后期，村民开始在此处盖房，逐渐形成聚落。院子多坐东朝西，散落式分布，整体上沿斗子坡根东西向排列。有一条约长百米的街巷连接杨香路。2020 年斗子坡民居门牌为 1—26 号，另有部分民居未编号。

图 1-6　香峪村斗子坡街巷（2021 年 6 月 6 日摄）

第二章　自然环境

香峪村处于香峪大梁北麓，东、南、西三面山岭环拥，北面敞开，幽而不闭。地势处于海拔 150 ~ 800 米之间，地层岩石有砂岩、砾岩、变质岩、石英岩等，土壤主要为山地淋溶褐土，植被覆盖率在 90% 以上。气候四季分明。自然资源丰富，动物、植物种类繁多，村民饮用水源充沛，矿产以煤、石料为大宗，特产以香椿出名。

第一节　地质 地貌 土壤 植被

地　质

香峪村地处香峪大梁北侧。香峪大梁形成于中生代燕山造山运动早期，由于地壳变动而产生褶皱山脉，为华夏早期燕山旋回褶皱和北京西山向斜构造。岩层有砂岩、砾岩、变质岩、石英岩等。

地　貌

香峪村所在地为浅山区、低山区，但村南部的香峪大梁最高峰海拔 797 米。香峪大梁，山势雄浑伟岸，东西走向，沟岭连绵。多处山崖壁立，岩石裸露。村域地势总体呈南高北低的阶梯状斜坡面，东面和西面坡岗起伏，梯田层层。北面敞开，海拔逐步降低。在村居北望，一片洼地。村口牌楼西侧的香峪沟底，海拔为 150 米，是村中地势最低处。香峪村的屋舍，分布在海拔 180 ~ 350 米的沟谷阶地中。

图 2-1　香峪大梁北麓及香峪村上街地貌（2021 年 6 月 6 日）

土　壤

香峪村所在为低山和阴坡，土壤厚度总体上北部土厚，南部土薄；沟谷阶地土厚，山岗岭脊土薄。村中农田和产业种植园均为梯田，主要分布在村居的东部、西部、香峪沟两侧阶地上。梯田中土壤的厚度 0.3 ~ 0.6 米，最厚处可达 1 米。

香峪村域土壤类型有草甸土、棕壤土、褐土。其中，草甸土分布于村域沟谷底部，由植物多年腐殖而成，富有机质，肥力强，保水性、通透性好，适宜农作物生长。棕壤土分布于村域山坡台地，土壤母质为石英岩风化堆积物，矿质养分缺乏，保水性能差，适宜栽植林果树。褐土分布于村域沟谷台地，分为山地淋溶褐土与碳酸盐褐土两种。山地淋溶褐土包含硅质岩类、铁镁质岩类、钙质岩类及页片岩类，主要分布在村域 200 米以上的山坡或山麓阶地；碳酸盐褐土包含钙质岩类、硅质灰岩类、长石岩类和页片岩类，主要分布在村域较低的河谷台地。两类褐土皆氮、磷成分较高，均适宜种植粮食作物。

植　被

香峪村植被类型以中低山、丘陵林木灌丛带为主。植被覆盖率在90%以上。除陡峭的山崖有岩石裸露外，都被林木、庄稼所覆盖。在海拔500米以上的阴坡中，主要是荆条、酸枣、铁杆蒿、蚂蚱腿子、柔毛绣线菊等灌丛，也有自然生长的山杏、栎树、椴树等乔木、灌木和人工种植的松、柏等树木。在海拔300～500米之间，是种庄稼的梯田堰地，夹杂有自然生长的榆、椿、杨、刺槐等树木和人工栽培的桃、杏、梨、柿、核桃、皂角、香椿等果木树。在海拔200～300米之间，田地中除林果菜蔬外，有连片成林的香椿树。在荒坡沟谷中，伴有自然生长的荆条、酸枣等灌木和香薷、荆芥、薄荷等花草。

第二节　气候　水文

气　候

四季　香峪村地域属中纬度大陆性季风气候，特点是干湿交替，四季分明。干湿冷暖变化明显。多年平均气温为15℃。

春季，昼夜温差大，冷空气活动频繁，常出现“倒春寒”，易形成晚霜冻。春多大风，降水稀少，易春旱。

夏季，气温在24℃至25℃之间。7月最热，气温25℃以上，高温持续稳定，昼夜温差小。多暴雨，易出现极端强对流天气，造成自然灾害。

秋季，天高气爽，冷暖适宜，光照充足。温度在10℃至22℃之间，晚秋常出现霜冻。

冬季，多有寒流及强烈的西北风，土壤、水流冻结，寒冷干燥。降水量少。

温差　冬、夏季月温差较小，冬季－2.8℃至－2.9℃，夏季1.5℃

至 1.8℃。春、秋季温差较大，春季 6.8℃至 8.7℃，秋季 6.9℃至 8.9℃。

霜冻　香峪村初霜时间一般是 10 月初，终霜时间一般在 4 月初，年平均无霜期在 170 天。

地温　香峪村地温低于 0℃时间是 11 月中旬至下年 2 月底，持续 105 天左右。地面冻结日期是 11 月中旬，解冻日期为 2 月底。

降水　香峪村年平均降雨日数为 79 天。降雨集中于夏季，约占全年降水量的 70%。

香峪村年初雪日一般在 11 月下旬，最早初雪日在 10 月上旬。

风　香峪村四季风向转换明显。冬季风大，春季风多；夏季风少，秋季常出现阵阵大风天气。风向以西北风为主，南风受香峪大梁阻挡风力减小，东风、北风也比较常见。风向有明显的季节变化，11 月至第二年 2 月，西北风最多；3 月至 5 月，南风最多；6 月至 8 月，多刮东风、东北风；9 月至 10 月，以东北风、东风为主。

水　文

地表水　香峪村地表水为永定河水系。水来源一为降水，二为香峪大梁山溪泉水。香峪大梁北麓林木植被繁盛，水源涵养充分，使得泉溪涌流，长年不涸，是村民饮用水源之一。

图 2-2　香峪村泉水（2006 年 8 月摄）

地下水　香峪村一带地下水主要有深层灰岩水，储量比较丰富，水质优良。2007 年村打机井一眼，就地取用地下水，作为村民饮用水源。

第三节　植物 动物 矿物

植　物

木本植物　香峪村林木乔木中，有香椿树、臭椿树、榆树、槐树、桑树、栾树、杨树、柳树、松树、柏树、白蜡树、女贞树、枫树、构树、刺槐、青杠树等。果树有核桃、李子、杏、桃、柿子、梨、大枣、栗子、山里红（山楂）、樱桃等，经济树种有皂角树、花椒树等。灌木有荆条、山桃、山葡萄、黄栌（红叶）、酸枣、小叶鹅耳枥等。

图 2-3　香峪村的白蜡林（2022 年 5 月 13 日摄）

草本植物　药用的有丹参、柴胡、桔梗、防风、苍术、远志、生地（地黄）、黄精、玉竹、卷柏、马兜铃（臭铃铛）、扁蓄、巴天酸模（土大黄、牛习辛）、马齿苋、石竹（俗称棍茶）、唐松草、透骨草、白头翁、黄柏（三根针）、地丁、瓦松、红景天、翻白草、牛迭肚、欧李仁、仙鹤草、地榆、玫瑰、苦参、老鹳草、前胡、蛇床子、五加皮、何首乌、菟丝子、打碗花、夏至草、荆芥、藿香、薄荷、香薷、益母草、黄芩、酸浆（锦灯笼）、龙葵、曼陀罗、阴行草（刘寄奴、罐儿茶）、车前草、茜草（四棱拉巴秧）、葎草（圆茎拉巴秧）、忍冬、牛蒡、黄花蒿、茵陈蒿、艾蒿、鬼针草、兔儿伞、小蓟、旋复花、野菊花、豨莶草、苍耳、败酱草、半夏、山丹、萱草（黄花）、薤白（山蒜）、藜芦、射干（鬼扇草）、地肤子（扫帚苗）、牵牛子（喇叭花、白丑、黑丑）、黄芫花、贯众、猫眼草（打盆打碗花）、穿龙薯蕨（穿地龙）、山姜、鸭跖草等百余种。

有作为野菜食用的银丝菜、苦荬菜、蒲公英（蘑菇丁）、刺儿菜、落落菜、猪毛菜、扫帚苗、马齿苋、荠菜、独行菜、二月兰、水芹菜、苏叶、薄荷、山丹、山蒜、桔梗，沙参（马肉）苗、玉竹、黄精、苍荬菜、黄花草等。

有可以剥皮作麻用的蝎子草等。

藤本植物　有水灌子秧、山核桃、葛藤等。

菌类植物　有木耳、蘑菇、马勃等，作为山珍食用。

植物中，很多种类既能药用，又可做菜。

动　物

哺乳类有野猪、山羊、狍子、野兔、獾、狐狸、地狸子、黄鼠狼、刺猬、松鼠、家鼠、蝙蝠等。20 世纪 50 年代，野猪、山羊、狍子等属于国家二级保护的动物已鲜见。

两栖类有蛙、蟾蜍等。

爬行类有蛇、蜥蜴、壁虎等。

禽类有属于国家一级保护动物的金雕，属于国家二级保护动物的灰面鹞、苍鹰、雀鹰、鹫、红隼。有属于北京市一级保护动物的夜鹰、雨燕、啄木鸟，属于北京市二级保护动物的雉鸡、石鸡、岩鸽、斑鸠、杜鹃、猫头鹰、戴胜鸟、伯劳鸟。还有大嘴乌鸦、喜鹊、百灵、黄鹂、山雀、麻雀、画眉等。

昆虫有蝉、蠓子、蚜虫、牛虻、蝇子、蚊子、臭虫、蟑螂、螨虫、灶马、蟋蟀、蚂蚱、蝈蝈儿、蝲蝲蛄、松毛虫、玉米螟、豆荚螟、桃树螟、菜粉蝶、金龟子虫、天牛、螳螂、蜻蜓、蜗牛、蝎子、蜘蛛、蚯蚓、马蔺虫、油蜓、蜈蚣、蚂蚁、马蜂、蜜蜂等。

矿 物

煤炭 属于无烟煤品种，赋存于香峪大梁的九龙山—香峪向斜含煤岩层中，为西山石炭纪杨家屯煤系，香峪向斜即杨家屯煤系的命名地。煤层发育较好，有 7 层，可采层为 5 层，其中第 5 层为最好，俗称大白煤。杨家屯、香峪一带开采煤炭有几百年历史。灰峪、灰口等村以烧制石灰得名，烧灰所用燃料多为香峪及其附近产煤。

1929 年版《西山地质志》中，记有“响（香）峪之本煤系，亦露出于辉绿岩与紫绿岩系之间”。还记有“香峪：三家店之北约十二里有侏罗纪之煤系，成狭长带，实际由九龙山北部之煤系向东延长而来，全系大致倾向东南，斜角十度至五十度，煤系之上复有紫绿色之页岩、砂砾岩等，中无煤层，煤系之下有辉绿岩侵入体，色绿质坚，其地有煤窑一座名财库窑，据云有无烟煤一层，厚三尺”。

页岩 蕴藏于香峪村煤窑沟等地。页岩粉碎后可作为烧制陶粒的原料。

磨刀石 蕴藏于香峪村东北部山上。石质细腻，有一定硬度，磨刀时省时。

上水石 蕴藏于香峪大沟流水附近。20 世纪 60 年代，香峪大队曾组织挖掘。

第四节　自然灾害

水灾　香峪村内有香峪沟与香峪支沟，夏季多雨季节，山上汇集大量的雨水倾泻而下，存在洪涝灾害和泥石流危险。

民国年间，一次下大雨，发生山洪，将居住在香峪村樱桃沟的罗姓人家房屋冲毁。罗姓人家被迫搬迁，外出谋生。

1988 年 8 月 2 日，香峪村地域下大暴雨，部分农田遭水灾淹毁，农业歉收。

2012 年 7 月 21 日，香峪村遭遇暴雨袭击，部分农田庄稼受灾，村民住房受损。

雹灾　1964 年 6 月 10 日至 11 日，香峪大队所在地域降冰雹，有的雹粒直径 4.5 厘米，重达 9.4 克，林果业受灾。

风灾　1970 年 6 月 18 日至 7 月 21 日，连续刮大风，最大风速 29 米 / 秒，香峪大队田地农作物倒伏。

1984 年 8 月 6 日，香峪域内刮起 11 级大风，最大风速 29 米 / 秒。香峪村林果业受损。

2002 年，香峪村突遇大风冰雹，将村民韩书祥家大香椿树刮倒。

旱灾　1942 年旱灾，加之日本侵略军经济封锁，香峪村粮食歉收，众多村民被迫外出逃荒乞讨。

虫灾　1974 年，香峪大队发生核桃毛虫、棍虫、青刺蛾、草履虫灾，大面积树叶被害虫吃光，树木枯死。

地震灾害　1976 年 7 月 28 日，唐山大地震波及香峪大队，部分村舍受损。

第三章　人口与计划生育

香峪村明代万历年间即有记载。清代，随香峪大梁南麓王坟的看坟人迁入，村庄规模扩大。中华民国年间，村中采煤业形成产业链条，有众多人员到此谋生。中华人民共和国成立后，社会稳定，人民生活水平提高，香峪村人口出生率上升，一代新人茁壮成长，老年人寿命延长，村庄人口迅速增加。1959 年，因军队征地需要，香峪村上街 43 户 155 人搬迁，香峪村减少约 40% 人口。50 年代后期至 70 年代，村庄众多青年人外出到煤矿等企事业单位工作，有的将家属带出村庄，到门头沟等地居住。80 年代村庄开始抓计划生育工作，人口出生逐渐减少。但由于有婚嫁人员迁入，总体上人口仍呈现增长趋势。90 年代以后，香峪村进行新农村建设，进行基础设施改造，村中面貌一新，街道整洁，环境优美，秩序和谐，一片欣欣向荣景象。加之香峪距北京城市、门头沟城区较近的地理条件，宜居宜业宜康养，吸引许多山区搬迁户到香峪落户，许多从村庄走出到外地工作人员和从工作岗位退休人员，也纷纷将户口迁回香峪村。2005 年后，随村中务农人员的减少，青少年外出求学和外出求职工作，香峪村人口呈现下降趋势。2020 年，香峪村常住人口 223 户 367 人，其中农户 96 户 161 人。

第一节 人口数量与结构

香峪村明代成村，传村中有韩、张、孙等姓氏。

清代初年，香峪大梁南麓建饶余敏郡王墓地，香峪村成为墓地山场。有王、齐、朴、郭四姓氏到香峪居住，看护坟地山场。

1959 年 2 月 5 日，香峪村在整社中统计，全村 87 户 393 人。其中，党员 3 人，团员 9 人。全村应受脱盲教育人员 170 人，其中男 88 人、女 82 人。已受教育 130 人，占应受教育面的 76.47%。

1959 年，香峪村上街 43 户 155 人搬迁新村，村中人口减少 40% 多。

1964 年 4 月，香峪大队户口统计，有农户 36 户 169 口人。其中，男 87 人，女 82 人。全村有五保户 1 户。有 5 户人家在外务工人员计 10 人。有劳动力 44 人。其中，家中有 4 名劳动力 1 户，有 3 名劳动力 4 户，有 2 名劳动力 4 户，有 1 名劳动力 18 户，有半劳动力 3 户，无劳动力 6 户。在半劳动力的 3 户中有 4 个半劳动力，在 1 户半劳动力农户中有在外务工人员 1 名。在无劳动力的 6 个农户中，有 5 家在外有工人各 1 名，全村农户家庭人口结构为，13 口人 1 家，10 口人 1 家，9 口人 3 家，8 口人 2 家，7 口人 4 家，6 口人 2 家，5 口人 2 家，4 口人 6 家，3 口人 5 家，2 口人 4 家，1 口人 6 家。全大队有非农户 17 户 69 人。其中，男 32 人，女 37 人。其家庭人口结构为，7 口人 1 家，6 口人 2 家，5 口人 5 家，4 口人 2 家，3 口人 5 家，1 口人 2 家。

1966 年 6 月，驻香峪大队“四清”工作队总结，香峪大队共有 57 户 243 人，其中，男 111 人、女 132 人。农业户口 42 户 176 人。其中，男 83 人，女 93 人。成年人 83 人，劳动力 48 人。

1973 年，香峪村有 55 户 230 人。

1993 年，香峪村有 102 户 257 人。

2007 年，香峪村户口底册有 158 户，姓氏 31 个。其中，韩姓 36 户，张姓 26 户，王姓 21 户，孙姓 16 户，朴姓 14 户。此 5 姓计 113 户，占全村总户数的 70% 以上；李、索二姓各 7 户；高姓 3 户；陈、史、马、窦、刘姓各 2 户；其他 18 个姓氏各 1 户。

2012 年 8 月，香峪村有 184 户 342 人。其中，农民 88 户 178 人，居民 95 户 164 人。

2020 年 12 月 31 日，香峪村户籍人口有 223 户 367 人。其中，农业户 96 户 161 人，农户占全村总户数的 43.05%，农户人口占全村总人数的 43.87%；非农业户口 127 户 206 人，非农户占全村户数的 56.95%，非农业人口占全村人口的 56.13%。全村男 192 人，女 176 人。其中，农业户口有男 81 人，女 80 人；非农业户口有男 110 人，女 96 人。

家庭人口结构：每户 1 口人的 112 户，2 口人的 86 户，3 口人的 19 户，4 口人的 3 户，5 口人的 3 户。其中，农业户 1 口人的有 47 户，2 口人的 37 户，3 口人的 9 户，4 口人的 2 户，5 口人的 1 户；非农业户口中，1 口人的 65 户，2 口人的 49 户，3 口人的 10 户，4 口人的 1 户，5 口人的 2 户。

村民文化结构：文盲 2 人，学龄前 28 人，小学 30 人，初中 123 人，高中 43 人，中专 71 人，大专以上 70 人，小学、初中、高中、中专、大专以上均包括在读生。其中，农业户口中，文盲 1 人，学龄前 6 人，小学 19 人，初中 58 人，高中 26 人，中专 39 人，大专以上 12 人；非农业户口中，文盲 1 人，学龄前 22 人，小学 11 人，初中 65 人，高中 17 人，中专 32 人，大专以上 58 人。

村民年龄结构：10 岁以下 33 人，11 岁至 20 岁 18 人，21 岁至 30 岁 32 人，31 岁至 40 岁 49 人，41 岁至 50 岁 47 人，51 岁至 60 岁 87 人，61 岁至 70 岁 60 人，71 岁至 80 岁 26 人，81 岁至 90 岁 14 人，91 岁以上 1 人。

2020年12月底香峪村80岁以上老人一览表

表3–1

姓名	性别	出生日期	户别
高焕荣	女	1927年3月16日	非农户
霍秀兰	女	1936年1月5日	农户
李芝林	女	1937年9月15日	非农户
韩书春	男	1938年1月28日	农户
乔淑兰	女	1938年1月30日	农户
刘凤珍	女	1938年3月20日	农户
段玲安	女	1938年3月26日	非农户
韩书祥	男	1938年7月15日	农户
张洪真	女	1938年10月14日	农户
高玉梅	女	1939年2月23日	非农户
刘庆荣	女	1939年4月5日	农户
蒋贵庆	男	1939年10月4日	农户
马万芝	女	1940年10月7日	农户
刘秀芝	女	1940年12月8日	农户
韩云普	男	1940年12月13日	非农户

村民民族结构：汉族363人，蒙古族2人，满族2人。

全村有姓氏52个。其中，韩姓最多，有78人，占村民总数的21.25%；王姓、张姓各有59人，各占村民总数的16.08%；朴姓、孙姓各有25人，各占村民总数的6.8%。全村有近40个姓氏为1人姓氏，均是婚嫁人员迁入村内。

2020 年 12 月底香峪村户籍人口姓氏统计表

表 3–2

姓	人数	姓	人数	姓	人数	姓	人数	姓	人数	姓	人数
韩	78	王	59	张	59	朴	25	孙	25	刘	21
索	13	李	8	于	6	陈	6	马	5	高	5
史	4	杨	4	杜	3	安	3	郭	3	霍	3
尚	2	赵	2	窦	2	许	2	田	2	云	1
白	1	宁	1	付	1	贾	1	丁	1	申	1
董	1	范	1	衣	1	崔	1	魏	1	彭	1
乔	1	汪	1	方	1	徐	1	蒋	1	俞	1
谭	1	孟	1	郝	1	昌	1	曹	1	阮	1
段	1	梁	1	庞	1	金	1				

第二节　姓氏源流与传承

韩　氏

传说韩氏先祖从山西洪洞县移民到京西。至 2020 年，在香峪村传承十一代。

第一代：韩应元、韩应权。

第二代：韩士宗、韩启宗、韩瑞宗、韩继宗。

第三代：韩景山、韩明山、韩英山、韩凤山、韩世德、韩世财、韩世祥、韩世缘。

图 3-1　村中韩氏家堂（2021 年 8 月 22 日摄）

第四代：韩天旺、韩天茂、韩天祥、韩天永、韩天仁、韩天立、韩天全、韩天兴、韩天伦、韩天魏、韩天明、韩天来。

第五代：韩连有、韩连成、韩连杰、韩连生、韩连齐、韩连登、韩连科、韩连芳、韩连必、韩连秀。

第六代：韩苹邦、韩进邦、韩金邦、韩景邦、韩启邦、韩旺邦、韩兴邦、韩永邦、韩家邦、韩殿邦、韩安邦、韩福旺、韩福山、韩福海。

第七代：韩文太、韩文启、韩文元、韩文山、韩文俊、韩文荣、韩文宽、韩文亮、韩文广、韩文喜、韩文义、韩文成、韩文海、韩文富、韩文斌、韩文田、韩文庆、韩文江、韩文水、韩文龙、韩文泉、韩文合、韩文有、韩文财。

第八代：韩宝仓、韩宝玉、韩宝金、韩宝银、韩宝树、韩宝振、韩宝珍、韩宝贵、韩宝亮、韩宝同、韩宝来、韩宝瑞、韩宝奎、韩宝才、韩宝生、韩宝德、韩宝忠、韩宝兴、韩宝旺、韩宝贤、韩宝纯、韩宝林、韩宝全、韩宝库、韩宝顺。

第九代：韩书元、韩书春、韩书德、韩书义、韩书起、韩书祥、韩书明、韩书清、韩书海、韩书江、韩书旺、韩建军、韩书龙、韩书更、韩来宏、韩大河、韩书立、韩书明、韩建国（韩宝奎之子）、韩书会、韩书强、韩书勇、韩书文、韩书琪、韩书刚、韩书满、韩书贵、韩书格、韩书增、韩书宾、韩旭、韩书亮、韩书新、韩萌、韩立响、韩书强、韩根锁。

第十代：韩建国（韩书春之子）、韩建忠、韩建民、韩建权、韩冰、韩宁、韩金良、韩金东、韩金福、韩金春、韩杰、韩雷、韩锋、韩鹏、韩志远、韩丰泽、韩岩、韩东、韩伟。

第十一代：韩子博、韩子硕、韩子原、韩亚鹏、韩箫、韩笛、韩铭洋、韩天成、韩荞泽。

第十二代：韩浩然。

孙　氏

来自何地不详，至2020年底，在香峪村传承十二代。

第一代：孙宗荣。

第二代：孙彦、孙宝。

第三代：孙永年、孙永左、孙永吉、孙永安。

第四代：孙喜、孙国瑞、孙国栋、孙国顺、孙国德、孙五、孙国梁、孙国柱。

第五代：孙德信、孙德智、孙德礼、孙德仁、孙德财。

第六代：孙成儒、孙成功、孙成亮、孙成龙、孙成凤、孙成业、孙成文、孙成明。

图3-2　村中孙氏家堂（2021年8月22日摄）

第七代：孙玉林、孙玉琢、孙玉兴、孙玉旺、孙玉常。

第八代：孙万海、孙万福、孙万全、孙万忠、孙万友、孙万富、孙万贵。

第九代：孙景禄、孙景林、孙景泰、孙景全、孙景财、孙景兰。

第十代：孙长志、孙长立、孙长明、孙长贵、孙长文、孙长林、孙长金、孙长禄、孙长江、孙长青。

第十一代：孙起明、孙起亮、孙起刚、孙起勇（又名孙小树）、孙起旺（孙二树）、孙起成、孙起涛、孙起军、孙靖康。

第十二代：孙立昌、孙凯、孙强。

王　氏

香峪村王氏有三支，分别为隆恩寺到香峪看守坟地山沟的王氏、山西王氏、涿鹿王氏。

隆恩寺王氏　清初，王姓从石景山区的隆恩寺村迁入香峪村，为饶余敏郡王家族看守坟地山场。至 2020 年底，在香峪村传承十二代，与石景山区秀府村王氏为本家。

图 3-3　香峪村王氏家庭全家福（2008 年 4 月 11 日摄）

第一代至第六代传承人名不详。

第七代：王明旺、王明才、王明贵。

第八代：王全合、王哑巴、王连合、王宝合、王吕合、王宝山。

第九代：王金生、王金明、王金亮、王金宝、王金瑞、王金林、王金成、王金利、王金树、王金良。

第十代：王建国、王建忠、王建新、王建刚、王建东、王建峰、王建飞、王建坤、王建凯、王晓跃、王建民、王建军、王建波、王建涛、王雪峰、王海峰。

第十一代：王磊、王猛、王昊宇、王思桐、王子申、王宇申、王震、王威浩、王宇昂、王为为、王弘博。

第十二代：王辰昊。

山西王氏　原住香峪村上街。20 世纪 50 年代搬入香峪村下街。至 2020 年在香峪村传承十代。

第一代：王德福、王德禄、王德寿。

第二代：王火明。

第三代：王风。

第四代：王富、王荣、王花。

第五代：王天山、王天福、王天成、王天恩。

第六代：王江、王海、王河。

第七代：王喜、王永福、王永禄（搬入三家店村）。

第八代：王文河、王文江、王文水、王文海、王文泉、王文祥、王文林（搬入新村）、王文元（搬入新村）、王文义（搬入三家店村）。

第九代：王德生、王德林、王德强、王德义、王德成、王德贤、王德刚、王德中（搬入灰峪村）王德孝（搬入灰峪村）。

第十代：王淼、王进凯。

涿鹿王氏　河北省涿鹿县人王明元随妻落户香峪村。

第一代：王明元。

第二代：王佳瑞。

朴　氏

清初，朴姓从石景山区的隆恩寺村迁入香峪村，为饶余敏郡王家族看守坟地山场。与隆恩寺村朴姓为本家。香峪朴姓原为朝鲜族。至2020年底，在香峪村传承十一代。

第一至六代不详。

第七代：朴长海、朴长江、朴长山。

第八代：朴连元、朴保元、朴贵元、朴增元、朴福元。

第九代：朴振祥、朴振国、朴振朝、朴振民、朴振军、朴振刚、朴振同、朴振武、朴振文、朴振江。

第十代：朴玉龙、朴玉春、朴玉冬、朴玉山、朴玉新、朴玉章、朴玉田、朴玉卿、朴玉全、朴玉林、朴玉贤、朴逸文。

第十一代：朴亚光、朴杨、朴宏基、朴晨、朴良。

张　氏

香峪村张氏为两支。来自何地、传承代数不详。

张氏之一　是香峪村老姓。在香峪村万字辈有张万才、张万贵、张万全、张万金、张万银、张万友、张万祥、张万海、张万河、张万江、张万义、张万生。

万字辈下分别排林字、德字、玉字。

排林字辈有张林祥、张林增、张林杰、张林海、张林泉、张林志、张林江、张林舰、张林超。林字下辈主要排会字，有张会双、张会全、张武、张会琪、张泽初。

排德字辈有张德义、张德军、张群柱、张四柱、张德宝、张德生、张德新、张德文、张德林、张德全、张德旺。德字下辈有张雷、张硕、张琳、张丛岭、张亭。再下辈有张盛杰、张佰承。

排玉字辈有张玉宝、张玉国、张玉柱、张玉涛、张玉波。玉字下辈有张铎、张帆、张家熙、张子俊。再下辈有张原赫。

张氏之二　是香峪村老姓。在香峪村有张广珍。下辈有张德明、张德强、张德亮。

索　氏

香峪村索姓有两支，均是从沿河城村迁入，是本家。其中，一支于1980年迁入，至2020年底，在香峪村传承三代。

第一代：索登印。

第二代：索宝生、索宝强。

第三代：索凯。

另一支于1988年迁入。至2020年底，在香峪村传承三代。

第一代：索登科。

第二代：索宝江、索宝建、索宝琨。

第三代：索殿君、索殿祎、索殿晗。

史　氏

香峪村史姓，1988年由清水镇公涧铺村迁入。至2020年底，在香峪村传承四代。

第一代：史梦堂。

第二代：史阿利。

第三代：史瑞达。

第四代：史瀚戈。

杜　氏

香峪村杜姓，1988年由灵水村迁入。至2020年底，在香峪村传承两代。

第一代：杜中富。

第二代：杜光辉。

刘　氏

20 世纪 80 年代后期，河北省沧州人刘明力从部队转业，将户口迁入妻子所在地香峪村。至 2020 年传承两代。

第一代：刘明力。

第二代：刘宇。

历史上的姓氏

齐姓，是香峪村老姓，来自隆恩寺看坟人，居住上街。因 1959 年单位征地迁入新村。香峪村内有齐家坟。

郭姓，是香峪村老姓，来自隆恩寺看坟人，居住上街。因 1959 年单位征地迁入新村。

陈姓，来自何地不详，居住上街。因 1959 年单位征地迁入新村。

罗姓，是香峪村老姓，来自何地不清。因民国年间发生泥石流，家中房屋受灾迁出香峪村。迁往何地不知，香峪村留有坟地，60 年代罗氏后人曾来上坟。

付姓，来自何地、何时搬出不详。村中有付港、付家地的地名，有付家坟地。

梁姓，来自何地、何时搬出不详。村中有梁家洼地名。

龚姓，来自何地、何时搬出不详。村中有龚家洼地名。

赵姓，来自何地、何时搬出不详。村中有赵家洼地名。

牛姓，来自何地、何时搬出不详。村中有牛家小北洼地名。

第三节　计划生育

20 世纪 60 年代，国家提倡计划生育，香峪大队人口出生率开始下降，总人口数仍增长。80 年代初期，国家将计划生育列入基本国策，香峪大队积极贯彻落实。大队党支部将计划生育列为主要工作之一，在村民中提倡晚婚晚育和优生优育。

20世纪90年代，香峪村进一步加强计划生育工作，贴标语，出展板，广播文稿，进行计划生育宣传；组织村育龄妇女学习国家计划生育政策和法规，普及人口与计划生育基础知识，安排育龄妇女按时到村人口文化活动室接受生育技术服务，开展为育龄群众的生殖健康服务活动，帮助育龄群众解决生产、生活、生育方面遇到的困难。

进入21世纪，多次举办妇女健康专题讲座，对育龄妇女施行经期、孕期、产期和哺乳期的“四期保健”服务。为育龄妇女填写健康服务卡片，村出资为育龄妇女购买妇女安康保险、独生子女父母养老保险。

2003年，村集体承担妇女体检、农户育龄妇女体检的全部费用。当年有31人体检。2005年香峪村育龄妇女免费体检23人。

2006年1月1日，香峪村制定计划生育利益导向政策。开始对农户晚婚晚育者每年奖励200元；对参加合作医疗独生子女家庭，每人增加补助5元；对独生子女户（农户），提前2年领取老年生活补助金；对农户独生子女直接考入大专以上学校的学生，每人奖励1000元；对独生子女家庭，优先使用计划生育三结合及幸福工程扶持贷款。2006年村出资为育龄妇女体检46人。

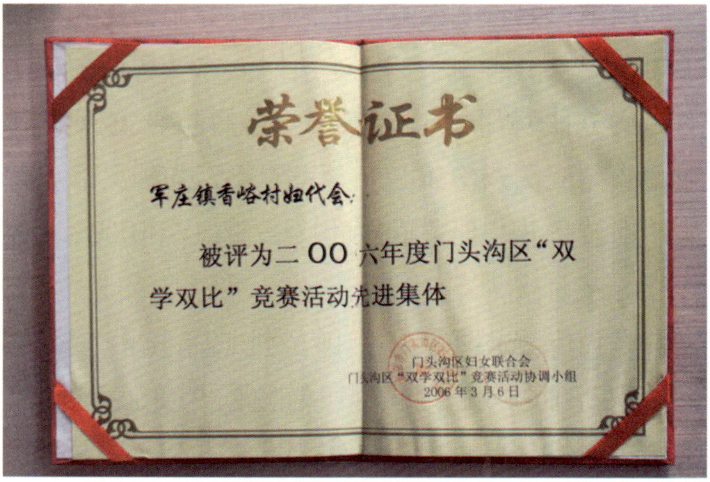

图3-4　香峪村妇代会“双学双比”荣誉证书（2021年10月23日摄）

2006年，对符合计划生育利益导向政策考上大学本科的王为发放成才奖1000元，为其他考上大学的三位同学赠送了纪念品。

2007年，香峪村出资为43名育龄妇女体检。

2007年2月，香峪村被中共门头沟区委和区人民政府评为“门头沟区2006年人口和计划生育示范村”。被北京市计划生育协会认定为“北京市幸福工程项目基地”村，并赠匾公示。

2008年，香峪村为高考入学人员、晚婚晚育人员、独生子女家庭参加新农合人员每人在原有补助基础上增加补助5元。

2009年，香峪村为育龄妇女和老年人免费体检32人次。

从20世纪80年代至2020年底，担任香峪村专职计生干部的先后有韩秀霞、王建华、王建梅。

第四章　村庄建设

香峪村明代成村，村民沿山麓坡沟垒房散住，以村中大水泉为界，形成上街、下街两个居住区，村内道路高低不平，遇雨雪泥滑难行，外出只有山路驮道。中华人民共和国成立后，人民生活水平提高，村民建房增多，村庄建设持续加快。实行合作化后，村民走向集体化道路，合作社、人民公社陆续增建办公室、库房、饲养室以及水电等生产、生活设施和公用设施，村庄逐渐改变过去散乱无序状态，村庄环境明显改观。改革开放后，香峪村实施新农村建设，村民掀起建房高潮，柏油公路通入村庄，街巷道路整修硬化，水电设施更加完善，村容村貌出现崭新变化。2005 年，香峪村编制新农村建设规划，村庄建设逐步走向规范化轨道。2020 年，香峪村住屋规整，街路通畅，公共服务和基础设施保障有力。香峪村多次被评为区、市的文明单位，并获得全国文明村镇称号。

第一节　规划与管理

村庄规划

2005 年，香峪村启动社会主义新农村建设工程。军庄镇政府将香峪村列为基础设施整体推进村，聘请北京炎黄方圆城市规划设计院为香峪村编制新农村建设规划。2006 年至 2007 年，香峪村按照建设规划，组织村民进行街坊路改造、饮水工程添建、污水排放管道铺设、卫生厕所提质改造、村域垃圾整理清除等五项工程建设，先后筹集投入资金逾百万元，香峪村环境面貌大为改观。

2017 年至 2020 年，香峪村开展“疏解整治促提升、推进美丽乡村建设”专项行动。门头沟区规划委和军庄镇委托首建品印设计院开展《香峪美丽乡村规划》编制工作。按照“产业兴旺、生态宜居、乡风文明、治理有效、生活富裕”的总体目标，《香峪村美丽乡村规划》内容分为村庄概况、现状情况分析、土地使用规划、公共服务设施规划、道路交通规划、市政基础设施规划、防灾减灾规划、村庄建设管控及风貌引导、规划实施建议等 10 个部分。附有村庄规划核心指标表、土地利用表等 5 个表，以及村庄区位分析图、村庄现状影像图、土地使用现状图等 22 张图。制订有分期实施计划，近期要完善公共服务设施，修建村社中心；完善村庄公共空间、公共建筑无障碍设施；完善给水排水管网；完善村庄环卫设施；完善村庄消防设施；完善道路照明系统；村庄公共空间整治改造；整治宅前屋后环境，清理街道乱堆乱放的杂物；完善停车设施；完成密闭式垃圾桶村庄全覆盖，实现垃圾分类收集、分类运输、分类处理；整治公共空间、街道，绿化美化街道环境，提升村庄环境品质。远期，建立成熟旅游民宿服务设施及线路；全面改善村庄环境，完成公共空间、街道绿化美化改造，进行乡村文化建设，营造山林风光；条件成熟可进行全部电力电信管线入地改造；产业方面以民营为主体，完善旅游接待管理标准；开发山地资源，拓展休闲体验产业，包含露营体验、文化展示、体育休闲活动基地等。

在制订规划过程中和规划完成后，香峪村以美丽乡村建设为抓手，改善人居环境，留住乡愁记忆，加强农村建设，实施环境综合治理，促进生态环境保护，村庄面貌发生巨大变化。

2020 年，香峪村域面积 254.85 公顷，主要由村庄建设用地、农林用地、农村道路等构成。其中，村庄建设用地 9.68 公顷，人均 271.92 平方米。

村民建房管理

明清至中华民国年间，香峪村民宅基地为个人所有，住宅可以私自处置和自由买卖。中华人民共和国成立后的 20 世纪 50 年代初，村民宅基地大多是祖辈遗留，翻盖房子大多在宅基地进行。盖多盖少，建大建小，村民自定自为。50 年代中期农村实行合作化后，土地归集体所有，村民（社员）建房需要宅基地时，由个人申请，村级集体（高级社、生产大队）审批后方可施建。

60 年代后期，村民建房须向生产大队申请宅基地，在大队集体讨论批准后，由大队干部画线砸桩落实。70 年代初期，生产大队审批宅基地原则上不占用耕地，主要安排村内空地。70 年代中期以后，随着人口增长，村民建房所需宅基地增多。村民建房，需经生产大队党支部和队委会批准，按照插档补空的原则，在村中空地、非耕地上安排建房，不能挤街占巷。1984 年，香峪村农村宅基地批准权由村改为由上级部门批准。

90 年代，随着外来人口陆续进村寻租住房，村民出租房和翻盖房的要求增加。香峪村委会制定了村庄规范建房标准，对村民建房位置、地基高度、房屋柱头和房脊高度、房间跨度以及户与户之间距离等都提出明确要求，以保持街巷整齐，房屋一致，防止建房者互相攀比，无序发展。

1993 年，香峪村贯彻执行区政府《关于进一步加强国有土地使用权有偿使用收入征收管理工作的通知》文件精神，明确农村宅基地无权买卖。香峪村实地测量绘制宅基地平面图，为发放宅基地使用证和收取使用费采集信息数据。此时建房，需要放线员测绘给线，并收放线费 300 元至 500 元等。区土地局发放宅基地集体土地使用证，即对住宅户主、位置、面积等具体登记，且具有法律效力。1997 年，香峪村宅基地审批权由镇和区政府收回，并开始执行村集体土地不允许用于村民宅基地建设的政策。2005 年，香峪村依照区镇相关规定，完全停止审批宅基地。

2020 年，香峪村有建筑面积 4.91 万平方米。其中，村民住宅建筑面积 4.31 万平方米；村庄公共服务与基础建筑包括村委会、文化活动站、太阳能浴室、水泵房及公厕等，共有建筑面积 0.6 万平方米。

疏解整治促提升

2018 年，香峪村参加门头沟区及军庄镇政府开展的“疏解整治促提升、美丽乡村建设专项”行动，投入党组织服务群众经费 15 万元，用于村内上下水管道维修改造与购入饮水设备，改善村民活动场所条件。

2020 年，香峪村继续开展区镇村疏解整治促提升专项行动，巩固创建文明城区成果，新建停车场 2 处，修缮主干道文化墙 500 延长米。年底香峪村有环境绿化面积 10320 平方米，街坊路面积 26000 平方米，公共环卫厕所 7 座，公共照明设施 152 个，分类式垃圾桶站 12 个。

第二节　房屋建设

村民住房建设

明清至民国年间，香峪村土地、宅基地均为私人所有。村庄住宅没有规划可言，村民建造房屋，依据自己能力和财力，在自己的土地上构建房屋。石头垒墙，石板盖顶，木做支架，灰、土和成泥。受地势影响，依山就向，因地制宜，盖房间数不等，房屋形制不一，房间面积不一。

按房屋形制分，有“满装修”式、“半装修”式和“四不露”式。“满装修”式房屋，即房屋的前脸坎墙之上全部用木制窗户，通过檩嵌与前檐檩连接，前檐檩上用的椽子全部使用大椽，向檐前伸出，椽子上的房檐伸出能遮住窗户顶部以防风雨。房屋前脸均可采光，屋内明亮。“半装修”式房屋，即房屋的前脸坎墙之上部分垒墙，部分用木制窗户，其他与“满装修”式相同，房屋前脸只能部分采光。“四不露”式房屋，是房屋的四面墙体上不用木架，只在屋内的悬空部位使用木架。

按每间房屋内面积分，有“七檩间”和“五檩间”形制，即盖“七檩间”式房屋的单间使用七条檩，“五檩间”式房屋的单间使用五条檩。

图 4-1　香峪村韩家内宅院落（2021 年 6 月 6 日摄）

如盖 3 间“七檩间”的“满装修”或“半装修”房屋，木架使用 4 柁 8 柱 21 条檩。檩与檩之间挂椽 18 根，计 6 排用 324 根椽，称全柁全檩。如盖 3 间“五檩间”式房屋，木架使用 4 柁 8 柱 15 条檩。檩与檩之间挂椽 18 根，计 4 排用 216 根椽。一般情况下，建设空间较大的房屋使用的柁长 1.45 丈，檩条长 1 丈，木柱高近 8 尺。椽有两种，一种称为小椽，长约 3 尺，用于室内；一种称为大椽，长 5 尺，用于房屋出檐。除“七檩间”和“五檩间”的房屋，还有“压硬山”形式，即山墙不用柁、后墙上不放檩。如盖 3 间“压硬山”房屋，只用 2 明柁架空，“七檩间”式每间房只用 6 条檩架空，“五檩间”式房屋每间只用 4 条檩架空。

如盖 3 间“四不露”式房屋，“七檩间”式只使用 2 柁 4 柱 15 条檩 324 根小椽，甚至还可将柁、檩直接架在墙体上，不用木柱支柁，使用 2 柁 15 条檩 324 根小椽即可。“四不露”式一般只在每间房的前脸墙体上开一扇窗户，屋内采光很差，但封闭性好，屋内取暖性能好，防盗性能好。

香峪村人家，经济条件好者，多盖“七檩间”式“满装修”或“半装修”式房屋；经济条件较差者，多盖“四不露”式房屋。

清代，香峪村煤业发展。部分村民有了资金，开始建造质量较好的石板房，改善居住环境，有的建起三合院甚至四合院。三合院建设格局，上房为三间或五间，厢房两间或三间，根据主房方向定出门楼位置。四合院建设格局，是在三合院基础上，增添倒座房和上房对应。经济条件较好人家，房屋墙体使用砖砌山花墙腿、石砌山墙，俗称“四角硬”。有的山墙，还用条石压腰线，砌砖圈，俗称“棋盘芯”。房屋顶铺设苇箔，压石板或青瓦，调清水脊。屋内墙面用白灰刷抹，外墙面用青灰刷抹。房屋前脸采用“满装修”或“半装修”。房屋内地面和院子用石板铺墁。门口台阶多用青石条板，台阶以三、五、七蹬单数不等。建房木料一般取自自家土地生长树木或买附近人家树木，石阶、青石板和砖、瓦以及石灰外购。

清代至中华民国年间，香峪村房屋院落比较讲究的有韩氏祖宅、王家老院。大多村民，建造的仍是“四不露”式的土石房屋。

中华人民共和国成立后，社会安定，香峪村村民生活水平提高，多建造“满装修”或“半装修”房屋，房屋多以青石板覆顶，不再使用瓦覆顶。“四不露”式房屋逐渐减少。20世纪60年代，香峪村民不再建设“四不露”式房屋。

20世纪70年代，香峪村民建房，有的房顶开始使用陶瓦覆盖。屋内地面和院子铺设水泥，还有村民去附近杨坨煤矿等单位收集锅炉房的废弃焦渣，加入水泥，铺设屋内地面和院子。

20世纪80年代，香峪村村民建房，宅基地比较紧张，受地形所限，院子窄仄狭长，多只盖正房，而无厢房，村庄排房增多。受木材紧张影响，考虑建房成本，村庄以砖砌墙、以钢筋混凝土覆顶的平顶房逐渐增多。

90 年代，香峪村中，开始有人建砖混结构的二层小楼。村民装修房屋开始用铝合金门窗，厨房、厕所内墙面开始贴瓷砖，屋地开始铺设地板砖、瓷砖。房内吊顶，四白落地。村民住房追求环保、舒适、品位、个性和时尚。

21 世纪初，香峪村民建造房屋，使用木架结构很少，多是红砖砌墙、钢筋混凝土结构。有的屋顶使用彩钢板。有的人家，将院子也罩以钢架、安装玻璃覆顶，作为居室使用。室内更加宽敞，也便于采光。

2020 年底，香峪村居民住宅有大小院落 146 个（套），计有房屋 1280 间，总建筑面积 2.50 万平方米。其中，村民自有二层楼房 3 座。民居院落，多是一家独院，或分家后同家族共处一院，异姓同院居住者极少。

办公用房建设

1958 年至 1971 年，香峪生产队队部始设在桩子路北的原张林泉院内，是一处有上房 3 间的石板房。1971 年下半年，生产队队部迁址到小庙附近，盖房 4 间，计 60 多平方米。1 间用于办公，3 间分别为医务室、电磨房和库房。

图 4-2　香峪村委会办公室（2018 年 10 月摄）

90 年代中期，香峪村委会迁移至村北杨香公路旁的原陶粒厂经营办公室。2004 年、2008

年和 2018 年，香峪村多次对村委会办公大院进行改造，2020 年建成村委会大院门楼。

2020 年底，香峪村公用建筑与集体企业厂房占地建筑面积共 6000 平方米。其中，文化活动站、香峪陶粒厂、香峪观光园、村篮球场、村浴室及公共卫厕等公共建筑面积 3500 平方米，供水厂房、农机站和库房等建筑面积 1500 平方米，村委会办公大院建筑面积 1000 平方米。村委会大院中，办公室为一坐东朝西、有廊窗过道的高基座 6 间砖砌楼板房，建筑面积 180 平方米；会议活动室建筑面积 100 平方米，还有村史展览室和社区服务站及仓库车房等。

搬　迁

1959 年 3 月，上街村民 43 户 155 口人迁出，在孟悟村与东山村之间的大沟北侧建新村安居。

第三节　交通设施

山　道

从香峪村往南走降蓬沟上山，过香峪大梁，往南下山，有山路通隆恩寺。清代，此山道是安亲王坟在香峪的看坟户与安亲王在隆恩寺的看坟户相互联系的通道。此山道 2020 年仍可通行。

从香峪村往西，走山路在猴山附近下山后，可至三家店村。

驮　道

起自香峪村上街，经村龙王庙向东沿香峪大梁山阴而上，走十八盘，到山顶处的狼撒欢，再下山向东穿过街塔城关，下山至碧云寺前的煤厂街止。全长约 4 千米。清代吴长元著《宸垣识略》记载："煤厂村有关圣庙。村西有两城关，循关而西，中有夹道，以通人骑，又西缘山行为

图 4-3　香峪村南大梁山道（2022 年 10 月 13 日摄）

天宝山，过街塔盘道矣。”

在香峪上街至过街塔段，路宽约两米，驴驮可相错而行；在过街塔至煤厂街段，路宽逾 4 米，多为石块砌就。此驮道曾是香峪村连接外部主要道路，也是香峪村进京城最近距离。清代至民国年间，香峪村产煤炭、果品等，主要供应京西的三山五园一带，运输驮队多走此路。香峪村曾隶属城郊区管理，其行政信息往来也经此路传递。中华人民共和国成立后，香峪村隶属门头沟地区管理，与位于西部的门头沟往来增加，古驮道行人、驮队渐稀。20 世纪 60 年代，香峪村上街驻有部队，古驮道部分路段被征用。20 世纪 70 年代以后，古驮道基本废弃不用。21 世纪初，部分路段仍存，仍有游山者从过街塔至香峪行走。此驮道所经地域在门头沟区段分属于香峪村、东山村。

从东山村经六亩园，走十八盘，过打鹰洼，去过街塔至煤厂街，还有一条驮道，清乾隆年曾大修。此路与香峪村去煤厂街的古驮道在过街塔西部相会后向东下山，两条驮道上都有十八盘地名。

中华民国年间，香峪村有“歇秋”风俗，在秋收后农闲期间，组织村民修路。其中，上街负责修通往过街塔村的驮道，下街负责修通往东杨坨村的道路。

公　路

1941 年，日本侵略期间，在香峪村开办北开煤矿，用汽车往杨坨煤矿公司运煤外销，修筑有香峪村至杨坨村的土石路，能行汽车。

1958年11月，某单位征用香峪村上街地域，修筑了香峪村上街至东杨坨的土石路，路贴香峪村民居东北绕行，长约2千米。1976年，驻村单位维修路面，开始铺沥青。从此香峪村有了公路。

图4-4 杨香公路香峪村段（2018年10月摄）

2003年，香峪村自筹资金25万元，整修经村临街的公路，将路宽延至3~4米，修砌公路护坡2300立方米，动移土方1.5万立方米，修缮了长1400米、宽8米的新街道路。

2004年，国家实施农村“村村通”工程，投资修筑村镇沥青公路。香峪村多方筹集资金52万元，施建东杨坨村至香峪村的公路铺油拓宽工程，路长1.8千米，平均宽7.5米，并在路旁进行绿化，种植花卉、树木，搭建了候车站台。路成之后，命名杨香公路。其中，从杨东路上的香峪路口至香峪村村口牌楼，在东杨坨村境内，长550米；从香峪村口牌楼往上至某单位驻地门口的公交车总站，在香峪村境内，长1250米。

2020年，有M27路公交汽车经杨香路抵达村庄，设有香峪村委会站和香峪村站，每天三班次。

街坊路

2007年，香峪村投入资金37万元，硬化改造街坊路1.7万平方米，砌筑街道两侧及防洪沟石墙1500立方米。将主路石屑改换铺成10厘米至15厘米厚的花岗岩，既坚固又防滑。两侧边路用石板镶嵌围护。通联村民家的小巷路，全部硬化。

图4-5　香峪村下街石板路（2018年10月摄）

停车场

2017年，香峪村在建设八份沟农业观光园过程中，在八份沟山顶，利用原来的农家山地场院旧址，整理扩大，建成停车场1处，面积600余平方米。地面铺设透水砖，可同时停车六七十辆。

2018年，香峪村在牌楼东南面的公路西侧建停车场1处，面积500平方米。青砖墁地，四面围墙，画有车位线，有停车位20个。

2019年，香峪村在下街皂角树处建停车场1处，面积200平方米。青砖墁地，画有车位线，有停车位20个。

2020年，香峪村在驻村单位原家属院所在地东南侧建停车场1处，面积约200平方米。为沥青地面，可停车20余辆。

图4-6　驻村单位原家属院处停车场（2018年10月摄）

2020年底，香峪村建有停车场4处。其中画有停车线的比较正规停车场3处。所有停车场，均有人管理，进行卫生清洁。

第四节　水电设施

供水设施

中华民国年间至20世纪50年代初期，香峪村民饮用水，主要水源地是处于上街和下街之间的大水泉，以人挑畜驮方式取水。水泉水量充沛，四时不竭。

20世纪50年代后期，香峪村在村中大水泉侧建蓄水池，将水泉之水自流引入蓄水池，供应村民用水。

60年代，香峪村在大水泉旁建立机井，在村东山上建有蓄水池，由机井抽水入蓄水池，再依靠重力下流，为村民供水。

1988年，香峪村与北京市建材局墙体材料公司合作，在香峪村建陶粒厂，在陶粒厂办公室旁打机井一眼，深205米，每小时可出水20立方米，供应陶粒厂和村民的用水。

2006年6月，香峪村在原场院的西侧选址，打机井一眼，深405米，每小时出水30立方米。建两间50平方米的水泵房，铺设一条2000米长的供水管道，服务村民用水。

2007年，香峪村为确保安全饮水，在供水机井配套安装变压器，砌筑消毒过滤池，建2个扬水站，铺设供水管网长度增至25000米，配备专职供保水人员。

2020年，香峪村采取集中供水方式，水源为自备井，日供水能力384立方米，供水普及率100%。供水管道沿主要道路及次要道路敷设，分为主路管网与支路管网。村民家中全部实现自来水入户。

排水设施

图 4-7　八份沟蓄水池（2008 年 10 月摄）

20 世纪 80 年代，香峪村没有专门污水排放处理设施，一到雨天，污水、雨水混合四处流淌。村民家庭排出废水、污水，一般泼在院内渗入泥土，或倒入粪坑与猪圈沤制肥料。

90 年代初，香峪村组织村民在街路两旁修建简易排水沟，污废水通过排水沟排往桩子沟和香峪主沟。

2007 年，香峪村建污水排放主管和支管，铺设排水管道总长度 25000 米。建污水处理站 2 处，排水检查井 220 个。为解决村民生活用废水的排放出口问题，村出资 5000 元铺设 700 米长的地下排水道。

2020 年，香峪村污水管网汇集的污水，排到连接军庄镇的污水主管道，输送至军庄镇污水处理厂处理。

电力设施

1959 年，驻香峪村某单位开始为香峪村输电，电力应用于村集体的办公、饲养室等地。1963 年，香峪大队村民开始用电灯照明。

70 年代初，香峪大队用电改为由供电局供电。香峪大队购置变压器，组织人员挖电线坑、立电线杆架线。村民用电由大队收费，再转交供电部门。

21 世纪初，香峪村用电由军庄电管站负责。2020 年，香峪村用电由龙泉电管站负责，输电采取电线杆架空电线方式。供电部门为村民各户安装电表计量，村民用电自行购买。电表外接公用线路，由电管站负责维护管理；电表接往各住户线路，由用户自己负责。

2020 年，香峪村有 5 座生活用电变压器，村民户户通电，电量能满足村民使用。

图 4-8 香峪村用电变压器（2018 年 3 月摄）

路灯照明设施

20 世纪 80 年代中期，香峪村投入资金 4 万元，在街坊路安装路灯 23 盏。

2006 年，在门头沟区实施的新农村建设中，门头沟区农委等部门为香峪村安装太阳能路灯 82 盏。安装时香峪村出工出力，安装后香峪村负责维护。

2020 年，香峪村路灯又全部改为电力能源，由门头沟区供电局供电并管理，香峪村只负责对线路的维护。

第五节　邮电和计算机网络

邮　政

20 世纪 50 年代初，香峪村没有邮政设施，村民有事靠亲朋好友“捎话带信”，或到军庄邮政所投寄书函。50 年代中期，香峪生产队在娘娘庙前大树上安装一个木邮箱，用于村民投信，邮递员每日送报时打开木箱取走信件。村民寄收包裹等物时，要到杨坨邮政所办理。

2009 年 10 月，门头沟区农委及区邮政投递局配发新农村邮站设备，在村委会院内设立村邮站，安装有邮箱，方便村民投递邮寄。

电　信

20 世纪 60 年代，香峪村生产队部安装有手摇电话机，用于大队与公社的信息传递。如有转接的外线电话打过来，队部工作人员喊有关人员到队部接电话。当时电话线与广播线使用同一线路，每到广播时间，不能打电话。

1984 年，村办公室安装拨号电话机。1997 年，村民韩书立安装座机程控电话，是村中第一部私家电话。随后，有 14 户村民安装电话，为村中第一批电话用户。2000 年，村民开始大规模安装座机电话并逐步普及。

2004 年，村民开始购置手机。21 世纪初，触屏手机逐步成为村民的通信工具，村民可以打电话，还可通过微信聊天、视频。2015 年后，随着手机的普遍使用，家庭座机电话逐渐减少。

2020 年，香峪村沿电线杆布置有电信线路，信号接自镇区电信所。村域实现电信信号全覆盖。

计算机网络

2002年，村委会购置3台电脑及1台复印机、1台传真机。2004年，电脑进入村民家庭，部分村民购买了电脑。

2008年，联通公司、移动公司分别在香峪村建立通信塔。一座位于村委会前路西的院内，另一座在驻村某单位内。公司每年交付香峪村通信塔占地费用1.8万元，使用期限10年。10年后继续使用，仍然支付占地款项。两个通信塔建成后，村中电脑接通互联网，村民可以在家中利用电脑浏览新闻、观看电视节目、发电子邮件、QQ聊天等。香峪村村民家庭购买电脑数量迅速增多，2010年村民家庭拥有电脑率达到40%，笔记本电脑也开始在村中普及。2020年，香峪村村民家庭拥有笔记本电脑率60%以上。

图4-9　香峪村通信塔(2018年2月摄)

第六节　环境建设

环境整治与绿化美化

2006年，香峪村投资10万元，对村道街路两旁进行2000平方米面积的绿化、美化工程，种植花卉、树木3000余株。同年，香峪村被列为门头沟区新农村建设试点村和取得农村环境治理成果示范村。

2007 年，香峪村继续进行环境整治以及绿化美化工作，在村内建水景观 1 处。其中，浆砌墙 1100 立方米，砖砌墙 200 立方米，铺设沟底 400 立方米，总投资 23 万元；投资 15 万元，新建休闲蘑菇亭 2 个，实施道路两旁 1500 平方米的绿化美化工程，种植花卉、树木 1200 余株，草坪 120 平方米。为解决雨季桩子沟两侧村民被洪水困扰问题，整治水沟 120 米。是年，香峪村被评为生态文明村。

图 4-10　香峪村北口仿古四角亭（2012 年 6 月摄）

2008 年，香峪村治理残墙断壁 3 处共 290 米，砌护坡挡墙 300 立方米。道路两侧绿化 1800 平方米，栽树木花卉 3200 株。2009 年 2 月，香峪村被北京市政府和首都绿色委员会评授为“首都绿色村庄”。

村口牌楼建设

2011 年 5 月 1 日，香峪村始建村口牌楼，是区农委的京白梨种植农业园形象宣传提升工程项目之一。牌楼坐南朝北，为两柱单门三横梁悬檐式仿古建筑，高 8 米，门中空高 4.8 米，宽 5.7 米，两侧红柱圆围 1.6 米，抱柱白基石高 1.65 米。顶檐一层与二层横梁之间，嵌蓝底金字门额。入村面题“香峪”，出村面题“出入平安”。建设牌楼由区农委投资 15 万元。

观景亭

2007 年 3 月，香峪村在八份沟农业园栗子树处，兴建首座红柱黄瓦的攒尖飞檐式四角观景亭。2008 年 4 月，村用资 5.6 万元，在村南大坨顶处，再建一座单檐攒尖式六角观景亭。2009 年 3 月，在八份沟域内八堰地高顶处，建成一座黄琉璃瓦覆顶的六角观景亭。2009 年 4 月，在黄崖后蓄水池旁，建一座小型黄琉璃瓦覆顶的仿古四角凉亭。2011 年 8 月，在多彩生态园与 M27 公交客车站拐弯路处，建一座琉璃瓦覆顶六角仿古亭。2013 年 5 月，在八份沟基地冷库附近，建一座建筑规制略小的六角凉亭。2013 年 9 月，在村西北付港东坡子处，建成一座能俯视村域风光的六角观景亭。2020 年 9 月，在村北口入村大牌楼处，建一座由玉砌雕栏围绕的飞檐斗拱四角亭。至 2020 年底，香峪村共有观景亭 8 座。

第五章　党群组织

20 世纪 50 年代，香峪村中共党员参加东杨坨村党组织活动。1959 年，香峪村有 3 名党员。1966 年，“四清”（清政治、清思想、清经济、清组织）运动中香峪村发展 4 名积极分子入党。1969 年 7 月，香峪村建立党支部。党支部注重组织建设，对党员进行思想教育，党员队伍不断壮大，党员的文化程度、思想素质不断提高。党组织发挥政治引领作用、保障监督作用，发挥共产党员的先锋模范作用，带领村民进行社会主义革命和社会主义建设，和村政组织、民兵组织与贫下中农协会、妇联、共青团等人民团体紧密配合，开展乡村工作，使集体经济不断壮大，村民生活水平不断提高，村庄保持安定和谐。改革开放以后，香峪村党组织积极落实党在农村的方针政策，把工作重点转移到经济建设上，不断完善和深化农村经济体制改革，开展新农村建设活动，村庄面貌焕然一新。党组织积极开展 “创先争优”活动，采取多种形式进行组织建设和思想建设，党支部的战斗堡垒作用和党员的先锋模范作用进一步增强，形成风清气正、干事创业、遵纪守法的良好工作氛围。

第一节　中共香峪村党组织

党　员

1959年，香峪村为东杨坨生产大队所属的生产队，有中共党员3名，分别为韩宝臣、郭大树、张万银，组织关系在东杨坨生产大队党支部，参加东杨坨生产大队党支部的活动。

1961年下半年，香峪村成为军庄人民公社的直属生产大队。60年代中期，“四清”工作队驻进香峪村，开展“四清”运动。工作队党组织对香峪村党的积极分子进行培养教育。1966年5月发展4名积极分子加入党组织。

1966年“文化大革命”开始后，党的工作受到冲击并陷于瘫痪。1969年香峪村党组织恢复生活，进行组织整顿。同年7月11日，香峪村成立中共党支部。至1972年，发展4名积极分子加入党组织。

1978年党的十一届三中全会后，香峪生产大队党支部积极培养新生力量，发展有理想、有道德、有文化、守纪律的先进青年入党。80年代，香峪村党支部先后发展10余人加入党组织。

90年代，香峪村党支部在党员发展上贯彻“积极发展、慎重发展、突出重点、稳步前进”的方针。按照《中国共产党发展党员工作细则》的要求，将发展党员工作逐步纳入规范化、制度化管理。党员文化程度逐步提高，年龄逐渐年轻化。

进入21世纪，香峪村党支部以“坚持标准、保证质量、改善结构、慎重发展”的方针，发展优秀村民入党，特别注重发展优秀团员和优秀青年入党，注重发展优秀妇女入党。对到村锻炼的“村官”和驻村干部，积极培养，压实任务，创造条件，发展入党。按党员的标准，成熟一个发展一个。

至2020年底，香峪村党支部共有党员36名，其中女党员11人。党龄结构为50年以上4人，40年至49年5人，30年至39年10人，20年至29年8人，10年至19年2人，9年以下7人；文化结构为大专以上11人，中专9人，高中2人，初中11人，小学3人。年龄结构为80岁以上1人，70岁至79岁7人，60岁至69岁6人，50至59岁14人，40岁至49岁7人，30岁至39岁1人。

2010—2020年香峪村中共党员数量变动表

表5-1　　单位：人

年份	发展党员	转入党员	转出党员	去世党员	年底数量
2010	—	张文宪	—	—	31
2011	孙二树、朴振文	孙启刚	陈明全	—	33
2012	韩旭、范淼	—	—	—	35
2013	—	张德文、乔兵杰	乔兵杰	韩宝成、韩宝旺	34
2014	—	韩宁	韩旭、范淼	—	33
2015	—	苗岭苒、谭素荣	韩宁	—	34
2016	王建梅、朴玉山	—	—	张万银	35
2017	—	—	苗玲苒	—	34
2018	李小婵	李国梁	—	—	36
2019	王素芳	程玉梅	朴玉山	王金瑞、王建峰	35
2020	俞绍利	—	—	—	36

说明：表格内“—”无数据

2020年12月底中共香峪村党支部党员一览表

表5-2

序号	姓 名	出生日期	文化程度	入党时间
1	韩宝才	1947.11.27	小学	1966.5.1
2	李芝林（女）	1937.9.15	小学	1966.5.5
3	张文宪	1949.8.7	大专	1970.2.1
4	朴玉兰（女）	1949.2.27	大学	1970.3.1
5	王金宝	1947.10.24	中专	1971.6.1
6	韩书义	1945.12.14	中专	1972.6.10
7	韩书清	1950.10.5	中专	1978.3.1
8	朴玉卿	1954.1.9	初中	1979.1.1
9	王德生	1948.6.16	中专	1980.5.23
10	朴振武	1955.5.23	初中	1982.11.1
11	王金林	1949.4.12	中专	1982.11.2
12	史阿利	1956.11.21	市委党校大专	1983.5.1
13	霍光利（女）	1964.4.5	大专	1985.10.26
14	张德义	1961.11.16	初中	1986.11.5
15	王建华（女）	1964.10.30	大专	1986.12.5
16	韩宝忠	1962.2.19	高中	1986.12.5
17	朴振同	1950.6.12	初中	1986.12.5
18	朴玉田	1951.3.18	大专	1990.9.11
19	孙长明	1968.9.19	初中	1990.10.3

续表 5–2

序号	姓 名	出生日期	文化程度	入党时间
20	韩建民	1970.5.5	初中	1992.6.1
21	张德文	1969.7.7	大专	1993.10.1
22	王金利	1963.10.27	初中	1994.1.1
23	韩大河	1967.11.23	初中	1994.1.5
24	索宝强	1970.12.7	初中	1994.3.1
25	李国梁	1976.7.28	大专	1998.7.1
26	孙起刚	1961.11.14	初中	1998.10.1
27	韩书龙	1968.10.1	小学	1999.9.8
28	王金秀（女）	1959.2.5	高中	2001.5.1
29	谭素荣（女）	1963.12.29	中专	2007.4.7
30	朴振文	1963.4.7	初中	2011.6.2
31	孙二树	1963.1.1	中专	2011.6.2
32	程玉梅（女）	1974.2.13	中专	2013.6.21
33	王建梅（女）	1977.9.17	大专	2016.11.20
34	李小婵（女）	1989.7.28	大本	2018.10.23
35	王素芳（女）	1974.4.10	大专	2019.10.31
36	俞绍利（女）	1971.6.16	中专	2020.11.24

党支部

1958 年成立人民公社，香峪村隶属东五大队。东五大队由东杨坨村、西杨坨村、香峪村、孟悟村、东山村 5 个自然村庄组成，设有东五大队党支部。香峪村党员参加东五大队党支部的组织活动。1961 年，人民公社划小经济核算单位，香峪建立直接由公社领导的生产大队，香峪大队党员人数少，与东杨坨大队党员共同组成东杨坨大队党支部，香峪村党员参加东杨坨党支部的组织活动。1966 年 6 月 20 日，在驻香峪大队“四清”工作队成员主导下，香峪大队建立党小组，隶属东杨坨党支部领导。香峪村党小组有党员 7 人，组长王淑琴。

1969 年 7 月 11 日，经军庄人民公社党的核心小组批准，香峪大队建立党支部。时任香峪生产大队指导员兼大队革命委员会副主任的王淑琴任党支部书记。

1971 年 8 月 4 日，经中共军庄人民公社委员会常委会同意，香峪大队党支部书记由朴玉兰担任。1976 年，香峪大队党支部改选，王金宝担任第三任党支部书记。1979 年韩宝才担任香峪村第四任党支部书记。

图 5-1　香峪村党支部换届选举（2012 年 12 月摄）

1981 年 10 月，香峪村党支部换届选举，由韩书清任党支部书记。至 2020 年未变。2020 年底，香峪村党支部由 3 名委员组成，支部书记韩书清负责全面工作。组织委员为孙二树，宣传委员为王建华。

1969—2020 年香峪村中共党支部书记任职一览表

表 5-3

姓名	任期
王淑琴（女）	1969 年 7 月—1971 年 8 月
朴玉兰（女）	1971 年 9 月—1976 年
王金宝	1976 年—1978 年 12 月
韩宝才	1979 年 1 月—1981 年 10 月
韩书清	1981 年 10 月—

党的活动

20 世纪 60 年代后期，香峪大队党支部建立，成为香峪大队的领导核心。党支部针对“文化大革命”期间党员思想上存在的问题，组织党员学习，开展批评与自我批评，努力把党员思想统一到党中央和各级党委的要求上来。

70 年代中期，香峪大队党组织克服“文化大革命”动乱影响，努力带领村民“抓革命，促生产”，使村里的农林业生产持续发展，保持了村庄稳定局面。

1976 年，香峪大队党支部开展“三会一课”（党支委会、党员大会、党小组会、党课），党组织的活动日益正常化、制度化。1978 年，香峪大队党支部按上级部署，开展“实践是检验真理的唯一标准”大讨论，组织党员和群众学习党的路线、方针、政策，与党中央保持一致。

80 年代，香峪大队党支部认真贯彻执行党的路线、方针、政策，坚决落实中央关于农村经济体制改革的决定，组织开展家庭联产承包责任制。在党员中开展批判资产阶级自由化活动。进行改革开放教育。党支部领导和推进村级民主选举、民主决策、民主管理、民主监督，支持和保障村民依法开展自治活动。领导支持村民委员会、村集体经济组织和共青团、妇代会、民兵等群众组织，依照国家法律法规及各自章程行使职权。支部委员会狠抓自身建设，对党员进行教育、管理和监督；对要求入党的积极分子进行教育和培养，党组织不断壮大。

1998年，村党支部按照上级安排，开展讲学习、讲政治 、讲正气的“三讲”活动。采用批评和自我批评相结合方式，使全体党员受到深刻的党性党风教育。

2000年，村党支部组织全体党员学习 “三个代表”重要思想，即中国共产党代表中国先进生产力的发展要求，代表中国先进文化的前进方向，代表中国最广大人民的根本利益，提高了党员的思想觉悟，增强了信心。

2003年，村党支部加强党员教育管理工作，严格“三会一课”制度，定期召开党员大会、开展党员活动。党支部组织党员 、村民代表到韩村河参观，解放思想，开拓思路，把发展集体经济、优化发展环境建设和想方设法增加村民的收入作为工作的主要任务。党支部聘请包村干部和镇党委成员到村给党员干部讲党课，号召全体共产党员立足岗位做贡献。开展重温誓词、学习党章活动，开展表彰先进、学先进活动。

2005年12月，村党支部进行保持共产党员先进性教育活动，为党员发放学习材料，组织党员外出参观，进行革命传统教育，进行专题培训、讨论，香峪村党支部被评为门头沟区先进党支部。同年，香峪村党支部获得中共门头沟区委组织部颁发的“文化服务聚人心”2005年特色党建措施二等奖。

2006年，村党支部认真贯彻区、镇党委要求，立足本村实际，确立“统一思想、发挥优势、抢抓机遇、全面建设新香峪”的工作思路，围绕“生产发展、生活宽裕、乡风文明、村容整洁、管理民主、邻里和谐、信息畅通”28字要求，用“一线工作法”推进社会主义新农村建设。香峪村被列为门头沟区新农村建设试点村。

2007年，村党支部在持续做好制度性党建工作情况下，侧重开展无职党员设岗定责活动，促进党员模范作用的发挥。针对香峪村实际，按照每名党员的特点、特长进行岗位设置，共有16人分别从事社会治安维护岗、民意收集岗、环境卫生岗、交通安全岗、村镇设施维护岗等岗位。党支部注重发挥党员代表作用，香峪村党代表3人，除定期参加镇党委组织的重点工程、项目的视察外，还开展民情访谈活动，定期收集党员和村民意见和建议。2007年，香峪村被列为全市120个整体推进村。

2008年，村党支部开展“科学发展观”学习活动，号召党员坚持全心全意为人民服务的宗旨，牢固树立“立党为公”“执政为民”信念，把实现好、发展好、落实好人民利益作为一切工作的出发点和落脚点，解决群众最直接、最关心、最现实的利益问题。

2014年，村党支部坚持以党的十八大精神为指导，认真贯彻学习习近平总书记一系列讲话精神，按照“照镜子、正衣冠、洗洗澡、治治病”的总要求，紧密围绕为民、务实、清廉的主要内容，紧密聚焦“四风”突出问题，紧密联系工作实际，扎扎实实完成了“学习教育、听取意见，查摆问题、开展批评，整改落实、建章立制”三个环节的工作任务。

2016年，村党支部开展“两学一做”学习教育，组织召开了动员会、专题讨论会，举办党课辅导报告，公开党员承诺，参观抗日战争纪念馆、设立荣誉室。

2017年，村党支部继续推进“两学一做”活动，严格落实“三会一课”和“一规两册”制度，在党员干部队伍中营造“敢于担当、勇于奉献、团结互助”的氛围，积极引导党员在思想上和行动上永葆政治站位，努力把基层党组织打造为促进村域发展和稳定经济格局的战斗堡垒。村党支部组织广大党员，集中学习、观看警示录像、举办知识讲座、更换文化宣传栏、网上答题，加强党员警示教育，提高反腐宣传效果，强化党内日常管理和 8 小时之外监督，推进监督执纪“四种形态”具体化，形成了风清气正、干事创业、遵纪守法的良好工作环境。同年，香峪村党支部慰问生活困难党员 14 人次，发放慰问金 1.15 万元。

图 5-2　香峪村党支部组织党员和积极分子参观“没有共产党就没有新中国”纪念馆（2019 年 10 月 18 日摄）

2018 年，香峪村党支部组织服务村民群众活动，将党组织活动经费 15 万元，投入村中上、下水管道的维修改造。

2019 年，香峪村党支部组织党员和积极分子到房山区霞云岭乡堂上村，参观“没有共产党就没有新中国”纪念馆。

第二节　群众组织

共青团

20 世纪 50 年代至 60 年代初期，香峪村为自然村，团员人数少，参加东杨坨村团支部组织的活动，团员、青年积极参加土地改革、“三反”“五反”等运动，配合宣传《中华人民共和国土地改革法》《中华人民共和国婚姻法》。在农业合作化和扫盲运动中发挥骨干作用，团员、青年多次组织劳动生产竞赛。

1961 年下半年，香峪村成为人民公社直接领导的生产大队，建立了团小组，共青团活动更加活跃。

1965 年，在“四清运动”中，香峪大队发展 7 名团员，加上原有的 6 名团员，共有 13 名团员，占全村 18 名青年的 72%。香峪村成立团支部，团的工作开始由公社团委直接领导。团支部邀请贫下中农为学生讲家史、村史，进行“忆苦思甜”教育。开展“学雷锋做好事”活动，组织和发动青年学习毛泽东著作，开展“比学赶帮超”活动，在社会主义劳动竞赛中起先锋作用。组织团员和青年成立毛泽东思想文艺宣传队，利用业余时间排练，演出曲目以独唱、合唱、舞蹈等形式为主。组织团员青年成立青年突击队，利用业余时间参加集体义务劳动，帮助“五保户”、困难户。

中共十一届三中全会后，党的工作重点从以阶级斗争为纲转为以经济建设为中心，共青团工作的指导思想、活动内容、组织形式、工作方法、领导作风等都发生相应转变。1981 年 2 月 25 日，共青团中央等九个单位联合倡议，在全国人民特别是青少年中开展文明礼貌活动，香峪村团支部组织团员青年开展“五讲四美”活动。后与共青团开展的“三热爱”

活动相结合，在香峪村开展“五讲四美三热爱”活动。

1998 年，军庄镇团委、文化站、工会联合组织每两年一届的农民运动会，香峪村团员青年代表香峪村，积极组织参加农民运动会活动，为香峪村争得荣誉。

进入 21 世纪，香峪村很多青年出村打工，共青团组织活动逐渐减少。共青团的活动骨干主要是青年“村官”。

2005 年，香峪村团支部组织团员青年参加党的思想教育活动，参加法律法规的学习培训。举办团员、青年、入党积极分子培训班，邀请区委党校讲师讲解新党章和党的基本知识。以“缅怀抗日先烈，永葆党的先进性”为主题，组织入党积极分子、团员、青年参观中国人民抗日战争纪念馆。

2009 年，香峪村团支部积极传承奥运精神，组织团员、青年，成立志愿者服务队，参与弘扬“我参与、我奉献、我快乐”的公益活动。

2020 年年底，香峪村团支部有共青团员 3 人，其中女共青团员 1 人。

1965—2020 年，香峪村担任团支部书记的先后有朴玉兰、朴玉清、韩爱莲、王建华、李小婵等。

妇女联合会

20 世纪 50 年代初，香峪村妇联组织妇女学习《中华人民共和国婚姻法》，鼓励婚姻自主、婚姻自由，反对包办买卖婚姻，破除落后的婚姻家庭习俗，提高妇女地位。村妇联组织妇女参加扫除文盲运动，学习文化知识。全村有 90%以上适龄的妇女参加“扫盲”文化学习。“扫盲”运动结束时，大部分参加学习的妇女能够读报写信。香峪村妇联在互助组、初级社、高级社时期，发动妇女积极参加农业生产。1958 年建立人民公社后，香峪村妇联组织妇女积极投身各项集体生产建设。

1966 年 6 月，香峪村妇女联合会主任为王淑琴，副主任为李芝林，委员有朴振荣、韩秀兰、于振平。香峪村妇联组织在村里积极开展工作，向广大妇女宣传党的政策、维护妇女权益，动员和组织妇女参加生产劳动和各项社会活动。尤其在当时的“四清”运动中，积极组织全村群众按居住地，分上、中、下三个片区学习毛泽东著作。其中，上片学习的组长是李芝林，辅导员是韩占英；中片学习组长是朴振华，辅导员是于振平和刘庆荣；下片学习组长是樊桂芬，辅导员是张鸿珍。

20 世纪 60 年代，香峪生产大队妇联协助村党支部开展妇女工作，注重维护妇女权益，监督生产队落实男女“同工同酬”政策，在集体劳动中对妇女实行经期、孕期、产期、哺乳期“四期”保护，抵制和制止歧视妇女现象。

1978 年，开展“三八”红旗手活动，动员妇女为社会主义建设事业贡献力量。

1983 年，香峪村妇联开展自尊、自信、自强、自立的“四自”活动，号召妇女做新时代的主人。1984 年，开展“维护妇女儿童合法权益宣传日”活动，“维权”被提上工作日程。

1989 年，香峪村妇联开展学文化、学技术、比成绩、比贡献的“双学双比”活动。同年，相继开展“三八绿色工程”“巾帼建功”“巾帼扶贫行动”“巾帼科技致富工程”等活动。1990 年始，村妇联在妇女中继续开展学文化、学技术、比成绩、比贡献的“双学双比”活动，成立培训中心活动站，举办培训班，邀请专家、技师授课，并进行实际操作，激发妇女学知识、学技能、学法律，争当致富能手成为时尚。

进入 21 世纪，农村城市化进程加快，妇联工作的重心和重点随之改变。妇联组织开展“学习型家庭”创建活动，推动家庭成员建立科学、文明、健康的生活方式，提高家庭的文明素质和生活质量。

2005 年，开展“巾帼建功”活动。2008 年，围绕“服务奥运，维护稳定，发挥作用”工作中心，组织妇女参加系列活动，形成“全力迎奥运创和谐”的局面。2010 年，开展“美德在我家”和谐家庭知识竞赛活动。制作《中华人民共和国婚姻法》《中华人民共和国妇女权益保障法》和“男女平等基本国策”“家庭美德篇”“和谐家庭构建知识”等内容宣传板，增强妇女儿童法律及维权意识。成立妇女维权工作站，调处妇女维权事件多起。开展“五好文明家庭”（遵纪守法遵守公德好，家庭和睦邻里团结好，爱岗敬业诚实守信好，勤俭持家节能环保好，热爱科学热心公益好）活动。2006年3月，香峪村妇联被评为门头沟区“双学双比”先进集体。

2012年，香峪村妇联组织“40（岁）50（岁）”无业妇女进行技能培训，学习丝花、十字绣等手工艺品技术，增强妇女就业能力。围绕创建文明乡村开展“创建我先行，妇女做表率”活动，成立手工编织队、合唱队、舞蹈队、“文明小天使”队和绿色环保队等6支“巾帼文明志愿者”服务队，以宣传“五好文明家庭”为主要内容，制作挂历，发放到村民家庭，家庭美满知晓率100%。组织妇女参与公益活动，全村有矛盾调解队、志愿服务队、文化健身队。2017年，村妇联以“联系妇女、教育妇女、服务妇女、维护妇女儿童合法权益”为根本任务，为妇女干事谋事。组织妇女开展“全国农村妇女科学素质网络竞赛”活动，使妇女们开阔眼界，

图5-3　香峪村妇女文艺队排练节目（2007年3月5日摄）

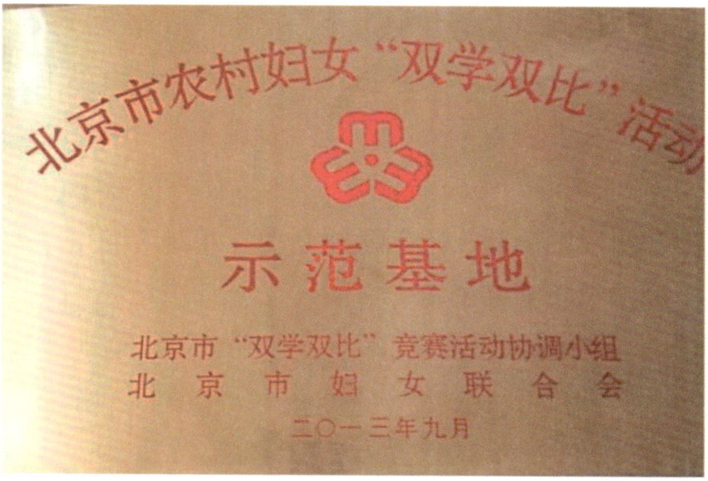

图 5-4　2013 年 9 月香峪村妇联获得北京市农村妇女“双学双比”活动荣誉匾牌

拓宽视野，学习科学知识。开展“三八妇女维权周”活动，宣传有关保护妇女儿童的法律法规。

2013 年 9 月，香峪村被北京市农村妇女“双学双比”活动协调小组和北京市妇女联合会授予“北京市农村妇女‘双学双比’活动示范基地”称号和荣誉匾额。

1965 年至 2020 年，担任香峪村妇联主任的先后有王淑琴、李芝林、韩秀霞、韩金芝、王建华。60 年代，李芝林担任过村妇联副主任，朴振荣、韩秀兰、于振平担任过村妇联委员。

贫下中农协会

1964 年，香峪生产大队开展以“四清”为主要内容的社会主义教育运动。“四清”工作队进驻大队后，发动群众，吸收除“地富反坏右”之外所有贫下中农参加，组建香峪生产大队贫下中农协会（简称贫协）。贫协设主席 1 人，副主席 1 人，委员 3 人。贫协配合“四清”工作队发动组织群众，揭发、检举干部的违法乱纪行为；进行“四清”检查工作；监督党员干部的工作；讨论决定对干部违法乱纪问题的处理等；当生产队干部因有问题被停职检查时，代行生产组织和管理工作。1966 年“文化大革命”开始后，贫协为维护稳定全大队的生产生活秩序，发挥了一定作用。“文化大革命”中，军庄公社成立农代会，香峪大队也以贫协成员为基础，成立农代会。1978 年中共十一届三中全会后，党的工作重点转移到以经济建设为中心上来，香峪生产大队贫下中农协会、农代会撤销。香峪生产大队担任贫协主席先后有韩书元、张万海。

工　会

2000 年，香峪村建立工会组织，受军庄镇工会领导，参加军庄镇工会组织的活动，定期缴纳会费。2020 年底，香峪村有工会会员 3 人，工会小组长为韩书清。

第六章　村政　村务

1948年12月，香峪村解放，香峪村人民政权建立。中华人民共和国成立后，香峪村一度为东杨坨村的自然村，村政工作由东杨坨行政村领导。1958年人民公社成立，为政社合一的管理体制，香峪为生产队建制，由生产队长主抓队务工作，主要是生产经营活动。1961年6月，人民公社划小经济核算单位，香峪生产队改为军庄公社直接管辖的香峪生产大队，组建生产大队管理委员会，管理香峪村的行政和经济等工作。香峪村成为基层行政单位，成为自我经营、自我发展、自负盈亏的独立核算经营实体。1983年，人民公社解体，实行乡（镇）、村管理体制，香峪村成为行政村，建立村民委员会。1984年，香峪村成立农工商分公司，在乡农工商总公司领导下开展经济工作。1990年，香峪村农工商分公司改为经济联合社。2010年8月，香峪村又成立股份经济合作社，从事村中生产经营工作。2013年，香峪村制定村民自治章程，实行民主管理。由村民选举产生村管理委员会，管理村务工作。2020年，香峪村仍为在村党支部领导下的村民委员会负责行政工作、村经济合作社（经济股份合作社）从事生产经营的工作格局。

第一节　村　政

村政组织机构

1937 年，日本侵略军占领北平，日伪政权在其占领的农村建立保甲制度，颁布《保甲条例》。每 10 户为 1 甲，10 甲为 1 保，联保成乡。在香峪村设有甲长，在东杨坨村设保长。甲长分片协助保长工作，负责传达文告、征缴赋税、调解纠纷、维持治安等。香峪村甲长王全合，因不按日本人要求办事，被日本侵略军抓到石景山，被打得遍体鳞伤，被家中赎回。

1948 年 12 月，香峪村解放，在中国共产党领导下，香峪村政权建立，由村长主抓村务管理工作。

1950 年至 1958 年，香峪村村长或村生产队长，主要组织村民成立互助组、合作社，合理分工，统一使用劳动力，提高劳动效率。

1958 年成立人民公社，为政社合一的管理体制。人民公社下设生产大队，生产大队下设生产队。东杨坨村、西杨坨村、孟悟村、东山村、香峪村组成东五生产大队。香峪村为东五生产大队所属的生产队，东五大队队长为香峪村的韩宝臣，同时担任香峪村生产队长。

1959 年，香峪生产队上街 43 户 155 人搬迁，另建新村。香峪生产队只留有下街人员。

1961 年 6 月，人民公社划小经济核算单位，香峪生产队成为人民公社直接领导的香峪生产大队，为以大队核算的生产经营单位。香峪生产大队长是韩宝臣。

1966 年 6 月，驻香峪生产大队的“四清”工作队，主持香峪大队干部选举，选出大队长 1 人韩文田；副大队长 2 人，分别为王淑琴、韩书祥；委员 4 人；会计 1 人韩书义；统计保管 1 人张林祥。按规定要求，选出大队监察委员 3 人，其中主任 1 人、委员 2 人。

1968 年 2 月 29 日，香峪大队革命委员会成立，由村干部、农代会、民兵三方面的代表计 7 人组成。主任王淑琴，副主任韩书元、韩书祥，委员韩宝旺、韩宝才、韩书义、张林祥。其中，村干部代表为王淑琴、韩书元、韩书祥，农代会代表为韩宝旺、韩书义、张林祥，民兵代表韩宝才。

1968 年下半年，香峪村在行政管理上学习解放军，进行政治建队活动，实行军事编制。在村革命委员会里，设政治指导员，由党支部书记兼革命委员会副主任王淑琴担任；村革命委员会主任由韩书元担任。革命委员会副主任韩书祥任连长，韩书义任副指导员。生产队下设三个排，排长分别为朴福元、张万海、韩宝振；排里设政治工作员，分别为朴玉兰、韩宝林。香峪生产大队政治建队、“解放军”式管理，时间不长，到 1969 年初，自行结束。

1971 年 8 月 4 日，香峪大队新一届革命委员会由朴玉兰、王金宝、韩书义、韩书祥、韩宝振、韩书元、张林祥 7 人组成，主任王金宝，副主任韩书义。

1980 年，香峪生产大队革命委员会撤销，回归香峪生产大队管理委员会领导。1983 年，撤社建乡，香峪村生产大队为行政村建制，成立村民委员会，由村民委员会负责村务管理。中共军庄镇党委任命王金林为香峪村民委员会主任。

1989 年，国家颁布实施《中华人民共和国村民委员会组织法》，香峪村村民委员会由村民小组代表投票选举产生，村民委员会设主任和委员。此后，每隔 3 年举行 1 次一届村民委员会改选。2016 年，村民委员会选举由村民小组代表选举改为由村民直接投票选举。至 2020 年年底，香峪村共进行十一届村民委员会选举，担任村民委员会主任的先后有王金林、韩书清。

1961 年下半年至 2020 年香峪生产大队、香峪村行政主要领导任职一览表

表 6-1

姓名	任职时间	职务
韩宝臣	1961 年下半年—1962 年	大队长
韩宝振	1962—1963 年	大队长
朴增元	1963—1964 年	大队长
朴福元	1964—1965 年	大队长
韩书启	1965—1966 年	大队长
韩文田	1967—1968 年	大队长
王淑琴（女）	1968 年 2 月—1968 年下半年	革命委员会主任
韩书元	1968 年下半年—1971 年 7 月	革命委员会主任
王金宝	1971 年 7 月—1976 年	革命委员会主任
韩宝旺	1976—1978 年	大队长
朴玉卿	1978—1981 年 9 月	大队长
王金林	1981 年 9 月—1983 年	大队长
王金林	1983 年 2 月— 2010 年 1 月	村委会主任
韩书清	2010 年 1 月—	村委会主任

村民代表会议

2002 年，香峪村建立村民代表会议制度。由村民会议或村民小组民主推选产生村民代表，由村民代表民主选举产生村民委员会。村民代表

会议规定，村重要经济决策、财务决策必须由村民代表大会表决通过，方可实行；每年召开两次村民代表大会，村委会向大会做村务工作报告，村民代表分组讨论，并通过报告。香峪村按居住片划分10个村民小组，每组推选代表2名，共有村民代表20名。村民代表可以向村委会直接反映村民们的意见和建议；当村委召开村民代表大会时，村民代表要参加大会并共同商议村里发生的大事和需要村委解决的重大的问题，讨论决定涉及村民利益的其他事项。涉及村民利益的事项，经村民代表会议讨论决定方可办理，包括本村享受误工补贴的人员及补贴标准，从村集体经济所得收益的使用、本村公益事业的兴办和筹资筹劳方案及建设承包方案，土地承包经营方案，村集体经济项目立项、承包方案，宅基地使用方案，征地补偿费的使用、分配方案，以借贷、租赁或者其他方式处分村集体财产。村民代表要向其推选户或者村民小组负责，接受村民监督。

2017年，香峪村民代表有20名，分别是韩书清、王金林、王建华、李德华、张会芹、陈立华、韩宝忠、田玉梅、李凤云、张秀云、索宝荣、王建锋、韩书祥、朴玉山、韩秀霞、朴玉全、朴振武、韩书元、韩书龙、王金利。

2019年2月，香峪村村民委员会成员换届选举，香峪村设有9个村民代表小组，每个小组3人或4人，计有30人。其中，中共党员14人；女14人；大专以上文化3人，中专和高中文化13人，初中及以下文化14人。村民代表分别是韩书清、陈立华、朴振文、金淑彦、李凤云、韩宝忠、韩秀美、李德华、韩金良、俞绍利、孙二树、孙长明、张秀云、田玉梅、王金林、王建锋、朴玉全、王建梅、王素芳、张德义、朴玉龙、韩秀霞、张德旺、朴振武、张会芹、韩书龙、朴振同、王建华、王金利、张雪红。

2020年12月，香峪村村民代表仍为30人。

村委会选举

1987年11月，第六届全国人大常委会第二十三次会议通过《中华人民共和国村民委员会组织法（试行）》（简称《村委会组织法》），明确提出：村委会是村民自我管理、自我教育、自我服务的群众性自治组织，并明确村委会性质、职责和组织架构。

1989年7月，根据《村委会组织法》，按照门头沟区统一部署，香峪村民委员会召开村民会议，依法选举村民委员会成员，同时成立村选举工作领导小组，组长由村党支部书记担任。乡选举工作领导小组成员包村进行指导，对验证、发票、代书、监票等工作人员进行培训。根据《村委会组织法》有关规定，确定选举工作程序，采取党团、妇女组织联合提名，选民10人以上联合提名，5人以上复议的办法，推荐村民委员会成员。本届村民委员会届次依全区统一排序为第一届。香峪村召开村民会议，选举第一届村民委员会成员3人，其中村民委员会主任1人，委员2人，一次成功率100%。会议选举产生香峪村第一届村民委员会主任王金林。村委会任期每届三年，以后村民委员会选举每三年举行一次。

1992年，村民委员会第二届换届选举，产生第二届村民委员会。1995年，村民委员会第三届换届选举，产生第三届村民委员会。

1998年，第九届全国人民代表大会常务委员会第五次会议对《村委会组织法》进行修订。修定后的《村委会组织法》进一步明确，村委会实行民主选举、民主决策、民主管理、民主监督，并完善村委会成员选举和罢免程序。按照《村委会组织法》关于“村委会每届任期三年，届满应当及时举行换届选举”要求，村委会民主选举和各项工作更加规范。香峪村第四届村民委员会换届选举，产生第四届村民委员会。2001年6月，香峪村第五届村民委员会换届，选举产生第五届村民委员会。

2004年，香峪村民委员会第六届换届选举，产生第六届村民委员会。

同时选举产生村务监督小组。2007 年，第七届村民委员会换届选举，产生第七届村民委员会，同时选举产生村务监督小组。

2010 年，第八届村民委员会换届选举，产生第八届村民委员会，同时选举产生村务监督小组。按军庄镇党委要求，村党支部书记和村委会主任采取一肩挑方式，村委会主任由村党支部书记担任。

2013 年，第九届村民委员会换届选举，产生第九届村民委员会，同时选举产生村务监督小组。

2016 年，香峪村委会进行第十届换届选举。按国家新修订的《村委会组织法》和《北京市村民委员会选举办法》选举，在选举村民委员会的形式上，由原来的村民代表选举改为由村民直接投票选举，由登记参加选举的村民直接提名候选人，即“海推直选”。选举委员会工作由村党支部主持。村党支部书记韩书清按法定程序进入选举委员会，并被推选为选举委员会主任。村选举委员会依照选举工作规程操作。在提名村委会委员候选人方面，动员村民从全体村民利益出发，推荐奉公守法、品行良好、公道正派、热心公益、具有一定文化水平和工作能力的村民为村委会委员候选人；在候选人竞争方面，举行村民大会，组织候选人与村民见面，由候选人介绍履职的设想，回答村民提出的问题；在投票选举方面，实行无记名差额投票、公开计票的方法，选举结果当场公布。选举时，设立秘密写票处和流动票箱，登记参加选举的村民选举期间外出不能参加投票的，或行走不便的，可以书面形式委托本村有选举权的近亲属代为投票，也可以在流动票箱投票，切实保障村民在无干扰的情况下自主表达自己选举意愿。2016 年 4 月 20 日，香峪村召开村民会议，确定了关于第十届村民委员会换届选举工作的有关内容，并形成决议。6 月 18 日，香峪村通过组织准备、宣传发动、推选选举委员会、选民登记、提名候选人、投票选举、推选村民小组长和村民代表等流程，香峪村选举一次成功，选举产生香峪村第十届村民委员会，同时选举产生村务监督小组。2019 年，第十一届村民委员会换届选举，仍然采取村民直接选举形式，产生第十一届村民委员会，同时选举产生村务监督小组。

1989—2020 年香峪村村民委员会历届选举一览表

表 6–2　　单位：人

届次	年份	选出主任	选出委员	村民代表人数
第一届	1989	王金林	韩书清、韩秀霞（女）	20
第二届	1992	王金林	韩书清、王建华（女）	20
第三届	1995	王金林	韩书清、王建华（女）	20
第四届	1998	王金林	韩书清、王建华（女）	20
第五届	2001	王金林	韩书清、王建华（女）	20
第六届	2004	王金林	韩书清、王建华（女）	20
第七届	2007	王金林	韩书清、王建华（女）	20
第八届	2010	韩书清	王金林、王建华（女）	20
第九届	2013	韩书清	王金林、王建华（女）	20
第十届	2016	韩书清	王金林、王建华（女）	村民直接选举
第十一届	2019	韩书清	王建华（女）、孙二树	村民直接选举

第二节 村 务

劳动管理

1958 年成立人民公社后，为政社合一管理体制。生产队是集体所有的合作经济组织，每农户家庭成员为人民公社社员。

1961 年下半年，人民公社缩小经济核算单位，香峪村成为人民公社的生产大队，设有大队管理委员会（简称队委会）。生产大队独立经济核算，自我经营、自我发展、自负盈亏。依靠自己的成员和土地、牲畜、农具等生产资料，由队委会领导、组织生产劳动、经营活动。队委会有队长 1 人，副队长 1 人或 2 人，妇女队长 1 人，设立会计、保管各 1 人。会计管理财务，保管管理物资。1965 年，上级要求钱、账分开管理，生产队又设出纳，主要管理现金。

生产队刚成立时，由队长组织安排生产。一般管理、役使、饲养、放牧牲畜的人员为固定工种，从事种植业的人员由队长管理。随着生产的发展和管理工作的加强，生产队陆续建立劳动管理制度，对劳动的出工时间、劳动出勤、劳动纪律做出规定。因农村生活，乡里乡亲有需要帮忙的情况，社员出勤相对自由，每月多几天、少几天，队长并不计较，只要提前请假，不影响农活，队长都会批准。

社员参加生产队的集体生产劳动，劳动报酬采取工分制，计分方法有日工和计件两种形式。日工形式，以一个整劳动力劳动一天为单位记工，每工 10 分。由于农村活茬较杂，工种岗位不同，活茬轻重有别，每天评分比较麻烦，一般情况都是队长或队委会成员决定工分。谁干活多少，天长日久，大家心里有秤。一般从事饲养员、牲畜役使人员等固定工种的每天可挣 10 分；在煤窑工作的重体力劳动、从事役牛耕地人员，每天可挣 12 分；赶马车的人员，每天可挣 14 分，另有外出补助；妇女劳力，一般每天挣 8 分，遇到特殊重活，每天最高可挣 9.5 分；半劳力、学生参加劳动，一般一天可挣 3 分至 7 分。计件形式，是根据完成的工作量记分，不计较劳动时间长短，只要达到规定的数量和质量，就按事先定好的标准记分，多劳多得。队长或记工员，定期或不定期向会计汇报社员出勤情况、从事工作情况，由会计记入工分账，定期或不定期公布工分账。

1983 年实行家庭联产承包责任制后，生产队解体。

1990 年，香峪村建立经济联合社，在乡经济联合社指导下、在村党支部和村委会领导下，从事生产经营工作。2010 年 8 月，香峪村建立股份合作社，制定《股份合作社章程》，对合作社的性质、经营范围、入社社员条件、社员权利和义务等作出规定，参加合作社的社员按章程从事生产劳动和经营活动。

经济管理

1962 年下半年，香峪村成立由公社直接领导的生产大队，为政社合一的基层管理、生产经营单位。大队的经济管理和部分事务管理由大队会计负责，主要是统计经济发展情况，管理村中人口，管理大队的水、电费用及各项收入与支出，从事财务管理工作，设立收入、支出、基金、往来、分配等账本，根据经济事项，分门别类记入账本中的各个科目，进行生产队的经济核算，及时向队长汇报、提出经济分析情况。大队设立保管员，有物资账本，管理库房，保管集体的财产。年底，生产队进行总结算，按生产队的收入、支出情况，在提取公积金、公益金和发展生产的基金后，将收入的剩余部分按社员劳动的总工分数，计算出工分值，报请公社批准后，进行收益分配。

1965 年，按上级要求，香峪大队设立出纳员，管理现金业务，主要从事银行的取款、存款，支票、汇票管理，社员借款、劳动报酬发放。

1965 年后，会计的账本定期或不定期与保管、出纳对账，做到账平，账款相符，账表相符，账实相符。

1983 年，实行家庭联产承包责任制，人民公社、大队管理体制撤销，香峪村成立村民委员会，村委会仍设有会计、出纳、保管岗位，村里的财务工作和部分事务工作由会计管理，村会计、出纳、保管的账本管理内容发生重大变化，会计不再设有烦琐的社员分配账。人民公社、大队管理体制撤销后，军庄乡成立农工商公司，管理经营人民公社撤销后的资金、资产。香峪成立农工商分公司，管理经营生产大队撤销后的资金、资产。香峪农工商分公司经理由原生产大队队长王金林担任。

1990 年，香峪村农工商分公司撤销，其资金、资产划由新建立香峪村经济联合社管理经营，由经济联合社社长负责管理经营工作，设会计管理经联社的财务工作。90 年代，香峪村出现合办企业，企业是经济法人实体，独立核算，设立自己的独立账户和会计、保管、出纳。

2007 年，军庄镇实行村账镇管，各村村委会不再设立会计，改为报账员。村中的财务往来由镇财务管理部门负责，报账员定期或不定期向镇财务管理部门报告财务情况，主要内容为财务收支、员工工资发放等。

2010 年，香峪村又成立股份合作社，经济管理主要由股份合作社的董事长负责。股份合作社共计 180 股，股本总额 226484.43 元。其中，成员股 179 股，集体股 1 股。在成员股中，又分为基本股和劳龄股，股本总额 596.47 万元。劳龄股以劳动年限计算，共有 3761 股，股份金额 417.47 万元。

1983—2020 年香峪村经济联合社、股份经济合作社领导一览表

表 6-3

姓名	职务	任期
王金林	农工商分公司经理	1984—1990 年
王金林	经济联合社主任	1990—2010 年 8 月
韩书清	股份合作社董事长	2010 年 8 月—
韩书清	经济联合社主任	2010 年 8 月—

1962—2020 年香峪村会计、报账员一览表

表 6-4

姓名	职务	任期	备注
樊桂芬（女）	大队会计	1961—1962 年	—
韩书义	大队会计	1963—1971 年	1971 年后调公社任会计
韩书清	大队会计	1971—1981 年	—
韩建国	大队会计	1981—1983 年	—
王建华（女）	村会计	1984—2007 年	兼任村陶粒厂会计
王建华（女）	报账员	2007 年—	—

说明：表格内“—”无数据

治安管理

1966 年 6 月，香峪村成立治安保卫委员会（以下简称治保会）。治保主任韩宝全，副主任李芝林，委员朴振荣、韩宝才、张林祥。当时“文化大革命”刚刚开始，一切以阶级斗争为纲。治保会适应当时形势需要，

将监理村中“两个地主”为重要工作，设立 2 个小组，每组 4 人。

20 世纪 80 年代，村中外来人口增多，人员流动频繁，香峪村为保证正常秩序，重新调整成立治保会。

1991 年，香峪村成立 3 ~ 5 人治安巡逻小组，查禁赌博，打击盗窃活动。1996 年，针对村办企业的治安防范问题，村办企业和村委会成立护村队。村巡逻小组和护村队共同维护管辖香峪村的治安。1996 年，香峪村整治乱点和出租房屋，取缔非法出租房屋，清走无固定住所、无正当职业、无合法身份的“三无”闲散人员，严格审查外来人口。

1997 年，按照区政府关于安全保卫工作意见，护村队加强对村内重点部位的巡逻，发动村民参与和支持治安防卫。

2000 年，针对外来人口来源广、青壮劳动力所占比例大，从事建筑、服务、经商、保安等行业多的现状，香峪村落实重点人员的见面率、调查率，掌控外来人口迁动、择业、流量变化等情况，实行外来人口分级管理。

2002 年，香峪村进一步建立健全治保组织，建立完善治安、防火、防盗、外来人口管理等方面的治安规章制度，形成专群结合的治安防范队伍。

2011 年，香峪村把流动人口管理服务工作作为深化创建“平安香峪村”工程来抓，做到与村民同宣传、同管理、同服务、同投入。开展治安、消防、流动人口管理、预防煤气中毒方面联合执法检查。

2012 年，香峪村采取出租房屋录入、流动人口登记、签订治安责任书等形式，规范房屋租赁行为和流动人口居住管理。

2013 年，香峪村治保会制定保卫巡逻制度，建立义务巡逻队，组织人员白天巡逻、夜间值班。巡逻重点部位为出租房屋等地，值班地点主要是村口、村委会驻地。义务巡逻队队员分为上村和下村两组，每组成员义务巡逻半个月。香峪村形成流动人员管理与服务、房屋出租管理与服务的工作体系。

2017 年，香峪村根据门头沟区关于“拆违整治促提升”工作要求，对村中违章建筑进行调查，投入人力、物力，加强巡查，防止违法建筑出现和治安事件发生。

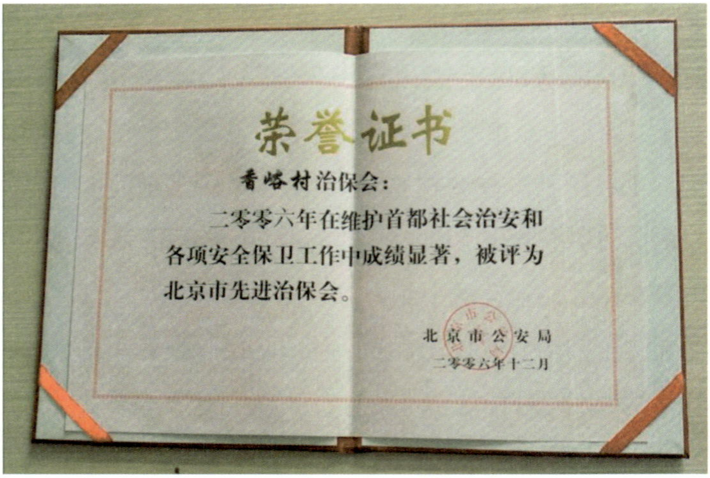

图 6-1　香峪村治保会获 2006 年北京市先进治保会证书

从 60 年代香峪村成为人民公社直属大队开始至 2020 年，在香峪村担任治保主任的先后有韩宝金、李芝林、韩宝才、张林祥、王金林等。

2002 年至 2020 年，香峪村治保会多年被北京市公安局评为市先进治保会。

民事调解

20 世纪 80 年代，香峪村（队）设立民事调解委员会，民事调解委员会主任由村委会主任兼任，委员由村委会委员兼任。凡有当事人请求或者发现村内各种人际矛盾冲突等需要调解的事项，调解委员会成员找当事人进行调解，有时主动登门进行调解。大的纷争，全体调解委员会成员都要参加，就发生矛盾和争执的问题，听取当事人的说明和诉求，调查分析，从情、理、法维度，进行劝解和说服教育。

2012 年，香峪村民调工作 11 件。2014 年，香峪村开展人民内部矛盾纠纷排查调处工作，实行月报制度，解决矛盾调处 7 件。2015 年民调工作 9 件。2020 年，村内人际矛盾冲突调解结果执行率、巩固率均为 100%。

消防管理

2015 年，门头沟区园林部门在八份沟的大坨山梁建立防火瞭望塔，铁架高约 7 米，上有摄像头，摄像范围可包括香峪村、东杨坨村、孟悟村、新村、东山村等地，工作人员可在办公室监控。

2019 年开始，每年的清明节期间，香峪村领导与上级有关部门签订清明森林防火承诺书。

2019 年，香峪村组织人员参加消防培训 20 人。春节期间，香峪村成立烟花爆竹禁放巡逻看护队，有队员 20 人。村“两委”在春节期间值班。向村民发放“严守禁放新规”承诺书。

图 6-2　香峪村森林管护人员接受消防培训（2022 年摄）

2020 年，香峪村与 7 名森林管护人员签订森林防火责任书，与 3 户承包土地人员签订墓地防火责任书，与对精神障碍人员的监护人员签订森林防火责任书。

残疾人工作

20 世纪 90 年代，香峪村成立残疾人协会领导小组。组长由村党支部书记韩书清担任。村委会把残疾人工作纳入议事日程，对丧失劳动能力的残疾人办理残疾证并按国家规定办理生活补助金，帮助安排残疾人进乡企或者村企从事适当工作。

进入 21 世纪，香峪村“两委”更加重视残疾人的生活，为残疾人办理养老、助残券、残疾证等，还为残障村民安装残疾人辅助设施，为

65 周岁以上老年肢体残疾人进行无障碍行动改造。村“两委”在每年春节都走访残疾人家庭，送去物品或慰问金。每年 5·18“助残日”，村委会都会给残疾人家庭发放慰问金和慰问品等。

2013 年，香峪村有残疾人 27 人。其中，女 9 人；肢体残疾 12 人，手指残疾 1 人，听力残疾 8 人，视力残疾 2 人，智力残疾 1 人，精神残疾 3 人；居民 3 人，非农户 4 人，农户 20 人；二级残疾 5 人，三级残疾 7 人，四级残疾 10 人，其他 5 人。当年，经香峪村办理，为肢体残疾人发放手杖 2 个、浴凳 6 个；为 1 名肢体残疾人配发轮椅 1 个；为听力残疾人配发门铃 4 个、助听器 3 个；为视力残疾人配发闪光壶 1 个。按照残疾等级标准、残疾人社会保障和救助金政策，香峪村每月为残疾人办理发放救助款项。

2014 年，香峪村在“助残日”，向村内 27 名残疾人发放慰问品。2015 年，香峪村为 12 名残疾人申请护理补贴，为 4 名残疾人申请辅助工具；组织 3 次残疾人活动，并发放纪念品；为 3 人申请残疾证办理。

2013 年至 2020 年，香峪村残疾人专职协管员为韩淑杰。

2020 年，香峪村有残疾人 37 人。其中，视力残疾 1 人，智力残疾 1 人，精神残疾 3 人，听力残疾 4 人，肢体残疾 28 人。

拥军优属

20 世纪 50 年代，香峪村组织党团员和青年积极分子帮军属，先是代耕，后由“代耕”改为“大包耕”“小包耕”，实行以票记工和以粮记工的办法。香峪村合作社首先吸收军属入社，军属家庭中没有劳力的不用下地干活。合作社时常派人帮助军属解决住房漏雨问题。干部们常常到军烈属中家访，嘘寒问暖，帮助解决实际困难。1954 年执行新《中华人民共和国兵役法》，部分军烈属享受按劳动收益 50% 以上的补助。

60 年代至 70 年代，香峪村党支部逢年过节都要走访军人家属，春节为军人家属送慰问品。烈士的直系亲属享受政府规定的烈属待遇，生产队每年对军烈属困难户予以一定的补助。每年“八一”建军节，村委会都要组织召开退伍军人座谈会，表示庆祝及慰问。组织共青团员深入军属家庭，帮助挑水，起猪粪，擦玻璃，扫房，清扫院场等。

80年代中期，乡政府出台农村义务兵发放优抚费政策。1993年，对军烈属户补助金额达到劳动力均收入60%以上，对义务兵户补助金额达到劳动力均收入近70%。

90年代中后期，春节慰问军烈属，香峪村每年为每户送现金500元，以后标准逐年提高。2000年，村里每年为每户军烈属送慰问金达到2000元。

90年代后期，香峪村除保证退伍军人的工作安置以外，还注意对现役军人家属进行照顾，定期召开座谈会，了解现役军人家庭情况，帮助解决困难。1999年，香峪村党支部、村委会实施连心为民工程，走访慰问优抚对象，为伤残军人做医疗费减免工作，复退军人工作安置率达100%。

2003年，香峪村党支部、村委会对军烈属进行走访慰问，为军烈属每户发放优待金4500元和价值300元慰问品；走访新兵军属并送去食用油、茶叶等慰问品。“八一”期间，组织老复员军人等优抚对象参观游览富国海底世界；村委会开展复退军人、军烈属座谈会，并送慰问金和慰问品。

2007年，“八一”前夕，组织老复员军人到卢沟桥畔“中国人民抗日战争纪念馆”参观，缅怀牺牲的战友，畅谈幸福生活，参观后组织老人们共进午餐，并为老复员军人发放节日纪念品。

2010年“八一”前夕，香峪村党支部、村委会对现役军人家庭发放优待金。至2020年底，香峪村优抚工作一直按国家要求标准贯彻落实。

困难帮扶

1956年，香峪村根据《高级农业生产合作社示范章程》的规定，建立“五保”供养制度，对村里缺乏劳动能力和生活无依靠的老年人，保证有衣穿、有饭吃、有房住，得病能及时治疗。

20世纪60年代，香峪大队孤寡老人均由集体进行五保供养，并由村集体养老送终。大队派人挑水送柴，定期送加工好的米面，按季节送衣物。

1997年，香峪村为特困户发放低保补助金每人每月297元。2000年起逐年增加，逢年过节还有物质照顾。

2005年上半年，香峪村发放困难户救灾粮款2次。其中，1月14户，4月7户。共发放救灾米21袋、面21袋、食油7桶，救灾款1400元。

2007年，香峪村委会组织村民参加劳动技能培训；与村里的合办企业协商，安置本村富余劳动力；组织村民参加学历再教育培训；为残疾人办理重残生活困难补助；为特困残疾人家庭办理最低生活保障。

2008年，香峪村“两委”班子开展多种类型的劳动力培训。为政策允许的劳动力办理养老保险，为耳聋残疾人配备了助听器；为重残人员申请了重残补助，为大病人员申请大病困难补助。

2009年在集体用工方面优先安置低收入家庭。其中，在八份沟安排10名劳动力就业，工资每月700元。

2012年，村“两委”班子积极保障农村弱势群体的合法权益，在镇党委、镇政府、市法律援助中心的支持下，走访村里低保户并向其发放法律援助联系卡。

2013年，香峪村为2名重大疾病特困家庭申请家庭救助，为3名残疾人办理新证。2017年，香峪村有低保2户，没有五保户。2020年，村里没有低保户，也没有五保户。

福利事业

20世纪80年代，香峪村在每年“三八”妇女节，为妇女发放不同的节日纪念品，有枕巾、水壶、蒸锅、脸盆、床单被罩、被服等。2006

年开始，每年“十一”国庆节和春节，村委会都为村民发放福利米、面、油等。

2013 年，香峪村为村内 1 名 80 岁老人申请发放居家养老服务券，为 21 名老人申请办理老年优待卡、优待证。

2015 年，香峪村为大病人员向区慈善协会申请“温暖安康”等救助共计 25000 元。为 3 名 80 岁以上老人申请发放养老助残券，为 2 名 90 岁老人申请高龄津贴。

老龄工作

2005 年，香峪村制定为农户老人发放补助金制度，每年为农户家庭中 60 岁以上老人发放生活补贴。标准为每人每月发放 40 元。全年有 31 人享受，计发放 1.4 万元。

2005 年春节期间，香峪村领导组织人员对村中 60 岁以上老人慰问。2006 年，香峪村成立老年人协会。重阳节、春节等节日组织老年人参加趣味体育比赛，观看党员、村民自编自演的文艺节目；组织村中老人参加镇组织的戏曲演唱会和村组织的文艺演出，让老年人老有所乐、老有所依。

2007 年，香峪村对空巢老人进行帮扶，安装救助门铃 5 个，对 60 岁以上农户老人每人每月发放 50 元生活补助金。2008 年，60 岁以上农户老人每人每月生活补助金增加到 70 元。

2009 年，香峪村 60 岁以上农户老人每人每月生活补助金增加到 90 元。为 70 岁以上农户老人每人每年再增加补助 150 元。将中央电视台送村的 15 台彩电，转送给村中年龄最大的 15 位老人，每人 1 台。

2013 年，按北京市老龄工作委员会办公室关于发放高龄、困难老年人慰问金的通知，发放条件为北京市户籍人口中 80 岁以上的困难老年人，重点是享受城市最低生活保障待遇、城市“三无”、农村“五保”或因病、因灾导致生活困难的老年人，一次性为每人发放 600 元。香峪村根据镇救助指标，每年确定享受补助人选。

2020年，香峪村对60岁以上农户老人的生活补助金增加到每人每月400元。

知青管理

1970年11月20日，香峪大队开始有城镇知识青年到村插队落户。到年底，门头沟区西辛房中学16名初中毕业生、大峪中学12名学生，集体到香峪大队插队落户。香峪大队安排桩子沟北的张林泉院落为知青住宿房屋，设置伙房，派人专门为知青做饭。知青熟悉情况后，增加了生活自理能力，改为由知青自己做饭。以后，又陆续有城镇知识青年到香峪村插队落户，至1976年，香峪村共接收知青34人插队落户。其中，男16人，女18人。知识青年到香峪村后，同村民同生活、同劳动，积极参加村里的政治经济活动，接受贫下中农再教育，得到了锻炼和考验。

1972年后，插队知青陆续分配工作。至1976年，香峪村还留有2名知青，不便管理，军庄公社将2名知青并入东山村的知青点。

从1970年至1976年，在香峪村插队的知青有王晴武、马金英、张素春、杨桂珍、陈明、孟丽华、赵建顺、昝如英、贾印霞、赵连凤、张恒范、郭继花、周明、张明军、汪新生、王稳朋、赵金山、耿金达、王宝山、刘大成、刘树祥、张庆敏、魏公林、刘占菊、董淑荣、杜国萍、宋明茹、李玉、肖燕、张军、杨波、孟志远、李勇、白金兰等。

大学生村官管理

20世纪初，开始有大学生村官到香峪村工作，至2017年，先后有罗恒、陈明全、李萌（女）、韩旭（女）、范淼、苗玲苒（女）等从学校毕业，分配到香峪村担任“村官”，协助党支部书记和村委会主任工作。“村官”在村工作2~3年后，经参加招工考试，陆续全部分配工作离村。其中，罗恒、李萌、韩旭、范淼在香峪村加入中共党组织；陈明全作为预备党员，在香峪村党组织转正；苗玲苒本身便是中共党员、硕士研究生。

文明共建活动

2006 年 11 月 23 日，香峪村与北京金隅集团物业公司举行“城乡携手迎奥运、共建文明京郊行”文明共建签约仪式，北京金隅集团物业公司向香峪村赠予一批电视机、DVD 及文体用品。

2006 年，香峪村广泛开展首都文明区迎检的宣传活动，组织村民开展“美兰德”公司的调查答卷活动；组织开展创建首都文明村、区级文明村评选活动。

2007 年，香峪村与石景山区广播电视中心结成对子，举行“城乡携手迎奥运，共建文明京郊行”文明共建签约仪式。与驻地部队开展联谊活动，被评为 2007 年军民共建先进单位。

2008 年 6 月，香峪村与门头沟区档案局、石景山区广电中心和香峪村驻军部队举行联欢，庆祝“七一”党的生日，门头沟区档案局向村赠送一批图书。

文明实践站活动

图 6–3　村民参加文明实践阅读活动（2021 年 2 月摄）

2019 年，香峪村新时代文明实践站成立，站长由支部书记韩书清担任，副站长由支部宣传委员王建华担任，成员有村委会委员孙二树。下设守护青山志愿服务队，队长韩书清，联系人孙二树，成员 22 人。主要组织两项活动，一是环境清洁主题志愿服务活动，二是文明引导主题服务活动。工作目标为，引导担当奉献文明新风尚，满足人民生活文明新需求，实现地区发展文明新期待。具体工作为四边整治，即河沟边、山场林地边、街巷道路边、村庄社区边。实践站工作制度有建设标准、阵地管理、活动安排、工作流程、运行机制 5 项。

香峪村新时代文明实践站与综合文化活动中心为同一设施、同一套管理人员。免费开放，内设有图书室、体育活动室、多功能室等。

第三节　民主管理

民主监督

20 世纪 50 年代的人民公社时期，按照《人民公社章程》规定："人民公社的各级权力机关，是公社社员代表大会、生产大队社员代表大会和生产队社员代表大会。"生产队所有重大事项都由社员代表会议讨论决定。是时，香峪生产队隶属东五村生产大队，有社员代表组成的民主理财小组，财务开支须经民主理财小组审核；规定生产队的生产计划、年终分配、公益事业等重大问题，都要由社员大会讨论决定。人民公社民主决策的有关规定，受当时形势影响，实际执行中经常流于形式。1966 年"文化大革命"开始后，正常的生产生活秩序被打乱，社员代表会议不再召开，一切事务由生产队少数领导班子成员研究决定。

1988 年，香峪村实施《中华人民共和国村民委员会组织法》以后，村民大会成为村最高权力机构。全村的重大问题，都由村民大会讨论决定。审议、决定村经济与社会发展规划和村委会年度工作计划；听取审议村委员会工作报告、财务预决算报告；评议村委会及成员工作；选举和撤换村委会成员；审议村委会成员的辞职申请；否决村委会的不当决定；审议和决定土地承包方案和集体收益等。村民大会由村民委员会组织召开，每年至少召开一次，每次会议必须有过半数以上的村民参加，表决时必须有超过半数参加会议的村民通过。重大事项民主决策工作流程为，由党支部、村委会以及十分之一以上的村民联名或五分之一以上的村民代表联名提出议案；由党支部、村委会、村民代表联席会议议定初步方案，经过研究讨论提出具体意见和建议，形成征求意见稿；召开党员议事会，审议村联席会议议定的征求意见稿；在显要位置公示村联席会议议定的征求意见稿，征求村民意见和建议；通过提案并上报乡党委、乡政府，听取指导意见；召开村民大会或村民代表会议，采取无记名投票方式进行表决，形成决议。决议形成后，由党支部、村委会组织实施。

2004 年，香峪村民委员会第六届换届选举，产生第六届村民委员会。同时选举产生村务监督委员会。村务监督委员会主任为王金林，成员有李德华、张会芹 2 人。以后，每届的村民委员会选举期间，同时选出村务监督委员会。

2007 年，由于村务监督委员会的主要监督对象是村委会，村委会主任与村务监督委员会主任为同一人担任不便正常履职，村民在第七届村委会选举期间选举村务监督委员会时，选举出陈丽华担任村务监督委员会主任。2010 年，第八届村民委员会选举，实行村党支部书记、村委会主任“一肩挑”，王金林不再担任村民委员会主任，又被选举为担任村务监督委员会主任。

2004—2020 年香峪村村务监督委员会成员一览表

表 6–5

任职时间（年）	主任	委员
2004—2007	王金林	张会芹（女）、李德华（女）
2008—2010	陈丽华（女）	张会芹（女）、李德华（女）
2011—2016	王金林	张会芹（女）、李德华（女）
2017—2019	孙二树	张会芹（女）、李德华（女）
2020—	王金林	张会芹（女）、李德华（女）

村务公开

1998 年，根据中共中央、国务院颁发的《关于在农村普遍实行村务公开和民主管理制度的通知》以及门头沟区《关于在门头沟区农村实行村务公开的民主管理制度的工作意见》，行政村实行村务公开制度。制定出村务公开内容，提交村民代表会议分组讨论、确定，报乡政府领导小组审核。村委会将乡政府审核后村务公开的内容，在村主要街道 3 个橱窗中予以公示。1999 年，香峪村全面推行村务公开制度，成立村务公开领导小组，由村民会议或村民代表大会在村民代表中选举产生；成立村民监督理财小组，由村委会召开村民代表会议推选出有一定财会知识的人员组成。为便于工作，村委会成员及其配偶、直系亲属不担任村务公开领导小组及村民监督理财小组职务。村委会把村内经济收入和支出、困难救济、干部收入、集体资产管理运营、重大经济决策等与村民利益相关的事项作为公开内容，采取多种形式向村民公开。村民监督理财小组重点对村集体财务活动依法进行民主监督。

2007 年 10 月，根据门头沟区《关于开展村务公开民主管理专项暨示范单位创建活动检查的通知》精神，香峪村成立村务公开民主管理专项督查小组，深入推进村务公开。村委会进一步加强村务公开民主管理工作，实行村民议事制度和村务公开制度，在便于群众观看的地方设立固定的村政务公开栏，按照村务公开的形式、时间和基本程序进行公开。

2008年，推行村务公开制度化。依据《中华人民共和国政府信息公开条例》要求，建立健全村务公开相关制度，将村务公开的日期、内容、形式和程序制度化。村委会信息以公开栏、村民代表会议、广播等形式公开，做到半年公开一次，临时性工作随时公开，以维护群众的知情权、参与权和决策权，实行有效的民主监督与管理。

2020年，香峪村村务公开采用新闻橱窗形式，地点在村委会大院前的公路南侧。公开的内容和项目分为长期公开（1年）、阶段公开（每季度）和即时公开（每月或随时）三种。

香峪村政务长期公开的内容有，强农政策落实情况，土地政策、土地征用、村集体土地使用情况；政务阶段公开的内容有，民生改善政策落实情况，涉农改革政策和配套补助政策及落实情况，计划生育政策落实及奖惩情况，农村征兵政策落实情况，救灾救济物资发放情况，文明村、民主法制示范村创建情况；即时公开的内容有，社会治安综合治理情况，其他法律法规和政策文件要求公开的内容。

香峪村村级事务长期公开的内容有，村委会职责、成员分工、民主评议及年度考核奖惩情况，村经济社会发展工作规划、年度工作计划及措施，村民自治章程、村规民约实施情况，乡村经济发展规划；阶段公开的内容有，各项公共事务和公益事业项目经费来源和使用情况，村资产资源的保护开发、生活环境改善和各种节能改造政策的落实情况；即时公开的内容有，村民代表会议决策、决议及落实情况，村级企业经营管理及发展建设情况，村“一事一议”、筹资筹劳方案和使用情况，村级组织协作工作情况，村民承担费用及收缴情况，村民建房情况，村民转居民工作情况，村民点题的公开事项。

香峪村财务公开的内容有，财务计划，财务收支预算，财务收入、支出，村级组织正常运转专项补贴，代收代征，利润分配，村集体财产，农村土地征占补偿及使用情况，资产处置、固定资产购进、支出情况，农村集体工程招投标及预、决算情况，救济扶贫、社会捐助款项收支情况，债权债务情况，农村集体财产、资源出租情况，农村集体土地利用情况，村财务公开答疑情况，财务大额支出项目等。

第七章　军　事

清代至中华民国初期，香峪村村民过着与世无争的自然经济生活。1937 年日本侵略华北，为香峪村带来沉重灾难。日本侵略军在香峪村开办煤矿，剥削压迫村民。中华人民共和国成立初期的抗美援朝期间，香峪村村民积极参加志愿军赴朝作战，履行保家卫国光荣义务。香峪村成立民兵组织，基本由青年组成，在社会主义新农村建设中，发挥突击队作用。至 2020 年，香峪村先后有 20 多人参加中国人民解放军和中国人民志愿军，经过在部队的锻炼，转业或复员后，成为香峪村和单位的工作骨干。2020 年年底，香峪村有中国人民解放军退役军人 10 余人，村庄设有退役军人服务站。

第一节　战事与兵役

战　事

1949 年 1 月底，北平和平解放，原国民党军驻北平部队接受和平整编，编入中国人民解放军。3 月 1 日至 2 日，被整编部队的一个营逃走，部分流窜至香峪村，被中国人民解放军追回，其中 50 余人自动向当地派出所缴械，共计缴获枪支 27 支，其中重机枪 1 挺、轻机枪 2 挺、手枪 1 支。

兵 役

20 世纪 50 年代初，国家组织抗美援朝，香峪村青年积极报名参加志愿军，保家卫国。上街的张富宝、王文元等参军后赴朝作战。其中，王文元牺牲在朝鲜战场，成为革命烈士。张富宝等从部队复员后回村，后到煤矿当工人。

50 年代后期，国家实行义务兵役制。香峪生产队非常重视征兵工作，每逢新兵入伍，生产队都组织座谈会，敲锣打鼓、为新兵佩戴大红花，热烈欢送。20 世纪 60 年代至 70 年代，香峪村先后数名青年响应号召，应征入伍。

1984 年 5 月，国家实行义务兵役制为主体的义务兵与志愿相结合，民兵与预备役相结合的兵役制度。根据不同兵种，服役时间一般为 2 至 4 年。每逢征兵任务下达，香峪村都广泛进行宣传动员，宣传征兵工作的意义、方式，鼓励适龄青年中符合条件者报名。2008 年征兵期间，香峪村设立宣传专栏，布置国防教育展板，讲解征兵优抚政策，并现场解答群众提出的问题，激发适龄青年报名参军的热情。

至 2020 年，上级每次下达的征兵任务，香峪村都超额完成，另外，香峪村民中在外工作的王金亮、韩宝纯等，在 60 年代从首钢参加中国人民解放军；在外上学的索殿祎、韩宁、韩阳等从学校参加中国人民解放军；在外上学的朴良考入军校。

1962—2020 年在香峪大队、香峪村参加中国人民解放军人员一览表

表 7–1

姓名	性别	服役时间	部队最高职务	政治面貌
朴振刚	男	1963—1966 年	—	—
朴振民	男	1963—1966 年	—	—
韩宝元	男	1963—1966	—	—
朴玉田	男	1970.12—1975.3	上士	党员
韩宝同	男	1971—1975 年	—	—
王金成	男	1972.12.19—1976.3	—	—
张德强	男	1976—1979 年	—	—
王建忠	男	1976.2.23—1987.1	副连长	党员
朴玉林	男	1978.4—1982.1	—	—
张林舰	男	1980.11—1983.11	—	—
韩　雷	男	1986.11—1990.3	上士	—
韩建民	男	1990.3—1992.12	上士	党员
孙长明	男	1987.12—1991.12	班长	党员
张德亮	男	1989.3—1991.12	—	—
张德文	男	1989.3—1991.12	班长	党员
朴玉新	男	1991.12—1994 年	—	党员
韩金春	男	1992—1995.12.1	班长	—
韩　旭	男	2011.12—2013.12	—	—
韩　箫	男	2017.12—2019.9	舰艇主机兵	—

说明：表格内“—”无数据

退役军人事务管理

2018年，香峪村成立退役军人服务站，站长由村党支部书记韩书清担任。在村委会院内设立军人之家并挂牌，有房屋2间。服务站制订相关工作职责、工作制度、工作流程。

2019年，香峪村退役军人服务站帮助2名年满60岁的独生子女户退役军人办理申请优抚手续，由门头沟区退役军人事务局（以下简称区退役军人事务局）为优抚对象每人每月补助75元。每年“八一”建军节期间，区退役军人事务局为退役军人发放优抚费500元。2019年，香峪村退役军人服务站站长韩书清被评为门头沟区最美拥军人物。

2020年，香峪村退役军人服务站帮助1名退役军人协调工作，缓解了家庭困难。

2020年12月底，香峪村户籍人口有中国人民解放军退役军人10余人。其中，非农户7人、农业户11人；中共党员7人；从工作岗位退休5人，从事个体职业1人，在职12人。在职人员均在村外的企、事业单位工作。

第二节　民　兵

20世纪50年代初，香峪村成立民兵队伍，加入民兵年龄标准为，男性年满16周岁至45周岁，女性年满16周岁至35周岁。民兵分为普通民兵和基干民兵两种。基干民兵要定期参加军事训练，普通民兵一般不参加军事训练和经常性的民兵活动。民兵工作主要是参加土改，保卫胜利果实，站岗放哨，防止坏人破坏土改运动。抗美援朝期间，民兵组织全体村民捐款捐物，支援前线。当时香峪村的民兵负责人是韩宝金。

1951年，落实中共中央、中央军委《关于加强民兵建设的指示》，香峪村民兵军事训练的主要内容是学习射击、投弹，学习如何利用地形、地物等军事知识，平时站岗放哨，随时准备参军参战。1955年至60年代初期的每年冬闲时，香峪村都要组织民兵进行军事训练。

1962年，香峪生产大队贯彻落实中央关于民兵工作 “组织落实、政治落实、军事落实”的指示，按上级人民武装部要求，开展“三落实”活动，对民兵队伍进行整顿。香峪村按照公社直属大队的管理形式，设立民兵连。1964年开始，香峪生产大队民兵组织在军事训练中推广“郭兴福教学法”，开展大比武活动，组织民兵参加军事训练和军事表演，采取定人、定专业的方式，培养各种专项技术型民兵。

1969年3月，珍宝岛自卫反击战后，香峪村民兵组织进行整顿，准备反击外敌侵略；加强战备训练，构筑防空袭设施，发动村民挖防空洞，实行战备值班。农忙季节晚上训练，农闲季节曾整日组织军事训练，并开展军事技术评比竞赛。

1976年7月28日，唐山大地震波及北京，香峪村民到街上自建的地震棚睡觉，为了保证村民生命安全和家中财产，香峪生产大队民兵上街巡逻，维护社会治安。

图7-1　军民共同筑墙垒堰防雨抢险（2012年7月21日摄）

20世纪80年代，香峪村成立民兵应急分队，主要负责完成急难险重的突发任务。民兵工作的重心是参加社会治安综合治理，维护社会稳定和人民群众正常的生产和生活秩序，随时应对突发事件等。1984年，新的《中华人民共和国兵役法》颁布实施。香峪村民兵连按照上级部署要求，落实预备役人员，压缩基干民兵规模。1990年12月24日，国务院、中央军委颁布《民兵工作条例》，村组织全体民兵学习落实。

进入21世纪，香峪村民兵工作的重心主要是围绕社会治安综合治理工作进行，民兵成为香峪村治安防控力量的重要组成部分。

第八章　农　业

清代，香峪村为王坟山场。香峪村看坟户种植坟场土地，非看坟户村民租种王坟山场土地。村民开荒垒堰，以简陋的锤、锲、镐、撬等工具，将荒坡野岭改造成层层梯田，种植稼穑，栽种果木。天旱盼雨，风顺扬场，基本是自产自用的小农经济方式。主要农作物为玉米、谷子、高粱、小麦、黍子、白薯、豆类等，辅以萝卜、南瓜、豆角等蔬菜，尤以玉米、谷子、小麦等耐旱作物为大宗。

中华人民共和国成立后，香峪村土地改革，农民的生产积极性提高。50年代中期，村民逐步走上集体化道路，土地为集体所有、集体经营。村民依靠集体力量，开展农田基本建设，发展农业机械，推广科学技术、科学种田，改良品种和种植方法，在村中众多强壮劳动力招工离村参加工作的情况下，粮食产量依然大幅度增加。60年代中后期开展“农业学大寨”运动，香峪大队开展劳动竞赛，改造农田，平整土地，加大农业投入，在多次出现旱情的情况下，保持了粮食产量的稳定。1978年，是香峪大队粮食产量最高年份，年产量4.15万公斤。按照计划经济时期国家制定的当地供应标准，香峪村产粮曾多年不足人吃畜用，多年吃国家返销粮。1983年，香峪村实行家庭联产承包责任制，土地为集体所有、个人经营。21世纪初，香峪村大部分耕地退耕还林，根据首都功能定位需要，不再发展种植业、畜牧业，香峪村的经济转轨变型，由以农业生产粮食为主转为以生态建设为主。

第一节 耕地与劳动力

耕 地

清代，香峪村所在地划入王坟山场，村民耕种土地需王坟管理人员同意。

中华民国初期，香峪大梁成为官山。中华民国中期，香峪村土地为私有。

中华人民共和国成立后，香峪村进行土地改革，实行耕者有其田。

50 年代，开展合作化运动，成立初级社、高级社，村民将土地入社，为集体所有。村民外出参加工作，按政策要求，将自有土地交付集体。

1958 年成立人民公社，各村土地均为公社所有，由公社统一管理使用。村庄成立生产大队，从事生产经营，本着有利生产、集中连片的原则，调整村庄与村庄之间的土地相互交叉问题，村庄之间基本没有“插花地”。香峪当时是自然村，为东杨坨生产大队下属的生产队。

1962 年，人民公社划小经济核算体制，香峪村成为公社直接管理的行政大队建制，也是基础的生产经营单位。全村有耕地 301 亩，其中，集体耕地 291 亩，自留地 10 亩。

60 年代中后期至 70 年代，农村开展“农业学大寨”运动，整地造田，改良土壤，小块地连成大块地，增加了农田的水土保持功能，提高了土壤的肥力。但修建道路占地、扩大住房面积用地，全村的粮田面积并没有增加，提高粮食产量主要是开垦荒坡。

1983 年，香峪村实行家庭联产承包责任制，土地分给个人经营，承包期限 15 年，调动了村民的生产积极性。承包土地的村民对种植的土地、村庄附近的土地投入增加，对边远的种不过来的土地投入减少，部分边远土地荒芜。随着很多村民从依靠土地为生转为以工副业为生，村中土地荒芜面积加大。1996 年，香峪村村民承包的土地期限按国家政策，延长至 30 年。很多村民在经营土地过程中，改种粮为种树。

2006 年年底，香峪村在村民自愿解除土地承包合同情况下，将村民的部分责任田收归集体，实行山、水、林、田、路、果树统一规划管理，分批施工，垒堰修整梯田，开荒造田，闸沟垫地，逐步恢复部分撂荒地。

图 8-1　八份沟农业观光园田间路（2012 年 6 月摄）

21 世纪初，香峪村所在地被划入生态涵养保护区，村民承包土地退耕还林，香峪村的耕地以造林营林为主，不再作为农耕用地。

2007 年，香峪村在八份沟建设农业观光园，亦称“七彩生态农业园”、农林产业基地。建有经营管理室、餐饮住宿房、泵室仓库及亭台廊道等多种建筑设施。整个园区道路总长 2200 米，平均路宽 3.5 米，投资约 42 万元。其中，硬化面积 7700 平方米，硬化厚度 0.13 米，道路铺上 2 厘米厚的彩装石板。

劳动力

50 年代，香峪村有 20 余名劳动力参加京西煤矿工作。

1958 年至 1959 年，香峪村上街搬迁，迁出 43 户 155 人，村中的劳动力减少一半。同时期，京西矿务局城子煤矿招工，香峪村男劳动力18周岁至45岁人员中，有10多人到矿工作。

1966年6月，驻香峪大队“四清”工作队总结，香峪大队农业户口42户176人。内有男83人，女93人；成年人83人；劳动力48个。

1970年至1976年，先后有30多名知识青年到香峪大队插队落户，劳动力增加，1974年后，国家在知识青年中招工，至1976年，知识青年陆续离开大队参加工作。

1981年，北京矿务局杨坨煤矿招工，香峪大队男劳动力18周岁至45周岁人员中，有近10人到杨坨煤矿工作。

1993年，香峪村有102户257人，其中农业户劳动力86人。

2020年12月底，香峪村劳动力大部分在村外自谋职业。其中，在军庄镇做工勤1人，在镇林场工作4人，万科公司雇用3人。在村中就业的劳动力有30余人。其中，水电管理2人，农业技术员1人，护林7人，物业9人，管理厕所5人，值班1人。物业人员主要是从事垃圾分类、运送。村中还根据有关部门要求，设有专门管理社保、邮政、路政、防疫、卫生、民政、电影放映（多媒体管理）等事务的人员。

第二节　农业工具与设备

耕种工具

犁　是香峪村传统农具中的较大型工具，由畜力牵引，耕深20厘米至25厘米。犁由大犁把、小犁把、弯子、犁镜、犁铧、犁楔、托头、犁底等组成。牛犁地时有牛套，连接牛与犁。耕地时需两人配合，一人扶犁，一人赶牛。耕翻土地后，用犁盖平地，以使土地平整、保墒。犁地时，从地块的中间开犁，称“扶”；从地块边开犁，称为“搅”。

同一地块，今年用“搅”方式翻地，明年则用“扶”的方式翻地，一搅一扶，使土地轮番见阳光，可增加地力，消灭病虫，使土地平整。19世纪、20世纪，香峪村耕种主要是以牛耕地。

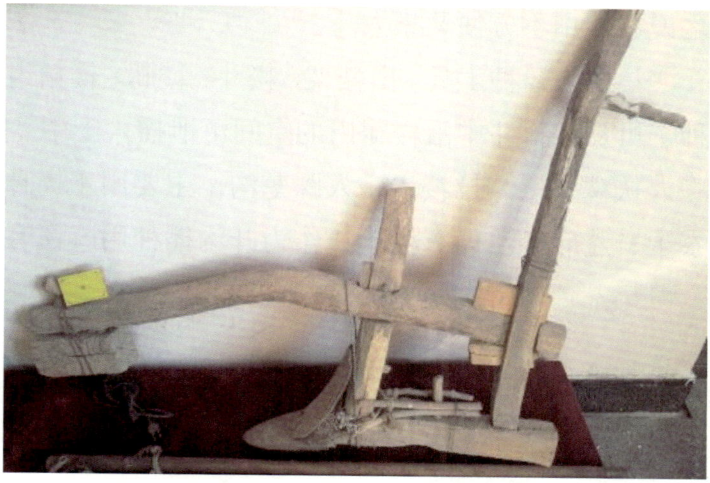

图 8-2　传统农业用具——犁（2020 年 8 月摄）

1983年实行家庭联产承包责任制后，牛、犁有的分给承包户，有的变卖。

犁盖　也称盖擦儿，长方形，长约1.6米，宽约0.5米。以木框为梃，中间留有空当，把榆条、桑条或酸枣树条用火加热后拧成股子为纬，编绕在木架空档上。用牛牵引，人站在盖上，手牵拴牛绳索或抓牛尾巴，将耕完的土地压盖、刮平、耙平。

图 8-3　传统农业用具——犁盖（2020 年 8 月摄）

镐　为翻地工具。分为板镐、手把镐、尖镐、二齿镐、三齿镐、四齿镐、洋镐等，用于刨地刨土，碎土平地。镐，安装木把时，出头部分越短越好，控制在二分即可，否则有“镐出头、累死牛”

之说，使用不方便又累人。

耧　为播种工具。由耧架、耧斗、耧腿、耧耠组成。其中，耧腿中空，种子可从耧抖斗中沿耧腿内的空间下泄播入土中。播种时，需三人操作，一人扶耧，一人拉耧，一人踩垄沟。主要用于播种谷子、麦子、高粱、黍子、芝麻等。另有耠子，作为开沟播种用。还有石囤子，用于播种后对填埋土的压实。

图 8-4　传统农业用具——耧（2018 年 4 月摄）

锄　由铁质锄板和木把组成。锄板形状大小不一，大多为长方形；锄把长短不一。有大锄、小锄、薅锄之分。大锄用于种植物行距间松土、碎土，锄草保墒；小锄用于开苗、间苗、除草；薅锄把短，用于薅草锄地。

耙子　搂柴草、渣土用的工具。有长柄，一端有一排用竹子批条或铁丝制成的弯钩。竹耙用于搂薯叶、棒子叶、草等，铁丝耙用于搂地、搂石碴。种菜打畦平地，用九齿、长木把的平耙。还有七齿或五齿铁耙，用于平地搂石碴或煤矿井下作业。

香峪村的传统耕种工具还有锹、铲等，用于翻地。其中，锹有方形锹、尖形锹。

收获工具

碌碡　石质，也称石磙子，轧场的脱粒工具。多用花岗岩、砾岩、变质岩制成。呈圆柱形，直径约 0.5 米，长约 0.8 米，外径略大于内径。外加木制轴框，人力或畜力牵引，用于在场院轧谷子、豆子等。20 世纪70年代，香峪村粮场有碌碡1个。80年代实行家庭联产承包责任制后，没有了场院，碌碡停止使用。

木杈　有三股杈、四股杈，用于场院聚集、分散晾晒谷穗和豆秸等农作物茎秆，多由桑、柳等树的枝杈制作。后来有安装木把的铁质杈子。

镰刀　为收割农作物及割条、割草的工具，由弧形的铁质贴钢刀片和弯木把构成。还有小巧的韭菜镰，镰片与镰把都是铁制，连在一起，靠镰片有一个向下的弯儿，可使镰片平行土地割韭菜。

爪镰　也称找镰。大小如手掌铁质的收割工具，一边有套，一边是刀，套在拇指上，用巧劲将谷穗从谷秧上掐下来，称“掐谷”。

香峪村的收获农具还有连枷、簸箕、粮食囤、筛子、木锨、扫帚、沙耙、拉绳、撞板、麻袋等。

粮　场

砸场　粮场是庄稼收获后存放和取籽实的场地。一般是选取一块通风平整、采光好的土地，将土钊开深约2寸，耙平，适度洒水滋润场土，放上高粱叶作为护场草，再以毛驴拉碌碡轧实，以使场不起土。碌碡轧不到之处，用木拍人工拍实。木拍是一个近尺长、2寸宽、2寸厚的长方形硬木块，上安1尺长的手柄，重五六斤。拍场时，一只手握住木拍手柄，一只手握住护场草，两手同步，一起一落地用木块砸场土，因此拍场也称为砸场，是十分辛苦的工作。

轧场　谷穗在场院上晾干后，趁好天轧场。使役员一手牵着拉碌碡的牲口缰绳，一手拿长鞭控制牲口在打谷场内转圈碾轧谷穗。另一人拿着木杈不停地将轧过的谷穗来回翻挑。当翻挑过的谷穗经碌碡多次碾压后，加上骄阳和秋风的帮忙，谷穗中的水分逐渐挥发，谷粒会不断地从谷穗中脱落出来。持木杈人将空谷穗（谷挠）从谷场挑出。

扬场　要备齐簸箕、扫帚、木锨等工具，根据天气情况选好扬场时间、方位及风向。扬场时，扬场者丁字步站立，双手平端簸箕。身旁一人手持木锨，将铲起的谷糠及谷粒等混合物，倒进扬场者的簸箕内，称供料。扬场者双臂向空中用力一挥，将谷糠及谷粒抛入空中，借助风力将谷糠和谷粒分离，谷粒由于比重较大，直落而下。另一人拿着扫帚在谷糠和谷粒中间扫出一条通道，将谷糠和谷粒分离，将谷粒规整一排，称为“扫码子”也叫“打料”。然后将谷糠、谷粒分别装进麻袋保管。

20 世纪 50 年代，村民走集体化道路，私人土地上的粮场随土地归集体使用。集体在村中建立大粮场，还盖房 3 间，其中 2 间作为库房，1 间作为管理室。1983 年，土地承包到户后，粮场不再使用。20 世纪 90 年代在大粮场上建立养鸡场。

粮食加工工具

石碾　又称碾子，是加工粮食的大型石器具。主要由碾盘、碾轱辘、立轴和木质碾框构成。由人推或畜拉动碾轱辘在碾盘上滚动，把粮食轧碎。民国年间，香峪村买石碾 2 盘公用，从香峪沟口往上以人力拉到村中安装。

1959 年，香峪村上街搬迁，另建新村，曾从香峪村往新村运石碾。

20 世纪 70 年代后，粮食加工逐渐被电磨、面粉机、粉碎机取代，石碾、石磨逐渐失去作用。

石磨　是加工粮食的大型石器具。由磨盘和磨扇两部分组成，由人推或畜拉旋转，可磨面。20 世纪 50 年代后期，香峪村村集体在小庙前用石磨做豆腐，因失火，停止做豆腐，20 世纪 60 年代，石磨不知去向。

手摇磨　香峪村有的家庭有手摇磨。又称小磨、小晃子，一般用于家庭磨粮食、磨芝麻、磨黄豆等，由磨扇、磨盘组成。手摇磨大者，磨扇直径一般 0.5 米，重量 25 千克左右。磨盘直径一般 0.8 米，重量 50 千克左右。小者，如同饭碗，用于磨芝麻。

运输、积肥工具

人力运输工具主要有荆编的挎筐、含子、篮子等，畜力运输工具主要是马车和驮运牲口用的鞍子、驮架、拢驮等。

积肥工具主要为粪勺、粪叉、三齿镐等。粪勺用于从粪坑掏粪，叉头为铁质，木把，多用于起牲口棚、猪圈，倒腾粪及往地里撒粪。三齿镐，主要用于倒腾粪，使粪发酵。

计量工具

民国年间至20世纪70年代初，香峪村计量工具主要是杆秤，有盘子秤和钩子秤之分。盘子秤一般用手提，称重量在15千克以下；钩子秤，多为大杆秤，称重一般用3人，需2人抬秤，1人掌秤。钩子秤主要用于称煤、称土、称粮食，一次可称二三百斤。

20世纪70年代，香峪大队购置磅秤，称粮食、果品等，到80年代，香峪村有磅秤3台。

农业机具

20世纪60年代，香峪村购置有单人肩挎式手动喷雾器，用于往农田喷洒农药。后增加按压式喷雾器，用于往果树上喷洒农药，操作时，一人使用喷枪，一人按压机器。后又陆续增加脚踏式喷雾器、扳动式高压喷雾器、单人手动式喷雾器和喷粉器，机动式喷雾器和喷粉器。

60年代后期至70年代初期，香峪村有铡草机、脱粒机、扬场机、小钢磨。村里设专人从事粮食加工工作。

70年代初，香峪大队种麦，使用播种机，可同时下种5~7行。

1973年，香峪大队购置手扶拖拉机1辆。80年代初，香峪大队有手扶拖拉机8辆。

70年代中期，香峪大队购置中型拖拉机。拖拉机可以带动旋耕犁耕地，但主要任务是进行运输，往地里送肥料、往家里运庄稼，为村里和村外的企业运送材料。

70年代至80年代，香峪村先后购置解放牌汽车4辆。香峪村开始使用拖拉机、汽车时，先是雇用司机，后培训村民担任司机。

1983 年，实行家庭联产承包制时，香峪大队的大部分农机具处理变卖或作价卖给村民。

2010 年，香峪村配备打农药机车、管路，车上载有机动打药机。

2020 年，香峪村还有充电池的机动高压喷雾器和燃油机动喷雾器。香峪村各种喷雾器和喷粉器，既用于农作物除虫，也用于林果除虫。

第三节　农业基础设施与肥料

农业基础设施

20 世纪 70 年代，香峪村扩大水浇地面积，在村中今篮球场处建设水泥贮水池 1 个，长 30 米、宽 20 米，深 3.5 米，容积 2000 立方米。铺设 1000 多米铁水管管路，将村中大水泉之水引入水池。水池之下砌引水渠，水自流进入田地。80 年代中期，水池废弃。2008 年，香峪村在水池所在地建成篮球场。

肥　料

骡马驴粪便造肥　称槽厩粪。将玉米秸、杂草、树叶等铡碎，投入牲口棚垫圈，另将牲口食槽喂后残渣投入圈中，用牲口粪便沤烂，经一段时间后起出，称为“起圈”。起圈由人工用粪叉、铁锨，起出后在粪场捂上几天，经倒腾便成为发酵好的棚粪，是种庄稼尤其是栽白薯的优质肥料，用上此种粪肥，白薯长得顺溜、干净、颜色好。20 世纪 70 年代，村集体发动社员和学生割青绿植物，运到集体牲口场，用铡草机或铡刀铡碎，或喂畜或直接垫圈积肥；运到粪坑，铡碎后加土和人粪尿积肥造肥。

牛羊粪肥　生产队都饲养牛羊，对牛羊圈勤起勤垫，聚集牛羊粪便，经掺土倒腾，返热发酵后，是优质农家肥。

养猪积肥　50年代，香峪村多数家庭都养猪，60年代村里建有猪场。猪圈肥要聚堆，经倒腾发酵后才能施入农田，是农作物生长的上等农家肥，多用于施底肥。

大粪积肥　粪便不直接施入农田，需要掺土发酵后使用。

熏肥　村民利用自然条件，收集棒子秧、带土的草盘子、棒子渣和各种柴草，堆聚在挖好的井字沟火道上，盖上土，点燃，时间长的一个月火不熄，柴草燃尽，烧透后土变黑红色，这种肥称“熏土”，做肥料不长地下害虫，收获的果实干净、颜色好，熏土尤其适用于栽白薯、土豆等作物。20世纪80年代，为防森林火灾，做好护林防火工作，传统的制作熏肥停止。

高温积肥、压绿肥　把玉米秧、豆秧、草等铡碎集堆，浇上大粪稀、水，盖土封严，产生高温，形成很好的有机肥，可改良土壤结构，提高土壤透气性，不板结，有利农作物生长。还将青绿植物埋入坑中压实，让其发酵，成为压绿肥。

化肥　20世纪70年代初，香峪大队种植业以农家肥为主，配合使用化肥。化肥品种中碳酸氢铵、尿素作为追肥，二铵、磷肥作为底肥。有时搞高温积肥时也掺入化肥，促使发酵，增加肥力。1983年，土地承包到户后，化肥基本停止使用。

制作菌肥　20世纪70年代，香峪村大队制作“920”菌肥，腾出1个房间，派1名知识青年，从事制作。制作时间1年有余。

第四节　农作物

粮食作物

玉米　村民称棒子，是香峪村的主要农作物，当家粮食品种，种植历史悠久。传统种植以春播为主，生长期长，一般在谷雨前后播种，9月中旬到10月上旬收获。主要品种有小八趟、白马牙、金皇后等。1983年，实行家庭联产承包后，也是村民的主要农作物。2020年，村中仍有种植。有时不等成熟，便吃青玉米。

谷子　是香峪村传统农作物之一，没有脱皮的籽实叫谷子，脱去谷壳后叫小米。谷子种类很多，耐旱。传统种植是在四月初播种，白露节气前后收割。根据品种和成熟期，多数在阳坡的梯田、岗地种植，比较抗旱。谷子连作、重茬，会使土壤养分失调，感染白粉病及锈病。谷子产量低，每亩只产100千克。谷子按饮食用法和黏性，可分黏谷和笨谷，黏谷多用于蒸糕，笨谷多于熬小米粥、捞小米饭、豆角焖小米饭。1983年后，土地承包给个人，村民很少种植。

高粱　是香峪村传统农作物之一，民国时期至中华人民共和国成立初期，一般农户多有种植，产量低，种植面积不大，种植高粱除食用籽实外，主要用作牲畜饲料，也可以用高粱穗脱粒后扎笤帚（俗称刨笤帚），也可以用秫秸编笆盖房铺顶用，还可以用高粱顶端的较细秸秆（当地称格档儿）穿锅拍，是摆放饺子、晾晒食物的用具。

20世纪70年代，香峪大队每年有少量种植，主要品种有多穗高粱、马尾巴、灯笼红、黏高粱等，都是春季种植，生长周期长，多与谷子、豆子一起掺种。1983年，实行土地联产承包责任制，土地分到农户，因高粱产量低、食用饲料的牲畜减少，村中基本停种。

黍子　种植历史同玉米、谷子一样久远，其籽实淡黄，脱皮后叫“黄米”，比小米粒大。处暑节气收获，有“处暑找黍”之谚语。成熟后的黍子黏性大，一般用作蒸年糕、炸糕、烙黄儿饼子等食物，脱掉籽实的黍子穗，当地人叫笤帚杪儿，可制笤帚，为推碾子、推磨、扫炕专用。20 世纪 50 年代土地私有时期，村民多有种植，产量较低。1958 年人民公社成立后，有少量种植，20 世纪 70 年代后停种。

白薯　又叫红薯。20 世纪 50 年代初期，香峪村村民有种植，1962 年至 1982 年，香峪大队每年都种植白薯，是村中主要农作物。村里还有白薯炕育秧。

荞麦　民国年间至 20 世纪 70 年代，香峪村有断续种植。籽实磨面可食用，脱壳的荞麦称荞麦米，是养生食品，具有很高的营养价值。荞麦生长期 70 天左右，产量低，亩产只有 50 多千克。香峪村一般年景很少种植，多因大秋作物遭受冰雹、风灾、旱灾等自然灾害歉收时，补种一茬荞麦，作为农业生产的一种补救。种植时间在 8 月上旬，农谚“头伏萝卜二伏菜，三伏里头种荞麦”。1983 年土地承包后村民不再种植。

小麦　民国年间，香峪村就有种植，多是旱作，收成低，最多亩产 100 多千克。村中大水泉附近，可以引大水泉水自流灌溉，种小麦地五六亩。20 世纪 70 年代后，香峪村将大水泉水引入蓄水池，往下铺设管路，开始大面积种植小麦，多时种 100 多亩，年产量 2 万多千克。80 年代中期，也有村民在承包土地上种小麦。90 年代，村民基本不再种植小麦。

杂粮　主要为豆类，有黄豆、红小豆、绿豆、豌豆、料豆、豇豆、芸豆、赤小豆等。料豆即黑豆，主要用作饲料。芸豆即门豆，鲜时用于做菜，成熟后又作为粮食。红小豆、绿豆、赤小豆、黑豆又可做药用，也是很好的养生粮。

蔬菜作物

大田蔬菜　也称为秋菜。20 世纪 60 年代至 80 年代初，香峪大队在集体土地实行粮菜间作，在种玉米的同时，随钊坑点种豆角，但不宜过密，出苗后往玉米秧上爬。一般为隔一行种一行，隔一坑种一坑，后秋收获豆角。

每年春天，大队在地里适当播撒蔓菁籽，在田头、地角、坡根，利用空闲地种瓜，作为秋菜，夏食嫩，冬食老。村集体还因地制宜，种植萝卜，既能作为鲜菜，还可入缸腌咸菜。60 年代时，香峪大队在山上种萝卜，几个就可装满篓子，有的大萝卜如同篮球大小。

家庭种菜　清代至中华人民共和国成立初期，村民在春种庄稼时，经常在田地里随手撒把萝卜籽，或在伏天在地里种蔓菁菜，萝卜大多为“露八分”，半截青半截白，称“水萝卜”。秋后收获的蔓菁、萝卜，除熬、炒、炝外，多用于腌咸菜。

历史上，香峪村民，多在自家院内、房前屋后的隙地种瓜果蔬菜。主要是自己食用，也有售卖者。传统品种主要有萝卜、胡萝卜、蔓菁、茄子、辣椒、土豆、韭菜、小白菜、菠菜、大蒜、葱、西红柿、香菜、豆角、黄瓜、南瓜、丝瓜、葫芦、甘露、菊芋（鬼子姜）等。

经济作物

20 世纪 50 年代后期至 60 年代初，为支援国家建设，解决机器用油，曾响应国家号召，种植蓖麻。村民为解决生活所需，还曾种植向日葵、烟草等经济作物。

第五节　种植管理

耕耘土地

耕地　耕地可以改善土壤结构、消灭病虫害、清除杂草，还具有蓄水保墒、防御旱涝作用。香峪村多为梯田，主要靠牛耕或人工用镐翻地。春天播种前要平整土地，以提高出苗率。

锄地　当地人称“耪地”，为了松土、去杂草，让农作物快速生长，也有利于植物向土壤深处扎根，以获取更多的水分和营养。一般的农作物要锄 3 遍。头遍是松土定苗；二遍为除草松土、保墒；三遍为除草培土，使庄稼根系发达抗倒伏。

播　种

香峪村根据农作物生长期不同，分为春播、夏播和秋播三大类型，播种方法主要有垄播、点播、条播、撒播、移栽等。

垄播　即在田间打埂，将各种作物种子播种在埂上，主要用于栽白薯、种萝卜等。

点播　也叫点种，在田地里刨坑播种，人工将种子投进坑内，覆盖肥、土后压实。一般用于种玉米、花生、豆类作物。

撒播　把作物的种子均匀地撒在田地里，撒种后覆土踩实，此法主要用于种葱、香菜、小白菜等。在山坡上种谷子也撒播，称乱撒苗。先将谷种撒在坡上，再钊坡，谷种自然落入翻后的土中。

条播　把种子均匀地撒在条沟内，行与行保持一定距离，在行与行之间留有隆起，供踩踏、走路，条播最为常用，基本能保证通风、透光。条播在香峪村主要用于人工拉耧耩豆子、耩谷等作物种植。用耧播种，也称为耧播。

移栽　为了抢季节提前育秧苗，腾出地后再将秧苗移栽到田里，一般用于白薯、瓜类或西红柿、茄子、白菜、辣椒等蔬菜。大田作物的玉米地缺苗，也可移栽，但大小苗高矮不齐，小苗受气歇凉儿，影响产量。

坑田　20 世纪 60 年代末至 70 年代，香峪大队扩大种植面积，选择山坡挖坑田。每坑长近 1 米、宽近 0.5 米、深近 0.5 米不等，放上底肥后，主要播种玉米，每坑不少于 3 颗苗。

收　获

收玉米，先用镰刀砍倒秸秆，掰出玉米棒放入筐中篓中或口袋中，由人背或牲口驮回，因潮湿，扒皮后晾晒数日再脱粒。脱粒靠人的双手，20 世纪 60 年代后用脱粒机。

收谷子，先用镰刀将谷秧割倒码成一个捆，然后用爪镰将谷穗掐下，放在挎筐或口袋运回，放在场院中晾晒，用链枷击打或用碌碡碾压脱粒，脱粒干净后，通过扬场得到饱满的谷粒。

收小麦和各种豆类，是将麦捆和豆捆，运回场院后脱粒。

储　存

20 世纪 60 至 80 年代初，香峪大队生产的粮食晒干后，一般采用库房储存，装入麻袋或席囤。有农作物的种子、饲料粮、储备粮、机动粮。分给社员的粮食，家庭储粮为防鼠咬、发霉，用仓、缸、口袋、麻袋等储存。玉米也有留皮的，每两个玉米棒用自身包皮捆在一起，搭在架子上或屋内檩条垂下的铁丝横条上；还有的将玉米晒在房上存放。谷子要在炕上炕干，放在大缸里，上面铺上一层纸，纸上再撒上一层草木灰，盖上石板。玉米晒干后放在囤子（荆条编制）里，闲时进行脱粒。

田间劳作

20 世纪 40 年代至 50 年代初，香峪村田间劳作是个体行为，劳作时间和工作量自由支配。50 年代中后期农业合作化、人民公社化以后，集体劳动，“出工一窝蜂，干活大拨轰”。往往队长干在前，社员紧跟。

耪地时，队长快速向前，拉开档子，社员也紧跟不落后。你追我赶，劲头十足。到地头一坐，出一身汗，小山风一吹，劳累就没了，非常痛快，真是田家乐。如果活茬不紧张，大家在一起，一边干活，还会说一两个笑话，逗得大家高高兴兴。有些学生和小孩就爱参加农村劳动，虽然累得够呛，但人多交流多，既锻炼身体，又能学很多知识和劳动技巧。

农业劳动，一年三百六十五天，除去阴天下雨和过年放假外，都可出工。每天的劳动时间，随季节走也无大变化，一般是天亮上工，日落收工。一天的劳动习惯，是在半天的劳动中间，会有个休息的时间。如果队长忘了休息或成心不休息，社员也会开玩笑地说，“咱该那么着了”，队长一听，也就领会了，说“抽袋烟吧”，大家就开始伸腰展腿，活动筋骨，开始“侃山”了。村人集体劳动，多是乡里乡亲，大家相互帮助，处处体现出村人的淳朴、善良，邻里间的融洽和谐。

1973—1978 年香峪村粮食产量统计表

表 8–1

年份	耕地面积（亩）	亩 产（千克）	总产（万千克）
1973	290	98	2.84
1974	291	128	3.75
1975	291	106	3.08
1976	206	134.5	2.77
1977	206	166	3.42
1978	291	142	4.13

1979—2010 年香峪村耕地和产量统计表

表 8-2

年份	年末耕地面积（亩）	播种面积（亩）	亩产（千克）	总产（万千克）
1979	301（其中水浇地 40 亩）	290（集体产）	122.5	3.5
1980	301（其中水浇地 40 亩）	290（集体产）	81	2.35
1981	301	290（集体产）	106.5	3.09
1982	301	289（集体产）	77.5	2.24
1983	301	288（集体产）	84	2.42
1984	301	287.5	80	2.3
1985	301	231	173	4.0
1986	301	195	118	2.3
1987	301	204（社会产）	61	1.24
1988	301	201（社会产）	62	1.24
1989	301	250（社会产）	35.6	0.89
1990	301	296（社会产）	64.4	1.906
1991	301	271（社会产）	94.5	2.56

续表 8–2

年份	年末耕地面积（亩）	播种面积（亩）	亩产（千克）	总产（万千克）
1992	301	170	117.06	1.99
1993	301	140	28.3	0.4
1994	301	180	128.3	2.3
1995	301	145	83.9	1.2
1996	123.8	—	48.5	1.0
1997	123.7	—	36.8	0.6
1998	123.7	—	114.9	2.0
1999	123.7	—	94.4	1.6
2000	123.7	—	110	1.5
2001	123.7	100	121	1.2
2002	123.7	100	112	1.1
2003	—	80	88.8	0.7
2004	—	—	35.74	0.6
2005	—	100	135.2	1.4

续表 8-2

年份	年末耕地面积（亩）	播种面积（亩）	亩产（千克）	总产（万千克）
2006	—	101	148.51	1.5
2007	—	110	163.64	1.8
2008	—	108	138.89	1.5
2009	—	114	96.49	1.1
2010	—	105	239.05	2.51

说明：表格内“—”为未查到数字

第九章　林业　养殖业

清代至中华民国年间，香峪村民房前屋后，凡有空地之处，多培育材木，以备造屋建房之需。或栽植香椿等树苗，既作为用材，也可食用。田地和院内还栽植果树，春看花，夏乘凉，秋食果。20 世纪 50 年代，成立互助组、合作社，开始集体造林植树。至 21 世纪初，香峪村自然林和人工林覆盖村庄和山野，村庄绿化率 90% 以上。香峪村林业果品中，鲜果主要有桃、杏、李、柿子、红果等，以京白梨产量最大。干果中主要有核桃、杏仁等，菜树中香椿久负盛名，还有经济作物花椒等。山场中还分布野果几十种，有待开发利用。

香峪村养殖业，清至民国年间都是家庭个人经营，主要养驴、牛、羊、猪和鸡。驴用于运输，牛用于耕地，猪羊用于吃肉，鸡用于产蛋。20 世纪 50 年代，香峪村开始集体养驴、牛、猪、羊，服务于生产，改善生活，同时用牲畜粪便积肥。60 年代，香峪大队建有养猪场。70 年代初，有骡和马，主要用于大车运输。1988 年香峪村建立万只鸡场。2000 年，香峪村建立养殖小区养羊。当年全村有养牛、养羊、养兔、养蜂专业户 10 余家。2010 年后，香峪村养殖业陆续停止，落实上级保护生态指示，不再发展养殖业。

第一节 林 业

林木栽培

50年代，香峪生产队曾多次组织人员在香峪大梁栽树。60年代的每年春季，香峪大队经常组织社员进行植树绿化活动。

2001年，香峪村开始落实退耕还林政策。2002年有两户承包土地村民退耕还林。2003年扩大退耕还林户数。退耕还林后，村民原来承包的种粮土地改为种树。

2004年后，按照市统一要求，香峪村建立生态林保护机制，设立生态林管护员，市划拨生态林管护经费。

果树育苗与嫁接

20世纪70年代，香峪大队设有果树苗圃，培育黑枣、酸枣、山荆子、山楂等母子树，用于嫁接果树。1983年停止育苗。

图9-1 村民修理果木（2019年9月摄）

香峪村果树，绝大多数靠嫁接人工栽培。其中，嫁接苹果、梨树、沙果、槟子，砧木均为梨荆子；接黄尖嘴等杏树，砧木为山杏；接大枣的砧木为酸枣棵子；接大桃的砧木是山桃；接柿子的砧木为黑枣；接红果（山里红）树的砧木是山楂。嫁接方法，主要有大接

（劈接）、芽接（粘皮）、枝接等方法。

60 年代，香峪村接树能手主要有朴增元、韩书祥等。香峪村很多人会接树，师从朴增元。

果树养护

香峪村果树养护，主要做法有修剪、施肥、浇水、涂白、打药。为延长果树生命使果树多结果，对梨树刮皮、枣树砍渠。为使苹果、樱桃、桃树通风透光，树势良好，采取修剪拉枝、坠枝、拧梢、撑棍等措施，所结果品产量高、个大、颜色好。

60 年代以后，香峪村有林业小组，一般年头成员保持 5~6 人，主要从事对树木的管理、养护。冬天为果树剪枝，剪不过来时也调农业劳动力帮助剪枝。林业小组成员在农忙时也参加农业生产劳动。

果品种类

京白梨　香峪村有悠久的种植京白梨历史，独特的气候、土地条件，使京白梨适合生长，质量上乘。

20 世纪 40 年代，香峪村曾有一棵京白梨树，结果 1000 千克以上，需 12 个骡子载驮，摘梨时要搭脚手架。50 年代此大梨树枯死。

图 9-2　香峪村京白梨（2019 年 9 月摄）

60 年代，香峪大队的京白梨是集体收入的重要组成，在香峪村林果收入中产值最多。香峪的京白梨，在北京城果子市和京西三家店一带，是十分畅销的果品。1967 年，香峪村产销京白梨 6 万千克，是香峪村产京白梨最多年份。20 世纪 70 年代，香峪村平均每年产京白梨 5 万千克上。1983 年香峪村实行家庭联产承包责任制后，集体土地大部分被村民承包，许多水浇地改为旱地耕作，有的承包地出现荒芜，许多京白梨树因缺少水分、养分，缺少技术管理，枯死。香峪村京白梨产量大幅下降。

2007 年，香峪村收回村民承包土地，栽梨树 6000 棵。

2012 年，香峪村发动村民在自留地、承包地内种植京白梨，当年全村在 50 亩土地上栽梨树 2000 棵。

2020 年，香峪村产京白梨 1 万多千克。最大的京白梨树在八份沟，是采用高接方法嫁接成的，已有七八十年树龄，仍年产 100 多千克。

香峪村梨的品种还有红肖梨、秋梨、酸梨、鸭梨、杜梨等。其中铁梨，果实皮上有黑点，耐储存，一般可存至春节，需用谷糠捂软，方可食用。

大枣　香峪村盛产大枣，品种有马牙枣、鹰不落等。70 年代平均年产 1 万多千克。2020 年，香峪村最大的大枣树在王金林家，树干直径 50 多厘米，高六七米，树龄约 200 年。

图 9–3　香峪村古枣树（2022 年 6 月摄）

杏　栽培历史悠久。杏树按起源分为野山杏和栽培杏，按用途分鲜食杏和仁用杏。野山杏可作嫁接杏树的砧木，果实品质较差，仁苦可入药。鲜食杏果柔软多汁，酸甜可口，香气宜人，营养丰富，含有多种人体所需的维生素和无机盐类。杏树木材色红质坚，可加工成美观的小木器，如烟斗、算盘珠及其他工艺品。杏树可作为植树造林绿化荒山的先锋树种。香峪村杏主要品种有香白杏、大白杏、麦黄杏等。

桃　香峪村栽培历史悠久，主要在住户房前、屋后和耕地中栽培，数量不多，主要品种有毛桃、五月鲜、大久保、黄金蜜等。

苹果　多为零星栽植，主要在农户房前、屋后栽培，主要品种有国光、富士等。

李子　历史上多为散生李子树，2006 年在八份沟大面积种植。

槟子、沙果　花白色，果实红而香，成熟后用黄蒿捂好后，香气扑鼻，甜酸可口。20 世纪 50 年代曾栽植，到 2020 年，树木很少，产量不多。

柿子　多为散生，嫁接后生长在梯田、沟谷、耕地以及村民房前屋后路旁等地。

红果　又称山楂、山里红，落叶乔木，果实球形，深红色，有小斑点，味酸甜，可食用，也可入药。山坡地、耕地及村民房前屋后均有种植，是香峪村主要鲜果之一。

樱桃　2016 年，门头沟区农委为香峪村投资 20 万元，在香峪的西老窑沟建设樱桃园。整修梯田，扶唇长堰，修有村中至樱桃园的可行汽车的水泥路，在园区上方建有蓄水池，园中栽植樱桃树 450 棵。2020 年，已有 200 棵进入结果期。

图 9–4　香峪村柿子树（2018 年 6 月摄）

黑枣　黑枣树，落叶乔木，与柿子树同属一科，果实叫黑枣儿，可食用。黑枣儿是嫁接柿子树的砧木。

杏仁　杏果核中的仁叫杏仁，有甜苦之分。甜的可食，苦的可入药。甜杏仁是仁用杏，又称杏扁、大扁，果实扁圆形，仁扁平肥大，仁肉味香而脆。杏仁可鲜食、炒食、拌凉菜、榨油、做饮料、做杏仁粥、做辅料等。苦杏仁多是山杏核的仁，经沸水煮，凉水泡，脱苦涩后，可拌凉菜。香峪村民采集小山杏后，砸杏核取仁做菜或出售，称为杏板。香峪村民也经常将杏板作为礼品馈赠亲朋好友。

核桃　核桃树香峪村数量不多。20世纪70年代至90年代，全村平均核桃年产量1000多千克。

栗子　香峪村栗子树主要分布在八份沟，其他地块基本没有。2020年，香峪村八份沟有树干直径20厘米以上的栗子树10多棵。其中最大的栗子树树干直径60厘米至70厘米，树龄在200年以上。

图9–5　香峪村皂角树（2022年6月摄）

花椒　栽培历史悠久，分布普遍。主要品种有大红袍、大花椒。花椒用途广泛，花椒籽可熬油，花椒皮和种子均可入药，花椒嫩叶可食用，老叶可与蔓菁混腌菜，还可焖酥鱼用。香峪村花椒果穗紧密、粒大、籽实，出皮率高，椒皮厚实、色泽鲜艳、香味浓郁。

皂角　香峪村有植皂角树传统，村民用皂角作肥皂。50年代，曾有人到村中收皂角树刺，用于医药，1 角钱 0.5 千克。2020 年，香峪村有成年皂角树 20 多棵，其中百年以上树龄的有三四棵，每棵可结皂角上百千克。最大的皂角树在东场边，树干直径约 50 厘米，树龄约 150 年以上。

香椿　香椿是香峪村主要林产品，味道香美、纯正，在北京城久有盛名。

图 9-6　香峪村红头香椿嫩芽（2008 年 4 月摄）

清代至民国年间，香峪村民几乎家家户户都有香椿树，尤其是房前屋后的隙地，香椿树成行成片生长。春季，经常有海淀地区的人收购香椿，供应“三山五园”作为食品。民国年间，军庄地区流传有“香峪村的香椿尖子，孟悟村的枣木杆子，东山村的白梨园子，杨坨村的破水缺罐子”，形容军庄镇东五村的特产、特色。

20 世纪 90 年代，香峪村委会把发展香椿作为村中重要产业，鼓励支持村民种香椿。村委会组织人员到门头沟区的田庄地区采购“红头”香椿树苗，发放村民栽种。有的农户的自留地、承包地，几乎全部栽了香椿，自己经营售卖，香椿收入成为村民的一笔重要收入。香椿树苗缺少，还有村民自己去田庄购买香椿树苗。香峪村经济联合社，还为村民售卖香椿寻找客源，集体收集村民自产香椿，统一外卖。2008 年，香峪村成立香椿合作社，为香椿产品注册商标。香峪村比较肥沃的土地，都栽上了香椿树。

图 9-7　香峪村香椿林（2008 年 6 月摄）

2020 年，香峪村村民个人拥有的香椿树地计 100 多亩，年产香椿约 5000 千克。其中，村民自采自售 2000 多千克，由村股份合作社为村民销售 3000 多千克。香椿的售价平均每 500 克 15 元。村民的香椿生产土地面积，多者一户可有 3 亩至 4 亩，年香椿收入可达 1 万元以上。香峪村集体也有香椿树地 1 亩多，年产 100 多千克。

野果　香峪村野生果树资源丰富，主要野生果有山核桃、山荆子、牛迭肚、酸枣、山桃、桑葚、山葡萄、毛樱桃、欧李等。

果品采运、保储

采摘　霜降节是柿子成熟期，村民背上篓子，带上篮子、绳子和竹夹竿，在地面或爬到树上，用夹竿摘柿子，拧掉柿把装入篮、篓运回指定地点。

核桃一般在“处暑”节气尾“白露”节气头收获，有歇后语“白露的核桃——满仁（人）”；枣在八九月份收获，有歇后语“八月十五蒸年糕——趁枣儿（早儿）”；栗子有白露栗子和秋分栗子。均用木杆打，将掉在地面的核桃、枣、栗子装篓运回。

对桃、梨、杏、红果、苹果、樱桃等以人工手摘。

运输　民国年间至中华人民共和国成立之初，香峪村干鲜果品从田地山坡采下后，以人背、牲口驮方式，运到家中或场院，经分拣整理后，再以人背、牲口驮运到村外路旁售卖。20 世纪 60 年代后，香峪村有了公路，有的田地也修建了田间路，可通汽车，采摘后的干鲜果品，以人力背和畜力驮运的方式减少了。

保管储藏　柿子不利于保管储存。香峪村民因地制宜，在山根或房后阴凉处，铺上玉米秸或秫秸，将柿子码放在上面，再用玉米秧等盖严。用此方法储藏柿子，到春节前后，在柿子解冻之前运出销售。还可将鲜柿子削皮或切成四瓣晾干，去除水分并脱涩，称为柿脯、柿干，可长时间储存。

红果成熟经采摘后，将空水缸放入一盆水，上面加盖后，放红果，浮出水面再放树叶掩盖，红果存放时间较长，果实新鲜，颜色红润。还有人采用沙土掩埋红果的方法，俗语说“山里红，土里蒙”，也可保鲜延时。

果品销售

民国至20世纪50年代初，土地私有，村民生产的果品，自己经营销售。由于香峪村果品质量好，吸引很多来自天津的果商购买。果商购果，有多种方式。有的以包地形式，将整个地块的果树在春季整体包下，先付果品定金，所产之果全部由果商所有；有的以包树形式，将果树树木逐棵预订，也先付果品定金，预订树木的果实成熟后归果商所有；还有的在果品成熟时直接向果农购买。果商包地或包树，当地称“卖干枝”，即果树还没结果，就提前将果品卖出。

50年代中期，香峪村走集体化道路，合作社和大队作为集体，负责对果品的销售。经常用村中大车或雇用车辆，将成熟水果运出销售，主要客户是北京城内的果子市。有时还应客户要求，将果品送至三家店火车站外运，送至四道口冷库储存。

1983年，实行家庭联产承包责任制后，香峪村的果树随承包地由个人经营，所产果品村民自行销售。

第二节　养殖业

养驴、马、骡、骆驼

民国年间，香峪村村民中有多户养驴，用于驮运。有的村民养驴数量可达一把(一把为五头)，全村年养驴多时有二三十头。20世纪40年代，村民付兴荣曾养骆驼1头。

50年代中期，香峪村农业合作化后，各户养驴入社，香峪村生产队养驴有十多头，建有饲养室，设有专门的饲养员和役使人员。

1958年，香峪生产队置办马车，集体购置2头骡子拉车。1961年，香峪生产队置办第二辆马车，花4000元从张北地区购买1匹公马拉车。70年代，是香峪村马车和大牲畜最多时期，有大车4辆，用于拉车的大小马、骡计十四五头。有大小毛驴近20头，主要用于驮煤、驮水、驮土、驮粪、驮庄稼、驮水果。

饲养马、骡、驴大牲畜的必备工具有铡刀，用于铡饲草。分为刀和木质底槽两部分。底槽宽约0.2米，长0.6米至0.8米，中空，一头空处插有铁棍轴。刀宽0.2米，连刀把在内长0.8~1米，刀的一头有孔套在底槽的铁棍轴上。铡草时两人操作，一人揽草入刀下，一人手握刀把，一上一下将草或秫秸秆铡断。农谚有“寸草铡三刀，无料也上膘”之说。

役使大牲畜工具有鞭子，用于抽打牲畜，以让牲畜听“话”。常用的有两种，多为皮质。一种是轰赶驮运牲口用的短鞭，鞭杆长约0.4米，鞭梢长不过1米，役使人员不用时别在腰上。另一种是赶马车人用的长鞭。鞭杆多为竹制，有弹性，长约2米；鞭梢细长。赶车人在车上抽打牲口，鞭杆、鞭梢短了不行，打不到牲口身上。

1983 年，香峪大队实行家庭联产承包责任制，属于集体的大牲畜，除部分毛驴承包给个人外，全部外卖。从此村中无人养马、骡。80 年代末，村中道路改善、机械车辆增加，养毛驴者逐渐减少。2000 年后，村内无人饲养毛驴。

养　牛

民国年间，香峪村田地较多的农户养牛，主要为自家耕地、积肥。也有养牛户，为他人耕地换工挣钱。20 世纪 50 年代初期，香峪村有养牛户 3 家，每家有大小牛七八头。50 年代中期实行农业合作化，个人耕牛入社，由生产队安排专人饲养放牧耕牛。生产队的牛，每年少时四五头，多时十多头。春季和秋季，各有一个多月的时间以牛耕地，耕完地后，将牛赶到山场放养。1962 年，农村划小经济核算单位，香峪村为公社直属生产大队，有耕牛十多头。

1983 年，香峪大队实行家庭联产承包责任制，牛被承包到户。由于个人家庭田地较少，养耕牛不合算，80 年代后期，村内无人养耕牛。

1995 年，香峪村樊桂芬、孙长金 2 户曾养肉牛，每户养 2 头，每头重时近 300 千克。养殖一年多，将肉牛卖出。

1997 年，村民韩金良开始饲养奶牛，第一年养奶牛 4 头，以后规模扩大，最多时年养奶牛 17 头。韩金良在承包地内建有牛棚，购置工具有铡草机、挤奶机、奶桶等。所产牛奶，除自销给香峪村及周边村民外，自备车辆运输到门头沟区设在河滩的收奶站出售，收奶站统一送往三元牛奶公司。产奶最多时，韩金良一天可售牛奶 200 千克。2009 年，因门头沟区进行生态建设，韩金良将奶牛变卖处理，此后村内无人养牛。

养　羊

是香峪村传统产业。20 世纪 50 年代初期，香峪村上街、下街，各有 3 户养羊。品种有山羊和绵羊，方式以放牧为主。每户多者有羊 70 多只，少者 50 多只。其中，有专门以养羊为生计者。

香峪村山场广阔，植被丰富，适合养羊。羊是肉、皮、毛、绒、粪肥兼有用途的家畜，尤其是山地种植缺少肥料，在山地养羊，等于在山上拥有了肥料场，免去往山上运输肥料之苦。

养羊，一般以群为单位放养。一群羊，一般为50只至100只，由一名羊倌管理。少于50只，放养成本高；多于100只，放养不好管理。羊倌放羊，工具有羊棍、羊兜、羊毯、镰刀。羊棍，用于轰羊、赶羊。羊兜，装有盐、小石子，因羊吃草较淡，需要补充盐分，放羊一两天，羊倌就要从羊兜掏出点盐，分别放在石板上让羊舐盐，即啖羊；羊在山场上吃草，经常乱跑离群，羊倌需要随手从羊兜里掏出小石子打羊，以使羊归队。羊毯，是为羊倌御寒用，因山上经常起雾、空气潮湿，用羊毯保护身体。镰刀，为了护身，割荆棘开道，也为砍树枝取树叶喂羊。传统的放羊方法是，春季放阳坡，夏季放阴坡，秋季放梯田，冬季喂牧草。养羊家庭，都设有羊圈。养成群羊的家庭，还在村外或地边建有羊圈。羊圈多选在背风靠岭的斜坡上，便于避风和排水。羊圈多用石头垒成方形或圆形，墙有一人多高，墙头上放酸枣棵子，圈门多用荆条编成排子围挡，有时还要在圈外挖壕沟，以防止野兽进入羊圈袭击羊群。冬天时羊圈上面还要搭上棚子，以遮风挡雪。在村外或山场上建羊圈，还要建一间看羊房，羊倌晚上住在里面看顾羊圈。下雨或连阴天，羊倌要趟羊群，防止羊扎堆长癣。夏天，羊圈要每天清理，将羊粪取出，防止羊受热烂蹄夹。冬天，要用干草、树叶垫圈。

50年代中期，香峪村实行农业合作化，香峪村养羊户加入合作社，合作社安排专人养羊放牧。养羊户可留有二三只自留羊。集体的羊只，主要是出售土产公司，为集体增加收入。逢年过节，生产队也宰杀几只，分给社员，改善生活。

1983年，香峪大队有羊120只，实行家庭联产承包责任制，集体养羊停止，改为户养。

90 年代初，香峪村个人养羊的有 10 多户，少的有三四只，多的七八只。韩书祥个人养羊最多时，年养 120 只。韩书祥养的绒山羊，每只每次剪绒多者可达 0.5 千克，每斤绒可卖 70 元。

2000 年，上级推广养殖小尾寒羊，国家投资 15 万元，香峪村建立养殖小区 1 个，建筑面积 1500 平方米。其中，羊舍 35 间，草棚 5 间，防疫室和办公室计 5 间。有小尾寒羊 100 多只，交村民饲养管理经营。村集体两年不收圈舍使用费。

2004 年，因退耕还林、绿化荒山，香峪村集体不再养羊，个人养羊逐渐减少。2010 年，香峪村村民停止养羊。

养　猪

香峪村养猪历史悠久，长期以来为传统的家庭饲养，是农户主要家庭副业，也是过年的肉类来源，还可以为农业种地提供肥料。一般家庭饲养 1 头至 2 头。使用的猪食槽是喂猪盛猪食、泔水的用具，由石料凿制而成，四面高，中间凹，长方形居多。使用石槽，比使用木槽结实、耐用、稳当，涮洗方便、没有霉变，猪争食时不易翻倒。村里养猪人家，有的石制猪食槽传用几代。

1958 年后，村集体开办猪场。1962 年，划小核算单位，生产队建有猪场。香峪村集体养猪最多为 1991 年，养猪 158 头。1991 年后，香峪村不再发展养猪业，只是利用原有的鸡舍，零星养猪，年底宰杀取肉，作为村民福利发放。2010 年后，香峪村没有人养猪。

1973—1988 年香峪大队、香峪村猪饲养情况统计表

表 9-1

年份	数量（头）	年份	数量（头）
1973	94	1981	26
1974	68	1982	22（其中集体 6 头）
1975	67	1983	88（其中集体 6 头）
1976	71	1984	66（其中集体 18 头）
1977	57	1985	30
1978	75	1986	13
1979	60	1987	9（其中出栏 5 头）
1980	49	1988	21（其中存栏 9 头，出栏 12 头）

说明：1982 年至 1988 年项目中括号内的数量源自门头沟区社会经济统计资料

养　鸡

是香峪村传统饲养家禽，20 世纪初期至 70 年代，几乎家家养鸡。一般家庭养 3 只以上，多的养 20 只左右。个人家庭养鸡，以饲养蛋鸡为主。饲养的品种有北京柴鸡、油鸡、黄鸡、白鸡和来航鸡等。

1988 年，香峪村和东辛房水电安装队联营，在场院建蛋鸡养殖场，养鸡 1 万只，安排就业 5 人。三年后蛋鸡场由香峪村独立经营。2010 年，香峪村无论集体还是个人，不再养鸡。

养　蜂

香峪村山场广阔，植被茂盛，有丰富的蜜源。民国时期，经常有外地养蜂人，常住香峪村，放蜂追花夺蜜。60 年代，村内有的人家还收

留有外地养蜂人存放的蜂箱。受此影响，香峪村人开始养蜂。70 年代，在军庄公社当兽医的村民朴振国，在村中养蜂成功。以后养蜂户增加，最多时年有养蜂户六七家，每家养蜂 10 箱至 20 箱不等。养蜂最多户是朴振国，多时曾年养蜂 100 多箱。

70 年代，香峪大队还曾集体养蜂，有蜂 50 多箱，承包给社员管理，一年后停止。

2020 年，香峪村养蜂只有朴振国 1 家，有蜜蜂 70 余箱。

1989—2010 年香峪村猪、羊、鸡饲养情况统计表

表 9–2

年份	养猪（头）		养羊（只）		养鸡	
	年末存栏	年出栏	年末存栏	年出栏	存栏（只）	鲜蛋产量（吨）
1989	40	35	—	—	12000	69
1990	30	49	—	—	10500	74
1991	50	108	90	140	11500	110
1992	89	103	—	—	8600	75
1993	50	180	120	280	12500	110
1994	105	110	50	40	10000	110
1995	6	160	270	40	—	—
1996	—	16	235	21	—	—
1997	—	—	270	13	—	—
1998	14	—	283	92	—	—
1999	52	15	207	155	—	—
2000	61	74	240	110	—	—

续表 9-2

年份	养猪（头）		养羊（只）		养鸡	
	年末存栏	年出栏	年末存栏	年出栏	存栏（只）	鲜蛋产量（吨）
2001	15	53	470	999	1200	—
2002	20	35	210	939	2000	8
2003	—	—	124	35	560	5.7
2004	—	—	154	58	400	4.2
2005	—	—	15	139	300	2.3
2006	—	—	2	13	300	0.4
2007	—	—	—	5	200	1.7
2008	—	—	—	—	5400	12
2009	12	—	2	2	5400	25
2010	8	12	2	2	300	14.8

第十章　工商　建筑　运输

香峪村手工业历史悠久。清代至民国年间，香峪一带采煤者众多，有香峪村 72 座煤窑的传说。煤业和当地农业的发展，带动运输业、编织业等生产经营门类，形成产业链条。香峪村往北至东杨坨村，往东经古驮道至海淀的过街塔村，运输商旅络绎不绝。村有为煤业和运输业服务的商贩多家。村里还曾有当铺和首饰楼。1941 年，日本侵略军在香峪开办北开煤矿，以机械动力提升，以汽车往杨坨拉煤外运销售。中华人民共和国成立后，香峪村走集体化道路，以农业生产经营为主。为支援附近的国家煤矿建设，村中马车、驴驮经常为煤矿从事运输。村中劳动力也时常劳务输出，还经常为煤矿割荆梢用于井下做支护材料。60 年代，香峪村开办有石料厂，主要为国营煤矿等单位提供石料。70 年代香峪村开办煤窑，没有成功。80 年代，香峪村采取联营方式，开办有陶粒厂，为新型建材提供原料。进入 21 世纪，香峪村所在地被列入首都生态涵养保护区，传统的采掘业停止生产，香峪村经济实行转轨变型，开始向文化旅游业发展。

第一节 采掘业

采 煤

清代初期，香峪村已有煤窑开采。顺治九年（1652 年），清世祖努尔哈赤第七子阿巴泰去世。康熙元年（1662 年），追封阿巴泰为饶余敏郡王，在香峪大梁南侧的隆恩寺建立坟墓，将香峪村所在地划入坟墓山场。阿巴泰四子岳乐，原封安亲王，康熙二十八年（1689 年）去世，也葬于香峪大梁南侧墓地。康熙三十一年（1692 年）十一月，康熙皇帝谕旨，“安亲王坟后附近所有现刨煤窑，差工部提议给官价承买，实行封禁，不许刨挖”。安亲王坟后，包括香峪地区的坟后山场。但受煤炭利益驱使，在香峪村附近，不断出现偷挖煤炭现象。乾隆元年（1736 年），顺天府再令宛平县调查香峪村煤窑开采情况，宛平县将香峪及其附近开采的煤窑再次封闭，并在香峪立碑，为保护王坟，不许在香峪开采煤炭。自康熙年至乾隆年，香峪地区先后有榆树窑、三分窑、东三分窑、东双门窑、南新窑等煤窑被封闭。据传说，清代宛平县在香峪立的禁止开采煤窑碑，记载香峪村曾有煤窑 72 座，此碑于 20 世纪 60 年代被砸毁，现存碑文未发现有 72 座煤窑记载。

民国年间，香峪大梁成为官山。香峪距京城较近的地理位置，引来众多商家到此开采煤炭。香峪向东经十八盘、狼撒欢、过街塔至碧云寺前煤厂街的驮道，运煤牲畜络绎不绝。

民国 21 年（1932 年）5 月 7 日，中华民国实业部曾指令北平社会局，对矿商冯纪显请求在香峪开办的煤矿矿图进行核查。至农历八月十八日，核查结果大致尚合。

1937 年日本侵略军占领华北后，对京西煤炭进行掠夺。1941 年，日本人在香峪的上街坑子地设立北开煤矿，有两个矿口，为斜井方式，使用蒸汽机，安设天轮提升。井口建有平顶式工作房屋，所用矿工，多是香峪村民及附近村庄村民。所产煤炭，运到日本人占领的杨家坨煤矿，再外运销售。日本投降后，北开煤矿停止开采。

图 10-1　香峪大西沟煤窑遗迹（2021 年 10 月 23 日摄）

20 世纪 50 年代初期，香峪村成立互助组，上街有 4 人去停采的北开煤矿采煤，由于通风不良，全部遇难。其中，张姓 3 人，郭姓 1 人。建立农业生产合作社后，东杨坨农业生产合作社的上下连村联合在北开煤矿上部开办人民煤窑，选址老窑筒采煤。时间不长出煤。矿井为平硐方式，井下工作面以手工刨挖，以铁锹往煤斗装煤，铺简易铁轨，拉煤斗出井。地面用大抬筐计量。开采约两年，因井下水大停止。

70 年代初期，香峪生产大队在煤窑沟，利用原孟悟村人开办的西老窑的窑筒巷道，进入采煤。有十几名矿工，人员三班倒，一天不停工地开采。以人力刨、挖、背，出煤不多，成本太高，亏损太大，不到一年时间停采。从此，香峪村没有采煤业。

采　石

据传说，在香峪村通往过街塔村古道十八盘的第六盘处，出产紫石，供应宫廷使用，今第六盘处仍有紫石料遗存。香峪村还曾制作上水石，方法是，将枯树枝放入村中大水泉出水下方的沟中，由泉水冲刷两三年后，经钙化成形即可。

1958年“大跃进”时期，香峪生产队曾采掘叶蜡石，采出后直接运走，没有加工。

20世纪60年代后期，香峪大队在斗子坡建采石场，人工旱眼打钎爆破，开采山石。有工人十几名，购置车辆用于运石，主要供应杨坨煤矿、城子煤矿、门头沟煤矿使用，还供应圆明园垒围墙。80年中期，采石场承包给个人。80年代末，采石场关闭。

第二节　制造加工与编织

制造加工

1985年，香峪村与北京市建材局墙体材料公司合作，成立北京裕丰陶粒厂，生产建筑材料人造轻骨料。在香峪村建厂生产陶粒，作为隔热

图10-2　裕丰陶粒厂车间遗址（2021年6月6日摄）

保温轻型建筑材料的原料出售。由村出资金 130 万元并提供土地和工人，陶粒厂出设备和技术人员，并贷款 80 万元作为建厂房和流动资金。陶粒以页岩为原料，页岩取自香峪的煤窑沟等地，在煤窑沟挖掘出页岩后运输至厂加工。主要机械设备有粉碎机、雷猛磨、旋转窑、皮带输送机等。香峪村在陶粒厂的负责人为韩书清，会计兼出纳为王建华。

1986 年陶粒厂投产，工人实行三班倒，每班十几个人，全厂共有工作人员 40 余人不等。工人主要是香峪村村民，由于劳动力不足，招收外村人员到陶粒厂工作。村里的拖拉机也为陶粒厂运输服务。开始几年，陶粒厂效益较好，企业赚钱。后受市场影响，1992 年北京裕丰陶粒厂倒闭。北京市建材局墙体材料公司将设备变卖，赔付香峪村 40 万元，村里还贷款 40 多万元。

1994 年，香峪村与北京煤炭工业技术学院达成协议，将停产的陶粒厂 12.2 亩场地和房屋，出租给学院的私营企业冠宇伟业机电有限公司，从事矿山机电产品开发制作。学院建立北京科曼思铝粉厂，注册 300 万元。香峪村每年收取土地使用租金 4 万元，不参与经营工作。2002 年，铝粉工厂停产。

2003 年，香峪村再利用陶粒厂场地和房屋，引进北京格瑞开元高科技有限公司，总投资 1500 万元，利用废旧塑料，生产国家重点扶持的具有自主知识产权的壁炉、栅栏等产品，年产值 3000 万元。原料从外地购进，雇用村庄及附近人员做工，分为三班生产。安排村民就业 30 人，香峪村每年收取租金 14 万元，每半年付款一次。2020 年年底，北京格瑞开元高科技有限公司未进行生产，厂房闲置，租金照付。

编　织

荆编　香峪村的荆编，以山上生长的荆条为原料，立秋后收割。采割荆条后，将其叶和枝杈去掉，分类打捆风干保存，待冬闲时使用。风干的荆条，编织前要用水泡二三天，达到一定柔韧度时方能使用。编织之前，对荆条再次分类，按长度、粗细单独码放，以便编织时得心应手。一般较粗一点的荆条作经条，四五根并排列成一组。细一点的荆条作纬条，需一根一根地单独穿过一组组的经条。

荆编工具主要用镰刀、锤子、麻绳。镰刀用于修理荆条上毛杈和劈削荆条；锤子用于砸实荆条之间的缝隙，以使编织物细密；麻绳用于围拢捆绑编织物，以维持编织物形状。

荆编物品主要有筐、夯子、篮子、粪箕子、笼驮、荆排子、粮囤、鸡笼等。

荆筐，有挎筐、大筐、小筐之分，用于盛物。其中，挎筐主要作为人工运输工具使用，有方形底和圆形底两种，高约0.3米，直径0.3米左右，安设有倒V形木棍，便于肩挎。大筐，高约0.5米，直径0.5米左右，主要用于盛放采摘的果品。小筐种类较多，视需要编织大小。有用于洗菜的筐，有用于盛放食物的浅子，有用于盛放针线的筐。香峪村产京白梨，每年在京白梨收获季节之前，村里都要提前准备出编织的大荆筐。

夯子，也称端筐，形如簸箕。一侧敞口，便于装入或倾倒物品。两端沿上有对称提梁，便于端起。多用于近距离运土、煤、石渣等。

图10-3　手工编织的荆筐（2012年7月摄）

粪箕子，形如簸箕。一侧敞口，沿上编丁字形提梁，可手提，也可胳膊挎。多用于拾粪，所以称其为粪箕子。

篮子，如同小筐，在快编成收沿时，拧一道提梁，便于提或挎。旧时，村人走亲戚，经常挎个篮子，里面装上礼品。

拢垛，牲畜驮运工具。椭圆状，一侧稍扁平，用两根 U 形桑木枸棒将两只拢驮串起，从底部穿出，呈八字形做腿，组成马架，便于在牲口鞍子上放置或抬起。用骡、驴驮拢驮运煤、土、石块、粮食等。

鸡笼，如长方形大筐，口小。傍晚将鸡圈入笼内，可防止狐狸、黄鼠狼偷鸡。

荆笆拍子，多种。有大荆笆拍子，用于搭荆笆棚晒粮食，以三年生的老荆条编成，形如席，大小根据需要而定。有小荆拍子，用二年生的硬条作经，以当年生软条编纬，宽 2 尺，长 3 尺。小荆拍子用于晾晒豆角、瓜条之类蔬菜作物。糊笆拍子，用于盖房，可代替栈板或箔。还有马车用的椭圆形拍子，在车厢前后做挡板用。

囤子，有大有小，有圆有方，主要用于盛放粮食。

除荆编外，还可用桃树、柳树、榆树、大叶胡枝子、葛根等树木、灌木的枝条，编织生产、生活用品。其中，榆树条、柳树条去掉表皮，露出白色的木质，编出的物品美观。如笊篱、小铺栏（浅子）、小篮等。有时，村民也将荆编制品或剩余的荆条作为商品出售，换回粮食、盐、火柴等生活用品。

秸秆编、草编　用高粱秆编的物品，有平篦，代替蒸屉；有糊顶棚的骨架；有锅拍。用玉米棒子皮编制的物品有坐垫，如同蒲团。用山草（红眼山草）编织的有降蓬，为拱形的蒸锅锅盖。

手工编织，尤其是荆编，香峪村里的成年人几乎都会，但手艺有高下之分，编织技术高的人会受到人们尊重。有的篓子、篮子等编织品，不但方便耐用，而且美观大方，如同艺术品。

第三节　建筑、运输与劳务输出

建筑业

2002 年，村民崔建刚成立建筑队，主要业务是为村民盖房。2004 年停止经营。

21 世纪初期，村民张德义成立建筑队，主要从事村中修墙、挖水沟等工作。有十几名工作人员，也雇用外村或外地人员做工。经营时间 4~5 年。

运输业

20 世纪 50 年代中期，实行农业合作化后，合作社有毛驴 10 多头，主要为村里的农业生产和村民生活服务，往田地运输肥料、往家里运输收获的庄稼、林果，为村民驮运煤、土等。

1958 年，香峪生产队购买大牲畜，有了第一辆马车。到 70 年代，香峪大队最多时有马车 4 挂，除为大队生产服务外，也从事副业运输。

70 年代，村中最多时有汽车 4 辆、拖拉机 8 辆，还有马车，主要业务是为杨坨煤矿等单位搞运输，拉货物。1983 年实行家庭联产承包责任制后，马车及拉车牲畜外卖，村民张德义承包村中货运汽车，进行运输业务。

90 年代，香峪村民韩书立购买夏利小轿车，从事出租车运客业务，是村中第一辆私家轿车。此后村民中私家轿车增加。2020 年，仍有村民以开出租车为生计。

劳务输出

民国至 20 世纪 50 年代初，香峪村民除种地外，经常利用农闲时到门头沟一带背煤走窑，挣钱补贴家用。尤其是无地或少地的村民，只好以打工为生。

20 世纪 60 年代至 80 年代初，香峪大队为发展集体经济，在秋冬季节农闲时，经常派出劳动力，为附近厂矿企业、单位服务，以增加集体收入。从事较多的业务是为煤矿割荆梢。村民自行到山上割荆梢，背到村中，按量计工分，由村集中运送到煤矿结算。

2004 年，杨香公路建成，由香峪村负责公路维护，门头沟区公路管理部门为香峪村拨付公路维护费，每平方米每年维护费用 15 元，香峪村每年可收公路维护费 1 万多元。

2020 年，香峪村农户村民，有 30~40 人自谋职业，出村打工，尤其是青壮年，几乎全部在外从事劳务输出工作。有的担任公交司机和售票员，有的从事保安或保洁，还有的经商，做售货员、服务员、幼儿教师、保育员等。

第四节　商业与租赁业

商　业

清代，香峪村开办有煤窑，一度繁华。为煤业服务的商家店铺多家，沿香峪至过街塔古道，从事煤炭、果品运输人员众多，形成以煤业为主的产业链条，村中曾有首饰楼和当铺。

民国至 20 世纪 50 年代初，村中有游商，服务于村办煤窑和村民。

20 世纪 90 年代，村民韩芳开有小卖部，经营小百货等日用品，主要为村民和驻村单位服务。90 年代至 2000 年，香峪村先后有村民在家中开过 3 个小商店，均经营时间不长。2010 年后，村中没有商家店铺。

租赁业

20 世纪初，香峪村将收回的陶粒厂办公用房部分出租，有 6 个房间。

开始每年收款 8000 元，以后每 5 年调整一次增加数额。

2017 年，香峪村将原生产大队的场院门口处 7 间房屋出租，每年租金 3 万元。

2018 年，香峪村八份沟 250 亩地和地中林果，租给万科公司经营，每年租金 65 万元。至 2019 年，万科公司付给香峪村 170 万元。

第十一章 教育 医疗卫生 体育

清代至中华民国期间，香峪村教育、医疗、卫生、体育事业落后，没有正规的教育、医疗、卫生、体育设施。村民子女上学，要去外村就读。村民看病，要到外村求医。村民有生育，要请本村或外村的接生婆。村庄内垃圾随意堆放，饲养的畜、禽，多为散养。村中没有正规的体育比赛和活动。中华人民共和国成立后，党和政府关心人民的身心健康，大力发展教育、医疗、卫生、体育事业。香峪村建立了学校，从20世纪80年代中期起儿童享受义务教育。开展“除四害、讲卫生”活动，多年来经常发生的传染病迅速减少，有的传染病被根除。60年代后期，村中建立合作医疗，村民的一般病症不出村就能得到治疗，村民的医疗费用由集体和个人共同负担。改革开放后，香峪村建立新型农村合作医疗制度，村民求医看病更加方便。进入21世纪，香峪村进行新农村建设，村容村貌发生巨大变化。进行垃圾分类管理，有专人清理街道，建设休闲广场，安装健身锻炼器械，组织村民登山比赛等体育活动，村民的身体素质越来越好。尊师重教，鼓励村民子女考大学。2020年，香峪村民子女普及中学教育，村里大部分家庭都有大专学生。村庄有健身广场6处，综合活动中心1处，正规灯光篮球场1处，公共场所安设体育器械60余台（套）。正规医务室1处，房屋3间。村民学习有场地，锻炼有设施，看病有医生，休闲有园地。呈现少有所学，壮有所成，老有所乐，村庄祥和，一派欣欣向荣景象。

第一节 教育

普通教育

幼儿教育　1958年“大跃进”开始，香峪生产队妇女走出家门，参加集体生产劳动，为解决家庭妇女的后顾之忧，香峪生产队在张林全院，成立托儿所和幼儿园，由张鸿珍担任幼儿教师，看管教育幼儿。幼儿园的孩子数量不固定，少时几人，多时有十几个。1960年，随着香峪生产队集体食堂的解散，幼儿园也停办。

小学教育　20世纪50年代初期，香峪村建立小学校，地址在村中娘娘庙，有教室3间，教师住宿和办公用房2间。学生20人至30人，分为一年级、二年级、三年级，一般情况每个年级有七八个学生。都在同一教室上课，讲一年级课程时，二年级、三年级做作业；讲二年级课程时，一年级、三年级做作业；讲三年级课程时，一年级、二年级做作业。学习科目按照国家对普通小学的课程安排进行，主要课程是语文、算术，其他课程有常识、体育、唱歌、手工等。学校只有教师1人。所有学科都是一个老师教。学校没有操场，在庙院中做体操，上体育课主要是在庙院做列队，或在较平整的地上跳绳、推铁环等。学校上午4节课，下午2节课，学生都是香峪村人。学生读完三年级，考试升学到东杨坨村学校继续读书。

50年代末，某单位征用香峪村上街土地，上街村民搬迁到新村，村中人口减少一半左右。1962年，香峪村小学校址搬到下街原养猪场所在地，村新盖2间教室、1间教师办公室。仍然是三个年级20多个学生，

1个教师。70年代，校址又搬迁到村民王建国现在房屋所在地，由村中盖房3间，为一个大教室。学生除本村人员外，还有驻村单位的几个子女。80年代，香峪小学校址再次搬迁，在今村委会后所在地盖房3间，为一个大教室。80年代末，香峪村小学校撤销。村民子女读书，到东杨坨村学校上学。21世纪初，东杨坨学校改为汽车驾校，香峪村村民子女到军庄学校上学。

从20世纪50年代至80年代末，在香峪小学担任教师的先后有陈老师和杨德旺、张福栋、马文银、李德新、郝朝喜、张鹏举、郭谦、陈秀、齐宝存、王金环等。

尊师重教

香峪村支部、村委及其领导历来重视教育工作，从20世纪50年代至80年代末小学校撤销，学校的房舍都是村中投资建设，学校的用电、取暖等支出都是村里负责的。每逢学校遇到困难找到村领导时，村里都倾力帮助解决。学校为村民培养学生，村民对老师都很敬重。每年的教师节，村领导都去学校慰问。

村里重视文化教育，鼓励村民子女学习深造。20世纪90年代以后，村里多次为考上大学的农户村民子女颁发纪念品。进入21世纪，村里将给考上大学的村民子女发放纪念品改为发放奖学金。

香峪村村民，以从事教育职业、教书育人为荣，很多村民子女报考师范学校。从师范学校毕业后，从事教师工作。香峪村村民从事教育工作的有韩宝兰、王金环、王建梅、韩爱明、朴玉辉、王建波、韩娜、韩军红、韩雪晶等。

2000—2020 年香峪村学生考入大专及以上院校统计表

表 11–1

姓名	性别	出生年月	考入的大专院校	毕业时间	学生家长
朴玉辉	女	1977.7	首都师范大学	1998.7	朴振同 刘翠英
韩 娜	女	1982.1	首都师范大学	2004.7	陈立华
王 莉	女	1982.3	中央民族大学	2007.7	王德生 赵俊茹
韩子博	男	1987.9	北京物资学院	2010.6	韩建国 王建华
王为为	男	1987.8	北京信息科技大学	2010.6	王建民 李凤云
张京京	女	1987.3	北京大学医学部	2010.6	张林海 张秀红
史瑞达	男	1989.5	北京开放大学	2011.6	史瑞达 于光敏
刘 宇	男	1990.7	北京信息职业技术学院	2011.6	刘明力 张雪红
韩 宁	男	1990.12	北京新圆明职业学院	2012.6	韩书江 宁淑荣
韩 爽	女	1987.3	首都医科大学	2012.7	陈立华

续表 11-1

姓名	性别	出生年月	考入的大专院校	毕业时间	学生家长
张 琳	男	1991.10	北京劳动保障职业学院	2012	张德新 张琼华
韩　月	女	1993.7	北京市工贸技师学院	2014.6	韩书龙 王凤琴
朴甜甜	女	1995.3	首都经济贸易大学密云分校	2016.7	朴振文 马玉梅
张　晴	女	1994.3.9	北京城市学院	2016	汪艳萍
王佳瑞	男	1993.12	昆明理工大学	2016	张会芹
王雪锋	男	1986.12	北京工业大学通州分校	2019.6	王金利
孙佳鑫	女	1999.7	北京卫生职业学院	2019.7	孙长文 张郡娥
朴逸文	男	2000.5	北京工业技师学院	2019	刘清华 朴玉新
崔 涵	男	1996.12	北京石油化工学院	2019	韩艳玲
张丛岭	男	1998	北京农业职业学院	2019	刘兰香
王 震	男	1997.5	北京城市学院	2019	王建军 杜宏岩

续表 11-1

姓名	性别	出生年月	考入的大专院校	毕业时间	学生家长
韩 涵	女	1998.8.1	北京农学院	2020.6	韩书清 韩淑杰
朴亚光	男	1991.3	北京工业大学	2020.7	朴玉龙 孙秋红
孙靖康	男	2002.9	北京农业职业学院	在读	孙长明 张桂双
韩子原	男	2001.11	首都经济贸易大学	在读	韩建权 白红英
索殿祎	男	1999.6	北京信息科技大学	在读	索宝琨 贾金娣
张 仪	女	1995.4	北京服装学院	—	张林舰 宋建萍
索殿晗	男	2002.1	北京城市学院	在读	索宝建 韩 艳
索 鑫	女	2001.4	北京农业职业学院	在读	云亚利
王威浩	男	2001.2	北京农业职业学院	在读	王建东
王宇昂	男	2000.11	首都经贸大学	在读	安秀琴
王思桐	男	2000.6	北京信息科技大学	在读	王建涛

说明：1. 表格内“—”无数据

2. 统考表以毕业时间排序

岗位培训

2012 年，香峪村组织村民参加中央农业广播电视学会、北京市农业广播电视学校举办的果树管理岗位培训班，由市、区的林业专家每周到香峪村讲课一次，主要内容为果树的修剪、嫁接技术和管理，并实行现场实习。学习一年多时间，进行考试。2014 年 1 月，香峪村有 28 人，完成北京市农业广播电视学校中等专业教学计划规定的旅游管理专业全部课程，达到规定学分，准予毕业，获得证书。

第二节　医　疗

20 世纪 50 年代，香峪村没有医生，村民看病，最近到军庄联合诊所，或到门头沟。村民家中生小孩，到孟悟村请接生婆黄老太太接生。黄老太太去世后，请嫁到杨坨村的韩宝琴接生。80 年代以后，随着医疗条件的改善，家中经济收入的增加，村民家中生小孩去医院生产。

1962 年，香峪大队出资 62.03 元给驻香峪村部队医院，为村民就近看病服务。村民到部队看病所交费用，记入大队支出账簿。

1969 年，香峪大队建立合作医疗，由大队和村民共同出资，作为合作医疗使用资金。其中，大队从公益金中拨款，为每名农民家庭成员每年出资 1 元；农民家庭成员每人每年自费出资 1 元。参加合作医疗人员在村合作医疗每看一次病付诊费 5 分，一般不再支付其他费用。病情严重者经合作医疗医生允许外出医治，可以在村合作医疗报销部分医疗费，未经合作医疗医生允许外出看病则自费。村合作医疗租用村民的一间房屋，作为合作医疗站。村派王金林、韩书清 2 人作为合作医疗的赤脚医生，先参加下乡医疗队组织的培训半年，又到门头沟区区医院的不同医疗科室实习四个月。采取边干边学的方式，为村民看病。赤脚医生为不脱产医生，尤其是农忙时，要到田地里和社员一起劳动。有人看病就行医，无人看病便参加集体劳动。一般情况，两名赤脚医生轮流，总有一人下地劳动，一人在合作医疗站值班。夜晚，也要有一名赤脚医生值班。村投资为合作医疗站制作了药品柜，购置了听诊器、医疗箱、消毒锅等简单的医疗用具。需用的药品，开始由赤脚医生去门头沟区医药公司购买、取药。后来医药公司改变售药方式，由各村的合作医疗先制定需求计划，医药公司按需求计划定期或不定期为各村合作医疗送药上门到村。合作医疗为了节省医药费用，还利用村中药用植物资源丰富的优势，上山集中采草药。

1971 年，赤脚医生韩书清担任了大队会计，赤脚医生只留有王金林 1 人。1981 年，王金林担任村大队长，赤脚医生由女社员韩秀霞担任。1983 年，实行家庭联产承包责任制，人民公社和大队解体，合作医疗由村委会管理。到 80 年代中后期，合作医疗解散。韩秀霞担任村妇联主任，主管计划生育。

2003 年，国家在农村推行新型合作医疗制度，香峪村建立新型农村合作医疗（简称新农合），农村人口以家庭为单位参加，由政府、村集体和个人三方出资，作为新农合资金，筹资标准为每人每年 208 元。其中，市、区、乡三级财政分别为每名参加新农合人员资助 10 元、28 元、20 元，村级财务为每人资助 70 元，每个家庭成员缴费标准 80 元。当年，香峪村参加新型农村合作医疗 160 人，占全村户籍人口 70% 以上，村集体为村民参加合作医疗出资 1420 元。参加新农合的人员看病，分为基本门诊和大病统筹，每次看病后，按比例报销费用。

2005 年，村集体投资 3.2 万元，新建卫生室 1 个，面积 45 平方米。

2005 年，香峪村集体为参加农村合作医疗的农户每人补贴 10 元。

2006年，新型农村合作医疗筹资标准提高到每人每年不低于315元。香峪村为参加农村合作医疗农户每人补助增加50%，共投资0.6万元。

2007年，香峪村参加大病统筹和参加基本医疗的参合率均在95%以上。

2008年，新型农村合作医疗筹资标准提高到每人每年420元。其中，大病统筹195元，基本医疗225元。同时调整大病统筹报销政策，降低起付线，提高封顶线，提高农民医疗保障。香峪村为参加新农合农户每人出资提高到80%。

2010年，新型农村合作医疗筹资标准提高到每人每年720元。

2017年，新型农村合作医疗筹资标准提高到每人每年1385元，香峪村参加大病统筹和参加基本医疗的参合率均达到100%。

2020年6月，香峪村的医疗改为由卫生院派乡村医生驻村。

2020年底，香峪村有卫生室1个、房屋3间，面积70平方米，驻村医生有黄景信1人，职称为医师。

第三节　防　疫

50年代初期，香峪村流行过麻疹病。50年代后期，香峪村为预防传染病、保护粮食，开展除“四害”活动，“四害”为苍蝇、蚊子、麻雀和老鼠。60年代后期，香峪村成立合作医疗后，多次为村民打预防针。

2003年发生“非典”疫情，香峪村采取多种方式防治，为村民发放防护口罩，在村口设卡，在村中进行消毒、喷洒药物，全村没有发生“非典”疫情。

2005年，根据上级有关部门安排，村积极进行防控、预防、打药消毒等，开展防治禽流感和防治口蹄疫工作。设专人投放鼠药。

2006 年，香峪村组织开展健康教育讲座 4 场，健康知识问卷调查 3 次，发放宣传材料及问卷调查 2000 份，设立固定的健康教育宣传栏，为 145 户村民发放盐勺，加强对公共场所的控烟工作督查力度，村民的“禁烟、减盐、少酒”等健康知识知晓率在 70% 以上，村民健康行为形成率在 50% 以上。儿童免疫接种率达 100%，无流行性出血热疑似病例发生。

2006 年和 2007 年，香峪村制订除四害工作计划，每年按季节进行四害监测，掌握虫害动态。安排专人投放鼠药。每年组织两次大规模春季灭鼠和夏季灭蚊、蝇、蟑等除四害工作。

图 11-1　消毒防疫清洁村居环境（2020 年 1 月 30 日摄）

2008 年，村组织健康讲座 4 场，内容分别为手足口病防治、心脏病预防、血管疾病防治、限犬防疫登记。2009 年，组织健康知识讲座，内容有心理健康、甲型流感防治等。

2019 年 8 月 27 日，香峪村开展“制止餐饮浪费、践行光盘行动”，有 19 人参加，在公交场站、村口牌楼、篮球场等处进行宣传，发放倡议书 60 份。

2020 年 3 月 27 日，门头沟区组织创城高潮日大扫除行动，香峪村打扫胡同 3 个，清理卫生死角 6 处，参加大扫除清运 5 人。6 月 29 日，香峪村开展“守土我有责，行动展担当”为主题的常态化值守和防疫知识宣传，21 人参加。

第四节　环境卫生

1995 年初，香峪村在村南建第一个垃圾池，雇用拖拉机拉运垃圾。全年建垃圾池 4 个，清理村路街道 2500 延长米，清除垃圾 1894 立方米。2003 年，香峪村建垃圾池 2 个。2006 年，香峪村投资 3 万元，在村内新建封闭式垃圾池 9 个。

1995 年，香峪村筹资新建 3 个卫生公厕。2006 年投资 18 万元，新增建 3 个卫生冲水公厕，公厕质量等级达到无害化标准；投资 5 万元，助力村民家庭改建户厕 52 个。2018 年，香峪村推进“厕所革命”，新批建 1 个公厕，对原有 6 个公厕提质升级。

1999 年，香峪村成立村卫生领导小组，设正副组长 2 名，组员 6 名，制定卫生清理制度，清理街道两旁水沟、垃圾。村民用土需开证明，批准后拉土车才能进村。

2003 年，香峪村新设专职的卫生保洁员、厕所清洁员。组织村民进行大扫除，对村内白色垃圾进行全面清理。组织党员和村民出工出力，清理出排洪沟内淤积多年的垃圾 200 立方米。配合军庄镇环境卫生统一部署，在东扬坨垃圾消纳场种杨树。由镇

图 11-2　村下街卫生冲水公厕（2018 年 3 月摄）

政府提供树苗，香峪村出动劳动力200多人次，动用铲车挖树坑。为种树拉土20余车，为树坑填土180立方米，香峪村投资8000余元。

2006年，香峪村建立卫生环保制度，设立专职保洁员和垃圾清运车，每天对街道、垃圾池、公厕进行清理和打扫，责任分工，各负其责，保障村内村容村貌的干净整洁。香峪村组织较大规模环境整治8次，动用人员1000人次，动用铲车等车辆400台次，共清理防洪沟、垃圾、渣土15000立方米，清理堆物堆料100多处，组织村民进行庭院卫生整治，共投资25万元。

2007年，组织较大规模环境整治9次，动用人员1100人次，动用铲车等各种车辆200台次，清理防洪沟、垃圾、渣土10000立方米，清理堆物堆料100多处，组织村民进行庭院卫生整治，共投资20万元。

图11-3　村篮球场处卫生冲水公厕（2018年5月摄）

2008年，香峪村按照“绿色、科技、人文奥运”和农村城市化的理念，把加大环境整治工作纳入全村重点工程，开展无暴露垃圾、无卫生死角、无乱倾乱倒、无道路遗撒、无白色污染、无新违法建筑的“六无”整治工作。为迎接奥运，香峪村全体党员、村民代表、团员、志愿者及村委会工作人员分成3个清洁小分队，到村内主要街道、村域主要活动场所，开展捡拾白色垃圾、清理小广告等工作。全年组织大规模环境治理行动16次，出动人员530余人次，清理堆物堆料150余处600多立方米，动用车辆 45 台次。治理残墙断壁 3 处共 290 米，砌护坡挡墙 300 立方米。道路两侧绿化 1800 平方米，新栽树木花卉 3200 株。开展门庭户院整治。规范整理村民院内外堆放物，组织、指导群众栽花种草，美化庭院。2009 年 2 月，香峪村被北京市政府和首都绿色委员会授予“首都绿色村庄”称号。

2015 年 4—5 月，香峪村进行环境整治，清运堆放物、垃圾、渣土计 150 立方米，砌筑挡墙 180 米，用工 180 个，动用车辆 30 余车次，共投资 41 万元。同年组织低保人员打扫环境卫生，组织车辆清运垃圾，在村委会大院和村道两旁进行绿化，种植花草树木 1000 余株。

2017 年，香峪村围绕“生产发展、生活宽裕、乡风文明、村容整洁、管理民主、邻里和谐、信息畅通”28 字要求，用“一线工作法”组织党员和村民，进行社会主义新农村建设，持续开展乡村环境治理。组织开展打造美丽乡村与环境整治 100 天专项行动，实施街道坊路、太阳能路灯、太阳能浴室、污水处理站、社区回收站等一系列升级改造项目，新组建环境保洁员和监督员队伍，建立健全环境卫生制度，开展“环境优美户”和“好村民”评选；完成上村部队驻地、公交停车场周围道路绿化，栽种柳树花草共计 1200 棵；完成桩子沟原废场地绿化 50 平方米。清理排洪沟道 200 米，装修清洁卫生室 100 平方米。

图 11-4　香峪村垃圾分类驿站（2018 年 5 月摄）

2019年，香峪村以门头沟区及军庄镇开展的“六城联创”活动为契机，开展全国文明城区创建工作，成立守护青山志愿服务队及门头沟热心人志愿服务队，巩固和保障村庄环境治理成果。

2020年初，香峪村成立生活垃圾分类工作领导小组，组长为支部书记韩书清，组员为支部委员王建华、孙二树。制定垃圾分类工作监督检查制度，采取垃圾分类工作奖罚措施。5月20日，香峪村组织物业工作人员及村民的垃圾分类培训会，与村民签订生活垃圾承诺责任书。6月11日，香峪村股份经济合作社与北京龙欣顺达再生物资利用有限公司签署危险废物无害化处置技术服务合同。

2020年，香峪村在村口设有生活垃圾公示牌，公示内容有垃圾投放布局图，垃圾驿站地点，垃圾分类负责人姓名，垃圾收集、分类办法，垃圾收集时间和工作人员姓名、电话。明确告知村民，厨余垃圾、可回收物、有害垃圾、大件垃圾、装修垃圾、其他垃圾的收集运输单位。香峪村制定垃圾分类检查制度。每间隔5 ~ 10天检查一次，将检查结果填表。村内公共厕所均为水冲式，均明确专人清扫管理。厕所内张贴有厕所文明公约，公示厕所管理人责任制度并照片和姓名，公示厕所检查人员姓名和监督电话。

2020年底，香峪村建立基础设施管理长效机制。全村绿化面积达10320平方米，街坊路面积26000平方米，有水冲式公共厕所6个，分类式垃圾桶12个，公共照明设施152个。全村189户，有174户安装有污水排放管道，未安装污水排放管道的15户人家，是受地下光缆设施影响。全村安排基础设施管护人员28人。其中，队长1人，街坊路管护16人，垃圾分类收集设施管护1人，公共厕所管护6人，路灯管护2人，绿化管护2人。建立街坊路、垃圾分类、公共厕所管护人员奖罚制度、工作时间安排、工资标准。

第五节　体育

健身场所与设施

2003 年，香峪村在下街北口处路北建设健身场地一处，面积 500 平方米，垒墙围院，铺砖平场，建亭修厕，安装健身器械。其中土建投资 3.6 万元。2015 年撤除。

2008 年，香峪村投资 11 万元，建立灯光篮球场1个，水泥场面，面积 400 平方米。四围安装有高达 5 米的铁网围栏，以防打球时篮球弹出球场。两侧各有3个灯杆，每杆上架灯，夜间照明也可打球。围栏外西侧有双人座位5个，用于观众观球。至2020年底，香峪村篮球场为军庄镇的唯一村庄灯光篮球场。

图 11-5　香峪村灯光篮球场（2018 年 8 月摄）

2015 年，香峪村在村口牌楼里面西侧建设一个体育健身场地，面积 50 平方米，安装健身器械 10 台。2020 年又在此健身场南端建设观景亭 1 座。

2016 年，香峪村在村公交车站路旁的八份沟入口处空地，建设体育健身场地一处，占地 80 平方米，安设健身器械 19 台。

2016 年，香峪村投资 2 万元，建立老年活动站、设立老年学校，建筑面积 80 平方米。添置电教设备、音响、文体用品、图书、桌椅等，老年村民可在此从事学习、健身活动。香峪村还在村委会大院里院的村史馆前安设健身器械 6 台。

2019 年，香峪村在文化活动中心设有健身房，室内面积约 150 平方米，安装健身器材器械 40 余台（套），分别为单位腹肌板、伸腰展背板架、二人蹬力器、双人太空漫步机、椭圆机、腰背按摩器、上肢牵引器、三人扭腰器、太极推手器、背腹肌训练器、拉力训练器、商用跑步机、立式健身车、动感单车、划船器、大腿内侧训练器、坐姿肩部推举机、低位蝴蝶机、坐式腹肌训练器、卧式屈腿训练机、二头肌训练机、史密斯机（含杠铃）、五站位训练器、可调式腹肌板、哑铃铛及架子、美式落袋台球、室内乒乓球台等。有的健身器械是 2 ~ 3 台（套），并配有健身告示牌。

图 11-6　村健身房与乒乓球室（2022 年 10 月摄）

2020 年底，香峪村共有安装体育健身设施器械的场地 5 处。其中，户外健身场地 4 处，正在使用的健身器械 43 台（套）；室内健身场地 1 处，有健身器材 40 余台（套）。香峪村所有健身器材、器械均为门头沟区有关部门拨付的。

2020 年 12 月底香峪村户外体育器材统计表

表 11-2　　　　　　　　　　　　　　　　单位：台（套）

体育器材名称	安设地点				合计
	香峪汽车站健身场	桩子健身场	牌楼健身场	村委会健身场	
太极揉推器	2	—	1	1	4
腰背推摩器	2	1	1	1	5
伸腰伸背器	2	—	1	—	3
双位漫步机	2	—	1	1	4
上肢牵拉器	2	1	1	1	5
双人坐蹬器	2	1	1	1	5
腹肌板	2	1	1	—	4
椭圆机	2	1	1	—	4
三人转腰器	2	1	1	1	5
棋牌桌	1	—	1	—	2
拉力训练器	—	1	—	—	1
背腰肌组合器	—	1	—	—	1
合计	19	8	10	6	43

说明：表格内“—”无数据

体育组织与活动

体育组织　2004年，村成立有20多人参加的健身队。至2020年，香峪村计成立有舞蹈队、登山队、秧歌队、威风锣鼓队等5支文化体育组织。

体育活动与比赛　2006年4月，香峪村组织村民参加军庄镇全民运动会，获得军庄镇党委、军庄镇政府颁发的优秀组织奖。2007年，香峪村组织村民参加军庄镇乒乓球比赛，获得对抗赛优秀组织奖。

2008年3月8日，香峪村组织妇女和村民代表进行爬山活动。

2008年3月，香峪村组织村民参加军庄镇迎奥运第二届全民健身运动会开幕式，获得队列花卉表演第二名。5月，获得军庄镇第二届全民运动会总分第三名奖杯。

2010年4月至5月，香峪村组织村民参加军庄镇第三届全民运动会，获得二等奖，并获团体总分第三名。

2014年，香峪村组织村民参加门头沟区的登山比赛活动，获得门头沟体育局颁发的健步登山比赛一等奖。

图11-7　香峪村民秧歌队表演花卉舞（2008年6月30日摄）

2019年2月17日，香峪村组织村民开展元宵节爬山活动。3月22日，再次组织村民爬山活动。8月27日，香峪村邀请太极拳老师到村教授太极拳，25人参加学习。

同年夏季傍晚，香峪村在篮球场，多次组织村民跳广场舞。

2020 年，军庄镇在杨坨公交站广场举办趣味运动会，香峪村新时代文明实践站组织 15 人参加拔河、跳绳、篮球等项目活动。其中男子 10 人，女 5 人。组织 10 人参加连续两天的学跳广场舞活动，共参加 4 次，每次两小时。6 月 30 日，香峪村新时代文明实践站组织 10 人参加门头沟区妙峰山镇神泉峡景区的徒步登山活动，全程 3.5 千米，爬升 125 米。

传统体育游戏

香峪村是山村，出门即上山爬坡下沟，村民自小就受此锻炼，大多腿脚利索，是登山健将。香峪村林木茂盛，果木众多，出于劳作需要，几乎人人都能上树。尤其是收获林果时，是男子在树上发挥作用、大显身手的时候，在高高的树上使用夹杆摘柿子，挥舞木杆打核桃，令人羡慕。村中许多妇女也是上树能手。

20 世纪 50 年代至 80 年代，香峪村成年人传统游戏主要有猜谜语、玩成三、下象棋、打扑克等。学校学生的传统游戏主要是跳绳、推铁环、

图 11-8　村民健身娱乐活动（2022 年 2 月摄）

拔河、丢手绢、老鹰抓小鸡等。儿童玩的传统游戏比较多，男孩多是玩扇洋画、弹玻璃球、分组打仗；女孩多是抓拐、克房子、扔沙包，用线组图形。

进入 21 世纪后，香峪村体育设施和用品增多，玩篮球、打乒乓球成为村人喜好。男女老少、大人小孩常到村中健身广场锻炼，玩传统游戏的人员越来越少。

第十二章　文　化

香峪村民，在长期与自然斗争的过程中，在长期从事体力劳动的艰苦劳作中，经常以多种方式怡情悦性。村中的寺庙，寄托人们真诚的崇拜。村中的建筑，体现人们的智慧灵光。村中产生的许多故事、传说，滋润人们的心灵，育化人们的思想。中华人民共和国成立后，香峪村民出板报、办广播，宣传党的路线、方针、政策。以多种群众喜闻乐见的方式，丰富村民的文化生活。改革开放后，香峪村大力进行精神文明建设，以优秀的文化启发、鼓舞村民投入新农村建设。进入 21 世纪，香峪村与有关单位开展文明共建活动，用文化促进经济发展。2005 年香峪村建立综合文化服务活动中心。2008 年香峪村建起益民书屋，编纂了村庄第一本正式出版的书籍《香峪》，向社会推广介绍香峪村的历史与风情。2012 年香峪村建起门头沟区的第一家村史馆。2020 年，香峪村综合文化活动中心有多功能大厅、多媒体播放室、图书馆等设施、设备。村中街道建有文化墙、新闻橱窗、宣传画廊，走入村中，充溢文化氛围。

第一节　文化设施

文化服务中心

2005年，香峪村建1300平方米综合文化服务中心1个，建100平方米电脑室1个。2006年，新建活动站246平方米，投资25万元；改造办公室、图书室200平方米，粉刷活动室200平方米，投资10万元；铺设院内方砖400平方米，投资2.0万元；砌石墙120立方米，投资2.1万元；砌围墙150平方米，投资2.3万元。

2020年底，香峪村综合文化服务中心的多功能厅为5大间房。室内有9排桌椅，每排固定座位6个，计有固定座位54个。室内有音响、空调，有成套放映设备。多功能厅既可作为会议室，又可以放映电影，进行文艺演出。

图书馆（室）

2008年，香峪村建立益民书屋，有图书杂志1000余册；建立数字家园，有电脑5台和数字影碟机。图书、电脑和影碟机由上级有关部门下拨。

图12-1　香峪村图书馆（益民书屋）（2022年10月19日摄）

2020年年底，香峪村图书馆有阅览桌4个，每桌配备椅子 4 把；L 形儿童阅览桌 1 个，配备儿童座椅 11 把。有书架 9 排，每排高 2 米、宽 4 米，分 5 层码书，每层可码书 2 排，可从书架两面取书。有电子阅览设施设备，其中电脑 11 台。图书室存书籍 1000 多册，杂志 50 余种。图书管理分为 22 类。图书室每周开放时间不少于 56 小时。图书室设有家长学校和未成年人活动室，图书室、家长学校、未成年人活动室均有管理制度，配备有便民服务箱、空调、消防器材、垃圾桶等设施。

文化墙

21 世纪初，香峪村在村庄建设中，沿公路和街巷垒挡墙 500 米，平均高度 1.5 米，部分地段墙脊以青瓦覆盖，灰色墙体中留有白灰墙面，作为宣传教育的文化阵地。请中央美院师生协助，绘制文化图案 20 余面。其中，村街路东文化墙绘有动物图案，写有歌颂村庄的诗词。八份沟口公交车站外的大墙，镶嵌有 80 块汉白玉石板组成的大型雕刻山村图景壁画，长 20 米，高约 2 米，内容有农耕图、赶牛车图、房屋环境图等。

2018 年 8 月，中央美术学院的实习生在香峪村实习，在进入村口牌楼往南走的路两侧墙上，绘有多幅宣传画。

宣传橱窗

2019 年，香峪村在村委会大门外街旁。建有长 2 米、高 1 米（不计木腿）、带防雨顶棚的宣传橱窗 9 个。不定期更换宣传内容。2020 年 12 月的橱窗内容，主要是垃圾分类的管理要求和分类做法。

在综合文化活动中心大院内，建有科普画廊，有 5 个展览橱窗。

村史馆

2012 年，香峪村在村委会大院辟出平房，建成村史馆，又称乡情村史陈列室，是北京市农村精神文明建设“十个一”工程的内容之一，是门头沟区首家乡情村史陈列室。村史馆建筑面积 200 平方米，分为系统展示和特色展示两个主题区域。以展板、实物形式，展示村庄发展过程。

展出内容有村庄简介、资源物产、获得荣誉、生产工具、生活用品、未来规划等。计有 1 平方米以上板牌 20 块，高 1 米、长 1 米的展柜 12 个，实物 100 多件（套），照片 120 张，文字 1 万余字。

第二节 文艺组织与活动

清代，香峪村有皮影戏。一次去妙峰山走庙会，皮影戏演员为抢烧头炷香，未等天亮庙门打开，便从水沟进入庙内，被妙峰山僧人发现，认为违背会规，将皮影扣留。香峪村觉得丢了面子，没有人去取皮影。从此，香峪村皮影戏停止。

2005 年，香峪村为活跃业余文化生活，先后成立秧歌队、锣鼓队、舞蹈队、合唱队，队员人数最多时有 50 多人。村党支部和村委会责成专人负责组织活动，专门给队员定做表演服装，配备乐器。其中，锣鼓队有队员 20 多人。乐器有直径 1 米的大鼓 1 面、挎鼓 1 面。依靠各文化团队的队员和活动内容，香峪村先后举办了贺新春、庆重阳等文艺演出，与驻地部队、督导组、承包户举办了“保先进、庆三八大联欢”文艺演出。还参加了军庄镇组织的计划生育文艺演出，在区、镇组织的农民运动会上表演节目。

图 12-2　香峪秧歌队在“京西人口文化节”开幕式演出后合影（2006 年 5 月摄）

2006 年，香峪

村组织村民参加中共门头沟区委、区精神文明建设办公室、区人口和计划生育委员会、区计划生育协会、区农业委员会、区文化委员会、区广播电视中心、区体育局、区民政局、区科学技术协会、区妇女联合会、共青团门头沟区委员会共同举办的“新京西、新农村、新风尚”计生家庭运动会，获得秧歌集体舞表演赛三等奖。

香峪村秧歌队先后参加区、镇组织的运动会开幕式，区计生委组织的花卉比赛等活动，锣鼓队参加了市第七届残疾人运动会开幕式。

2007 年 2 月，香峪村组织村民参加军庄镇“迎新春”花会表演，获得一等奖。4 月，香峪村表演队通过门头沟区文化委员会评审，成为区参加农村“文艺演出星火工程”活动第一批非企业团队，分别赴斋堂、向阳口、龙门口等地演出 10 余场，在全区“和谐新区、快乐生活”文化展演中获最佳创意奖。

2008 年，香峪村组织村民参加军庄镇“迎新春”合唱节，获得比赛二等奖。

2009 年 2 月，香峪村秧歌队参加军庄镇“正月十五闹花灯”活动，获得二等奖。9 月，香峪村组织村民参加军庄镇“唱响和谐祝福祖国”迎国庆歌咏比赛，获得二等奖。

图 12-3　香峪村文艺表演团花会表演（2017 年 7 月摄）

2009 年 6 月，香峪村组织秧歌队成员和村民代表到白洋淀参观学习。

2013 年，香峪村组织村民参加军庄镇“红五月”群众歌咏活动，获得比赛组织奖。2016 年，香峪村组织村民参加军庄镇“红五月”群众歌咏活动，获得优秀奖。2017 年，香峪村组织村民参加军庄镇“红五月”群众歌咏活动，获得三等奖。

2017 年，香峪村舞蹈队参加门头沟区文化委员会、门头沟区文化馆举办的第四届“舞动门头沟”舞蹈展演活动，获得最佳进步奖。

2018 年，门头沟区文化委员会、门头沟区文化馆举办“舞动门头沟”舞蹈大赛，香峪村舞蹈队作品《欢聚一堂》，获得舞动门头沟舞蹈大赛优秀奖。

2018 年 5 月，香峪村组织村民参加军庄镇“红五月”群众歌咏活动，获得二等奖。6 月，香峪村组织参赛队参加军庄镇“新时代、新担当、新作为”主题知识竞赛，获得三等奖。

第三节　文化创作　广播

文化作品

1980 年，军庄公社霍彦明撰写的通信报道《春风吹来的喜悦》一文被门头沟区档案馆收藏。文章以访问记的形式，记载了香峪大队在党的十一届三中全会后发生的变化，特别是以经济建设为中心取得的丰硕成果。村民的工分值由 60 年代和 70 年代初期的不足 1 角提高到 1979 年年终结算时的 1 角 8 分，为香峪实行生产队集体经济核算的工分值最高年份。

21 世纪初，香峪村村民李贵春之女李丽，在《人民日报》(海外版)发表题目为《香峪情思》的散文，是香峪村村民公开发表的第一篇散文。

2008 年 12 月，由门头沟区文联民俗协会、门头沟区军庄镇香峪村联合编纂的《香峪》一书出版，32开本，简装，11万字，彩页4页，印数1000本。收录有30余位作者的40多篇文章，从不同角度，对香峪村的自然、政治、经济、社会、文化进行介绍，是香峪村历史上出版的第一本书。

2010年至2020年，村民孙长江、王德生绘制有家堂，还为村庄写标语。

广　播

1958年，成立人民公社后，公社为香峪村农业户家庭院中安装小喇叭，公社广播站每天播放新闻、戏曲以及会议通知等。小喇叭与电话线使用同一线路，放广播时不能打电话。

图12-4　香峪村参与编纂的《香峪》书封面（2022年10月摄）

1970年、1982年，香峪村分别进行小喇叭入户工作。公社与香峪大队安装小喇叭的用户签订了《户内小喇叭管理合同书》，小喇叭的使用和广播由公社广播站自动控制。

2020年，香峪村安装有大喇叭10个，村中有广播设备。

第四节　遗址　遗迹

寺　庙

关公庙　村民俗称其老爷庙。在村东南山。始建年代不详，清末时为一院落，石板房。正殿有关公、周仓、关平、赤兔马的泥塑像，院中有一大柏树。庙下还有一个土地庙。20 世纪 50 年代，关公庙和下方的土地庙均被拆除，拆下的木材用于建学校。大柏树被伐，村民将柏树木材均分。

娘娘庙　在香峪村上街与下街之间，大水泉上方东南。始建年代不详，清末时有三合院落。供奉天仙圣母碧霞元君娘娘，是村民求子之地。20 世纪 50 年代、60 年代曾作为村小学校。有古树 3 棵，其中，柏树 1 棵，半柏半松的树 1 棵，树干需四五人合抱的大槐树 1 棵，均在 70 年代被驻村单位砍伐。

娘娘庙所在地曾建有碑亭，碑亭中立有清代乾隆元年宛平县保护清代王坟禁采煤碑刻石。民国年间碑亭被毁。20 世纪 70 年代，碑石被砸坏，用于单位建筑。残存碑石上有“封禁”“动用库帑给各窑户”等刻字。

娘娘庙后有一天然山洞。

村人传说，修建娘娘庙时剩下的资金，埋在附近，并规定将来找到资金用于整修娘娘庙，即“自倒自修”。

七神庙　清代建筑。在村下街中部，临街，坐北朝南，有房屋 1 大间。硬山石板顶，高脊。庙内供奉 7 尊神像。其中，神台上坐着 3 尊，分别为龙王、虫王和山神；下边地上站着 4 尊，分别为雷公、电母、雨师、风娘娘。庙内墙壁绘有阴间七十二司图画。现房屋已残破不堪，成为村民储物场所。

五道庙 始建年代不详。在上街庙坡东南侧，供奉五道将军，是对村中逝者的报庙场所。20 世纪 50 年代末被拆除。

龙王庙 始建年代不详。在十八盘下，房 1 间，供奉龙王，所在地为香峪村和东山村共有，庙中曾有粗壮国槐 1 株，由两村合作砍伐。去掉树枝后，在生长的树干上拉锯破板，板材分给两村村民。2020 年，龙王庙遗址仅存墙基。

民 居

韩氏大院 是村中韩氏前人建设居住的老宅院，地处下街北侧一块高地，村民称院门为大门子，似为清末、民国初期建筑。院门保存较好，临街，为房屋 1 间，与倒座房相连，门口宽敞，可容牲口驮物进入，双扇大门，门上有 2 个铁门簪。院内上房 5 间，两侧厢房各 3 间，还有后院。至今，此门楼仍作为通道使用。

门 楼

位于村中间的大台子，为独立门楼，坐北朝南。门楼的门垛为砖砌，高 198 厘米，厚 10 厘米，宽 62 厘米。门垛下部立有独块角柱石和压柱石；上部为条砖砌筑，门外过梁石是独块青石，长 180 厘米，宽 37 厘米，厚 12 厘米；门内过梁石脱落，也为独块青石，长 180 厘米，宽 57 厘米，厚 12 厘米。门楼出檐五层，有仿木檐椽的椽头外露。门楼使用石板覆顶，压瓦固定，清水脊，两端安插蝎子尾。门楼基本建筑

图 12-5 香峪村古门楼遗存（2021 年 6 月摄）

材料为砖、瓦、条石、石板。门框木料宽15.5厘米，厚6.5厘米，下门槛已经埋入地下。门口高165厘米，宽96厘米，是民宅多用的尺寸高度。在上门槛，有两个门簪。门两侧的门墩呈鼓形，上有小石狮。门洞宽约1米，高1.7米。秀气灵巧。门楼已多年不用，残破不堪，下部淤土掩埋。村民韩书元说，门楼建于明朝万历年间，是其祖上在朝廷做官时所建。

第五节　碑刻辑录

宛平县遵旨永禁碑

碑文：

特授顺天府宛平县正堂加一级记录三次蔡，为勒石永禁久远事，照得香峪村地方旧有榆林、双门等煤窑，因近王坟，久经封禁在案。嗣谋利之徒，觑各窑产煤多，而获利大，每事偷采。历程前县查禁，本县灌任翻旧案，深为痛恨，正在禁查。今于乾隆元年正月二十二日，据地方王国才呈报，有民刘三、王四……开窑，经本县差拘究惩，复行封禁……，此风不能拖，复经本县详请，顺天府宪移咨工部查明，封禁旧案，永远勒禁……康熙三十一年十一月二十一日奉上谕，安亲王坟后附近所有现刨煤窑，差工部提议给管官价承买，严行封禁，不许刨挖，钦此。……今本县查明原奏旧案，勒石晓谕，凡尔军民人等，各宜凛（禀）遵，毋蹈前辙，倘故智复，前讯具在，断不能为尔等宽也，须至碑者。

碑注：

碑文中“……”为此处字迹不清或缺字。

宛平县“遵旨永禁碑”，原立于军庄镇香峪村，为保护香峪大梁之南的清代饶余敏郡王阿巴泰及其四子安亲王岳乐之墓而立。碑高2.13米，宽0.8米，厚0.22米，乾隆元年（1736年）三月立。原有碑亭保护，碑下有石赑屃。民国年间碑亭已毁，20 世纪 50 年代后期碑石被毁，有碑石残块被作为房屋基石使用。

饶余敏郡王阿巴泰及其四子安亲王岳乐，《清史稿·诸王传》有载。

阿巴泰，清太祖努尔哈赤第七子。太宗皇太极崇德元年（1636 年）封贝勒，曾连克宝坻、顺义、昌平等 5 城，连胜 56 战，俘敌十数万人，皇太极出城 10 里迎劳。1641 年跟从皇太极破洪承畴援兵 13 万，10 月授命大将军，破黄崖口、斩明鲁王，又连克天津、三河、密云等 88 城，俘敌 36 万。师还，皇太极遣多尔衮等郊迎 30 里，顺治元年（1644 年）四月进郡王，顺治三年（1646 年）薨，享年 58 岁。

岳乐，阿巴泰第四子，初封镇国公，顺治三年（1646 年）随从豪格征四川，击斩义军首领张献忠。六年（1649 年）封贝勒，八年（1651 年）袭郡王，改号安郡王。十四年（1657 年）封为亲王。康熙十三年（1674 年）吴三桂、耿精忠谋反，犯江西，岳乐受命为定远平寇大将军，率师讨之。十八年（1679 年）三藩之乱平定，十九年（1680 年）回京师，康熙于卢沟桥南 20 里行郊劳礼。二十七年（1688 年），同简亲王雅布前往苏尼特防噶尔丹，二十八年（1689 年）二月薨。

饶余敏郡王阿巴泰及其四子安亲王岳乐，均葬于香峪大梁之南的石景山区隆恩寺。隆恩寺，始建于金大定四年（1164 年），初名昊天寺。明正统四年（1439 年），大太监王振重修，改称隆恩寺。清军入关后，被饶余敏郡王阿巴泰家族选为墓地，葬有阿巴泰及子孙多人。其墓地范围，东到潭峪，南到麻峪，西到塔拉峪，北到香峪。清康熙年间，有人在香峪地区采煤，且屡禁不止，宛平县按朝廷谕旨，将煤窑官价承买，严行封禁，不许蚀挖。乾隆元年（1736 年），又发现有人在香峪开窑挖煤，宛平县接到报告后，在香峪村立遵旨永禁碑，以保护安亲王墓地风水。

清代档案《刑科题本》中，载有对香峪煤窑案的处理结果，录文为：

乾隆二年（1737年）五月初九日，东阁大学士兼管刑部尚书事务徐本等谨题为请旨事，该臣等会看得据巡视西城给事中长柱等参奏，兵马司指挥王家栋滥行出示，准王辅臣等违禁开窑一案。查西山香峪村地方所有榆树等煤窑逼近安亲王坟墓，康熙三十一年十一月内奏旨交工部遣官查丈明确，将东三分窑、东双门窑给发官价，同给过王府之南新窑，并王府自行置买之榆树窑三分窑一并封禁在案。嗣因日久法弛，有民人王辅臣等私行开挖，乾隆元年经宛平县别案参革知县蔡书绅详请工部查明原案，勒石永禁。乃王辅臣、汤绳祖、三官保等希图觅利，不遵禁约，辄将未获案犯马呈瑞所存并无窑分名色、年远无凭之印契，捏称榆树等窑地段原主，且钻营兵马司出给告示，公然合伙开窑，有干法纪。查例载西山一带地方如有私自开窑卖煤者问罪枷号一个月，发边卫充军等语。应将考职州同汤绳祖革去职衔，同王辅臣、三官保俱照例枷号一个月，发边卫充军。三官保系旗人，照例折枷号鞭责。张玉顶名到案，查律载知人犯罪事发，引送藏匿者减罪人罪一等等语。应将张玉照律杖一百，徒三年。今恭遇乾隆二年四月十六日恩诏，应将汤绳祖等援免。解任兵马司指挥王家栋擅准呈辞，出给告示，复收受煤五驮，值小值钱四千五百文，应将王家栋革职，照枉法赃律杖八十。知情受雇佣工之刘三、张二、宋大、李六、张三，转向伊主王家栋求给告示之长随王柱，均应照不应重律杖八十。以上杖罪人犯，已经臣部于四月初二日为请旨事案内奏请省释。王家栋所得煤价照追入官。臣等未敢擅便，谨题请旨。

界　碑

存于村委会院中，体积长方形，长1.1米，宽0.2米，顶圆球形，末端公榫。一面刻有楷书“北至大沟”四字，一面刻有“西至沟口”四字。

碑石原在桩子沟，后丢失。1999年，村民李贵春在承包地淘井时，从井中取出，后被村委会收存。经考证，此界碑应为清代安亲王墓地北界之界桩。据多名村民传言，在香峪村还有一界碑，20 世纪 50 年代后未见。

诗　碑

近人刻石。镶嵌在村中路旁一户人家院墙处，为一不规则形巨石，高宽各一米有余。上刻一诗为："日暖香峪白云归，隐居深谷悠悠哉，循香暗问冬去处，漫山羞红道春来。"

城乡共建林碑

碑文：

金隅大厦、军庄镇香峪村　城乡共建林

金隅物业管理有限责任公司（金隅大厦）于二零零六年与门头沟区军庄镇香峪村建立城乡共建关系。多年来，双方相互学习、相互支持，积极开展多种形式的交流活动，建立了浓厚友谊。二零一一年四月，为了进一步深化双方合作关系，金隅大厦在香峪村开展了"共建美好山村"植树活动，创建了第一片共建林，以此见证双方友谊合作，将（像）栽种的果树一样扎根山村，经受考验，结出累累硕果。

金隅大厦祝香峪村的明天更美好。

金隅大厦全体员工

二零一一年四月

碑注：

碑立于八份沟山顶，汉白玉石质，不规则方形。高约 1.5 米，宽约 1.5 米，厚约 0.5 米。

同心碑

碑文：

石景山广播电视中心、门头沟区军庄镇香峪村城乡共建基地

同心

公元二〇一二年七月二日立

宋钊军　书丹

碑注：

碑立于八份沟山顶，与防火瞭望铁架毗邻。高约 2.4 米，宽约 1.8 米，厚 0.4 米。“同心”两字位于碑中央，字大如斗。

三区交界碑

2017 年立，位于香峪大梁山顶的防火瞭望台南。碑为黑色大理石制，碑座方形，长宽各 0.8 米。碑为三棱柱形，高 0.7 米，宽 0.4 米。碑北面刻字为“门头沟，国务院，2017 年”，碑下座石上刻字为“位置：门头沟区军庄镇。管理：石景山、海淀、门头沟区民政局”。碑东南面刻字为“石景山，国务院，2017 年”，碑下座石上居中刻字为“位置：石景山区五里坨街道。管理：石景山、海淀、门头沟区民政局”。碑西北面刻字为“海淀，国务院，2017”，碑下座石上居中刻字为“位置：海淀区香山街道。管理：石景山、海淀、门头沟区民政局”。

图 12−6　香峪村东大梁三区交界碑（2022 年 10 月 13 日摄）

第六节　诗文辑录

散文辑录

香峪情思

北京西郊，有一座美丽的小小村落。它静谧、闲适、恬淡，宛若一个羞涩的女子，藏匿在香山身后层峦叠翠的山谷之中。此地盛产香椿，故名曰“香峪”。

我的家就在这里。年少时，因父亲一直向往“日出而作，日落而息”的田园生活，我们一家遂舍弃了城市中的喧嚣，迁往此地。起初，少不更事的我，并不懂得去品尝山水之情，更不晓得玩味夕阳西下时霞光满天的意境，只顾和小伙伴们在田间地头打闹，或蹲在地上看上一整天的“蚂蚁搬家”。那个时光，每天坐在自家大核桃树下，喝着古井里舀上来的甘泉冲泡的清茶；或是看书累了，抬头遥望南来北往的落雁群莺，数数眼前农家屋顶的袅袅炊烟，觉出生活既简单又闲适。

再长大一点，学会了读诗。记是有一次，我曾兴奋地歪头问母亲：“‘采菊东篱下，悠然见南山’中的美景可是我家？那老者可是爸爸？”那时，母亲只是微笑着捏捏我的小脸蛋，悠悠道：“丫头说是，那就是了。”如今想起，我方明白，其实母亲是想告诉我一个道理——结庐在人境，心远地自偏。所谓生活，无非就是“琴棋书画诗酒花”加上“柴米油盐酱醋茶”。

据说，香峪原有72座煤窑，明中期开始堆建位于石景山附近的煤山时，山东、河北、北京等地的劳工，源源不断涌过来，形成了一个庞大的村落。后来，随着大明王朝的覆灭，这72座煤窑也没了生气，取而代之的，是一段佛教文化的盛行传播。

我家门口可见两座大山。一座巍峨耸立，人称香峪大岭。另一座则婉转连绵成一尊巨大的卧佛， 仰天而视，威震八方。这尊山佛身长足有1000多米，从头颅、脖颈、胸膛，到躯干、双腿、双足，无一处有所残缺，细细看去，甚至还有一双威严的眸子在熠熠生辉，加上满山蓊蓊郁郁的青色袈裟，一尊超凡脱俗的佛像立于天地之间。

父亲告诉我，在山脚下的古井中，他曾掏出过一枚“顺治通宝”。听村里老人讲，清代顺治年间，香峪曾有一寺一庵，名曰：“大寺”和“峰庵”。传说顺治皇帝当年并没有到五台山出家，而是顺着香山的后山游历到此，看到如此奇景，便止步于大寺潜心修炼。有一天，顺治皇帝福临和他的师傅爬上了大岭，福临一时兴起，随口问身边的师傅，自己如何才能功德圆满？他的师傅掏出5枚元宝，朝山涧中随手扔去，然后说道：“等有一天， 你将刚才的那5枚元宝捡齐了，自然功德圆满。”后来，福临用了足足5年，找齐了这5枚元宝。功德圆满之日，福临坦言：“吾半生富贵荣华，却不及5年间的寻寻觅觅。较之社稷，吾更惜山水赐予自由。”

说起香峪的“传奇”，还不止于此。听一位爷爷讲起，他小的时候，村里原本有座龙王庙，那里有一口山泉， 人称“渴了遇”。泉旁长有一棵巨槐， 4个大人都环抱不住。树砍倒后，做成13口棺材，还余下许多板材。另外，相传香峪曾有个村民名王明星，他家有一棵大梨树，树冠如帚，树上每年收获的白梨，140斤一筐，可以装满72筐。

只要是美丽的地方，就会有美丽的故事。这些年的新故事更多。我这些年眼看着香峪盖起了一栋栋新房子，铺好了一条花岗岩的石板路，路两旁竖起了太阳能路灯，修缮了两座琉璃瓦六角亭。渐渐地，乡间小路上多了许多陌生的身影。那些城里人，一家老小，手挽着手，沿着曲曲的山路款款而行，伴随着鸟语花香，在青山绿水间抖落一身浮尘，在崇山峻岭中放出欢声笑语，其情绵绵，其乐融融，这番情景，让村民们看了也眼热，更开心。

记得有游客曾经对我说：每次离开你家，回到城市中央，蓦然回首，却发现心还在那里，我寻思，他们咋会和我想到一块儿了呢?

注：录自2008年12月出版的《香峪》一书，作者李丽，香峪村人。

绿意融融香峪情

在京西门头沟的一隅，有这样一个美丽的山谷，山谷里广泛地生长着一种香气四溢的椿树香椿。在旧时，这里青翠欲滴、香甜可口的香椿曾经作为贡品通过东面山梁上的古道会直接送到皇城里去。从这里沿古道向东走直线距离约3公里就经过著名的北京香山，杨朔的散文《香山红叶》脍炙人口，不知道香山是因了这里的香椿而得名，还是这里的香峪名称因香山而得来。

春天假如你来到香峪村的山谷，漫山百花盛开、争奇斗艳。在花的映衬下，这一丛、那一片，你眼中满世界都盈满了香椿树，嫩嫩的幼芽刚刚在香椿树梢上冒头，紫红紫红的，惹人喜爱。阵阵轻风袭来，股股奇特的、幽甜的清香一下子就浸润了你的周身，那就是香椿发出的气息。这气息在不断地弥漫着、弥漫着，是那么的浓、那么的烈，一团一团的，一抱一抱的，让人无法拒绝，继而整个山谷都荡漾着欢乐的香气，在阵阵风的吹助下，香气向四外散溢。又想起了谷的东面不远处的香山，风会不会把香气吹到了香山那里，使香山因此而得名呢?不管怎样，香峪村名称的由来，我想肯定是因了这满谷的香椿吧，香峪字面意思不就是馨香的山谷吗?

夏日的清晨，得了半日空闲，和几个老师一同去了趟香峪村，我们是来参观这里的新农村建设的。刚走进香峪村的山谷，我就被这里的绿意所吸引和陶醉了，这里真是一个绿的世界。炎炎夏日，这里却凉爽舒适，到处草木盛开，一片葱茏。绿树浓荫掩映下的山谷里是一个狭长的村落，房舍于绿荫中时隐时现，错落有致，这就是香峪村。我们一行沿着齐整的山间柏油路来到了村边的村委会，在这里当了27年的老村长热情地接待了我们。走进了会议室，好家伙！锦旗、奖状几乎占据了所有的墙壁：文明村、卫生村、小康村、文化活动先进村、新农村建设先进村、社会和谐村……王村长平易随和，没有那么多冗长的客气寒暄，马上就和我们聊起香峪村的各种情况，修路、安装自来水、种果树、建设健身广场……我们听着不住地点头。“我给你们找个车，大家还是到山上、谷里、村中转一转吧，光听我说大家没有感性的认识”。

切诺基载着我们在蜿蜒曲折的山间石板公路上穿行，我们真真正正地进入了一个绿色的王国。东面的大山，峰峰岭岭巍峨峻朗，山谷里挤满了绿茸茸的树木，洋槐、枫树……它们一簇簇、一团团、一群群、一片片，几乎把所有地方都覆盖了。植被覆盖率在百分之九十以上，清新惬意的空气，不用你去吸，直直地往你鼻子里钻。

村里在山间不同的地方修了四个休憩观景亭，我们的路线就是随着这四个观景亭展开的。

来到最近的第一个亭子处，我们遇上了村里的十几个村民正在这里上工劳动，他们有的平整土地、有的给果树剪枝，有的在铺设石阶的小径。其中的一位六十多岁的老人很是开朗健谈，一搭话便和我们说这说那。我站在凉亭里指着坡下的五棵浓荫茂密正开着白穗花的树问老人，“大爷那是什么树，还真的没有留意过。”“那是五棵栗子树，在我小的时候它们就是这个样子，至少得有三四百年了，每年每棵栗树能收一百多斤果哩。”“咱们这里的环境真好，在这里居住多幸福，准能健康长寿。”老人听我这么说，脸上不禁露出了幸福的笑容，“说的是呀，最近这些年，党的政策好，村里发展得确实很快，平整了土地，退耕还林，已修了四千多米的山间石板公路，还搞了香峪香农业园，正在大力发展农家乐建设。”望着那五棵枝繁叶茂的栗子树，它们茎干粗壮，将自己的根系深深地扎根于脚下肥沃的土地，汲取丰富的营养，将枝干尽可能伸向广阔的天空。看着我望着栗子树发呆，老人笑了，指着那一畦畦田地里新栽植没几年的一排排整齐的果树，有杏树、李子树、京白梨树、桃树、枣树、樱桃树、核桃树、桑椹树等，它们也正郁郁葱葱地生长着，“这里的未来，还要看这帮小家伙哩。”老人欣慰地说。我和老人一样开心，因为我真的很理解老人的心情。

车子继续在蜿蜒曲折整净的山路上惬意地徜徉前行，不大工夫我们就来到最高的第二个观览凉亭处。还没等车子停稳，我就迫不及待地下了车向凉亭奔去，想尽快体会一下好久没有的那种登高望远的感觉。啊！我的眼前豁然开朗，心胸一下子通达畅阔了。举目远眺，香峪村的房舍在山脚下的狭长山谷里有序排列，周围相伴着绿意融融的烟波。我再一次仰望东面巍峨俊朗秀意盎然的连绵山峰，它们是这里的脊梁，靠近峰顶的谷壑中也绿茸茸地拥满了高大的绿色植物。野鸡、灰喜鹊，还有些说不出名的鸟儿，都在各自唱着不同的婉转的山歌，这些悦耳的声音掺和着浓浓绿意，从远处向我们不断地飘来，这些声音衬托出山谷中的幽静。我用目光捋着那条蜿蜒山间的青白色石板路，那是香峪村渴望新生活的人们用自己勤劳的双手谱写在大山上的曲谱。

我们又去了其他的两个凉亭观赏一番。四个凉亭，造型各异，特点突出，有模仿皇家庙宇里的，有模仿纯天然树干支柱的，有模仿茅草亭的，但这些亭从上到下没有用一块木料，只用了琉璃和水泥建成，体现了村人的环保意识。

“咱们到村里转转吧？”一位老师提议，大家一拍即合。

村子里太干净了，所有的主要街道都由青石板铺砌而成，在通往各家各户的分支道路上则是由各种颜色和纹路不同的防滑地砖铺成，它们和主街道相映成趣，和谐一体。我们进了一家门房古老的院落，院子里孩子们正在细沙堆上嬉戏玩耍，一位七十多岁的老大娘正在院中烧火做饭。黄土泥垒砌的小灶小巧实用，灶上坐着一个黑色深斗锅，柴火苗正舔着锅底，锅中已飘出阵阵饭香。锅里做的是什么？贴饼子、粘卷子，还是焖的米饭，我小时候家里就常在这样的灶上，这样的锅里做那些饭食，我已经好多年没有看见这火灶了。大娘看见我们，问清来意，热情地带我们在院里转看。见到有客人，这时屋中的老大爷也拄着根拐棍走出了屋门，热情地让我们进屋里喝水。我们哪儿好意思再打扰他们平静安详的生活，赶紧向两位老人道谢告别，两位老人一直把我们送出了自家的大门口。

回到村委会，等候多时的村长又把我们带到了一个绿荫荫的小院，他找了一个村里有文化、了解事情多的老人和我们聊天。瓜藤阴凉之下，一杯清茶，一个小凳，大家围坐在石桌旁，认真倾听着老人的诉说。我们旁边是一大片郁郁葱葱的香椿林，外首的一棵香椿树上还挂着个鸟笼，里面有两只天蓝色的鹦鹉在清脆地鸣叫。于是我知道了，香峪村的香椿颜色和其他地方的不同，味道更是别具一格，采些嫩香椿，拌上小葱或是豆腐，味道别提多鲜美；旧时这里的香椿是如何进贡到了宫里；香椿尖子、破水罐子、枣木杆子、梨树园子等的民间风俗典故的由来，受益匪浅。

就要告别香峪村了，真有些不舍。这里有优美绿色的环境，这里有淳朴好客善良的人们，这里有蒸蒸日上越来越幸福的日子。仅仅来了这么一次，我就和这里结下了依依的感情——香峪情，我想我还会再来的，时间不会久，带着更多的朋友。

注：录自 2008 年 12 月出版的《香峪》一书，作者赵春光，北京市作家协会会员、门头沟区学校教师。

田园短序

在村长带领下，我们到香峪村韩书元家串门，想了解一下村中的来历，当然先从老韩自家入手，老韩很健谈，虽然身体有点不舒服，还是来到了他家的庭院之中，在李子、大桃、香椿并存的小树林下，放开小方桌，斟茶、沏水、坐上小板凳，开聊。好不惬意。

韩书元略叙了一下家事，韩家早期从山西哥三个迁移而来，其中大哥二哥，无后，只有老三家生了三个儿子，延续至今。老大曾在顺天为官，听奶奶说：能管宛平县和大兴县的事情，他骑毛驴，走到香峪口，毛驴一叫，就有老乡们出来迎接老倌，从我家的老门口来看，有石鼓，磨砖对缝，展示出了明代建筑风格。

从老韩家的生态环境和田园风光看村落发展。他家就住在村委会的北院，能够进汽车的铁栅栏门紧锁着，从一个小便门进去，密麻的香椿树映入眼帘，老韩说，全村有史以来一直保持种植香椿的习惯，全村香椿树林，有300多亩，在院内就有2~3亩地的香椿，尤其在韩家院内是典型的香椿尖子产地，在几亩地中，顶了尖的香椿树，随风摇曳，随着“沙沙”响声，仍然不断飘出浓浓的香气，院内还有李子、桃、樱桃、大枣、海棠、红杏，梨等，靠东边山坡还有桑葚；在豆角、葫芦、葡萄苗架之下，还不忘种植一些芫荽、韭菜、萝卜、小葱等菜蔬；黄瓜苗架之间的畦埂上，苤蓝长得绿中透紫，硕大的疙瘩好像有意摆放在那里。还有现成的蓄水池、水管、石磨等各得其所，各尽其用。

当提到香峪村名的来历时，他说，说法很多，我知道的就是因为香椿得名。在过去，军庄镇有句顺口溜：孟悟的大枣杆子，东山的白梨园子，香峪的香椿尖子，军庄的破庙楂（读chán）子，杨坨的打水罐子。简明地讲，孟悟的大枣、东山的京白梨、香峪的香椿都属于京西著名物产，至今享誉京城。

最早，在香峪，和其他地方的有所不同，香椿最早叫“香草”，树并不太高，春季香椿芽呈紫红色，由于和京城一山之隔，并有古道相连，皇家的很多王公大臣多居住在香山，闲来山上游玩、踏春，闻到山顶上有来自北边沟谷的香气，沁人心肺，久之，就称此山为“香山”了。后来为探究竟，追根溯源，徒步进山查找香气来源，终于发现，在不远的山谷中，有一种树木的枝芽香气浓烈，拿回家中一枝，满屋添香。如获至宝，高兴之余，由他们将这里的香椿奉献到宫中，皇帝吃上了瘾，问道：“这是什么植物，如此奇香”？答曰：村民谓之“香草”，是一种树叶，每年春天生出，全年可食，独春天尤香。帝曰：“如此天物，叫香草不雅，人常食之，‘草’字不当，何不就叫‘香春’。”此话一出，传到了民间，百姓为了区别“春”字，在旁边加了一个“木”字边，成了现在的“椿”字，自此得名“香椿”。春天来时，满沟香气，随风飘荡，逐渐升高，也就有了香峪，上面就成了香山。因年年要送到宫廷之内，还能得到赏银，一斤香椿，一两银子，为此皇家就把这个地方称为香峪了。

香椿成了贡品，宫中随时调进，入冬吃香椿可就为了难，一时间只能用大盐炮制，延长保存期，但毕竟不是鲜货，因此多次受到太监的逼迫、索要。

什么事都是“逼”出来的，经过细致的研究和栽培，绝处逢生，终于摸索出了“暖室育芽”办法。就是把秋季的香椿枝条提前制成棍状，放在专门的室内，用热炉灰（草木灰）和细沙子、低度温水培育出香椿尖子来。从此香峪的名字和本村的“香椿尖子”出了名，并长年打入了京城皇宫中。

注：录自2008年12月出版的《香峪》一书，作者谭怀孟，北京市民俗学会会员、门头沟区民政局干部。

碧玉般美丽的山村

在门头沟的浅山区军庄镇,有一座美丽的小山村,名为香峪。说她美,美在那满眼的绿色。你从远处望去，那是丛林叠翠，整个村庄掩映在绿树丛中。

我读过朱自清的散文《绿》，那是幽谷之中的一点绿；我读过老舍先生的《草原》，他笔下的绿是空旷、无边。而这里的绿，是那样的饱满而沧桑。

走在通往山村的公路上，我不禁想起杜甫《过故人庄》的诗句，那也只是“绿树村边合，青山郭外斜”。这里到处是绿树掩映。每一家的院落旁都是绿树环绕；大街两旁更是绿树成荫。仔细看这些树大都是自然生长的老树，我不敢说他们古老，只能说至少也有几十年的光景了。抬眼望，周围的群山更是郁郁葱葱。近山披着青翠，远山蒙着苍绿。

我被这满目的绿色吸引着，随着几个朋友，乘车向村东的山坡驶去。这里的山势较缓，几座不同高度的小山包散落在这山谷的上上下下。每座山包上都修建着不同风格的小凉亭。盘山的公路把它们连通起来，环绕在这美丽的山村周围，给这山谷又增添了无限的生气。站在这高处再看：道道山梁层层叠叠伸向云海深处；俯首下看一座座新型民宅，红瓦、白墙闪现在绿荫之中，像万山葱郁中盛开的朵朵鲜花。清爽的山风，习习而来，吹动着我的衣襟与长发，我感到是那样的飘逸，像飞翔在神话般的世界中。

在东面的那座凉亭下面，是一条较开阔的谷地。那里的五棵粗壮、高大、茂密的大树吸引了我。在每一棵大树的每一条枝杈的顶端，都伸展出淡黄色的、像海星的触角一样的东西。一位乘凉的老人告诉我这些树就是栗子树，那些像触角似的东西就是栗子花。啊！我惊呆了。我见过栗子在树上结果时的样子：满身的硬刺紧紧抱裹着里面的果实，让人感到畏惧，像在告诫着人们“我还没有成熟你们可别碰我，否则我可不客气！”怪不得那果实有那么强的保护自己的本领，原来它的花蕊在孕育它的时候就有这样雄性极强的花朵在守护着它。这就是优胜劣汰的自然法则吧。那位70多岁的老人非常善谈，但是他也说不清这几棵树到底有多少年的历史了。他只知道小的时候这些树就是这个样子。同行中有一位朋友，根据他对香峪村的历史考察，判断这些树少说也有两百年的历史了。据说这每一棵树的产量也有100多斤。虽然果实个小，但是粒粒饱满、香甜。让我感到神奇的是：这些树可是果树，经历了两百多年，今天仍然是郁郁葱葱。人民公社时期他们属于集体财产，受到集体的保护，生长旺盛，这好理解。可它在这之前经历了那么悠久的历程：灾荒、战乱，对它们一定有过迫害，这且不说。又有多少代人年复一年地来获取它的果实啊。可它没有一根枯竭的枝杈！可以说是它本身的生命力顽强；也可以说是这里的土质好、水源充足。我觉得透过这些自然的原因去追究历史，可能会发现，这里蕴含着一种最质朴的民风：那就是人与自然的和谐与默契。两百多年来这里的村民们懂得：在获取的同时知道怎样做还会有明年的收获。这些树是野生？还是他人栽种？也不必追踪。起码他们懂得“前人栽树，后人乘凉”，怎样做还会让子孙后代永远品尝到先人种下的果实的香甜。

五棵古老的栗子树见证着香峪村民们古老而文明的优良传统。再看看那一层层梯田中新栽下的棵棵果树苗，又在证实着：香峪人民在新一代领导班子的带领下，沿着党的新农村建设的道路，大踏步地前进。他们在把那最质朴的民风发扬光大。看！那山脚下是一片片的浓郁的椿树林，那是这里的传统果木；山腰中到处都是京白梨的幼苗，品种齐全；到山顶上再看：一棵棵耐干旱的蜜枣树已在这里扎了根。我想不久的将来这里的绿色会更加夺目。

从山坡上下来，我们来到一位老者家。坐在庭院旁边的椿树林中，品着主人递来的山茶水，听着老人讲那古老的传说，联系自己刚刚游历的山景与个人的感受，我才真正地体会到这山村内涵的美。

香峪，因古椿得名，香飘京城；如今更会以绿扬名。绿了山，绿了水，绿了村民的心，更会给子孙后代留下浓浓的绿荫。

注：录自2008年12月出版的《香峪》一书，作者于萍，门头沟区学校教师。

诗词辑录

香峪五律二首

一

石卵攒溪峪，沙痕蚀野桥，水穷花满谷，雨足麦舒苗，
浣女晨妆嬾，春莺对语娇。境闲心自淡，不识市尘嚣。

二

梨花千万树，深处一村潜，客袖黏香雪，炊烟亚酒帘，
东明新月细，云散晚峰尖。好境从人说，清游总不嫌。

注：此诗录于1938年《东方文化月刊》第一卷第四期“艺苑”，作者“前人”，情况不详。

香峪

四面大山搂着小村，
离老远，翠色便扑入怀抱。
山坡、路边、房前、屋后，
到处都是香椿。
深深地吸口气，
一缕芳馨，几乎让嗅觉醉倒。
小路伸出一只手，

领我寻幽探秘。
七神庙在传说里，
住得太久了，
老态龙钟地望着游客，
眼神里蓄着惊讶，也蓄着思考。

摘桑葚，在紫色的甜润中，
细品大山的馈赠；
采蘑菇，走进茂密的小树林，
悄悄地把童年寻找。
尾巴翘起的松鼠，正骑着树枝洗脸。
眼睛窥探着四周的动静，随时准备逃跑。
翩翩起舞的蝴蝶，是一朵会飞的野花。
绣满霞彩的翅膀，在阳光下闪耀。

装了满口袋乡情，
我迷路在，原汁原味的风景里。
什么鸟大声叫着：歇歇脚！歇歇脚！

注：录自2008年12月出版的《香峪》一书，作者张孚，北京市作家协会会员、京煤集团房管处干部、《百花山》编辑。

香峪掠影

香椿

似仙女奇香无比，山庄为此冠名香峪
香随风漫过东山，诠释了香山名字的来历
香椿尖子名扬京西，摇身登上皇家筵席

贡品来自香峪山村，人杰地灵的风水宝地

绿

香把山岗染绿，绿把人心聚齐

在新农村建设中，香峪争得多项第一

百年的板栗甜醉今昔，香峪水果采摘三季

郊游绝佳仙境，享受大自然的美丽

干部

干部不失人气，班子代表民意

改革开放三十年，传承光辉足迹

全村百姓共呼吸，举生态建村大旗

为了村民的好日子，生命不止奋斗不息

注：录自2008年12月出版的《香峪》一书，作者李有云，北京市作家协会会员、门头沟区学校教师、《百花山》编辑。

第七节　民间传说

柏抱松的传说

香峪村娘娘庙原有一棵柏抱松树木。传说庙中原有两棵柏树，长势基本一样。一天刮大风，把两棵柏树中的一棵刮坏了，庙里的娘娘不干，上天庭向玉皇大帝奏本，要求赔偿。玉皇大帝就找来风婆，让其处理。风婆与娘娘商量后，将一棵小松树嫁接到被刮坏的柏树枝杈上，形成了松柏共生的一棵树，人们称这棵树为“柏抱松”。20世纪70年代，娘娘庙中的树木被砍伐。

葫芦枣的传说

香峪的葫芦枣很有名气，名气怎么来的，有个故事。

传说，当年的枣，早期曾被霜害，后期长势良好，但大枣上却生成一个明显的渠，好像被虫子啃了一般。在当地不好销售，香峪人便背上大枣到北京销售。恰巧有皇室子弟在大栅栏看热闹，看到大枣形状特别，吃起来还很甜，就搭讪："你们的大枣形状怪异，中间还有一道渠，还特别口甜，请问属于什么品种，多少钱一斤？"卖枣人一时语塞，不好回答。略加思索，就根据枣的形状答道："因为这大枣很像八宝葫芦，老百姓就叫它葫芦枣。"同时又来一句，"贱卖了，十个大子一斤。"心里想，能要跑了，也不要少了。来人说道，"既是这样，我全买了，你就给我送到紫禁城西。"到紫禁城西后，从宫里出来人说，"这种枣全要了，家里还有多少全拿来吧！以后年年产的枣都拿来。"村中卖枣人听后傻眼了，心想，只是一句淡话，谁承想惹出这样大祸，年年如此，上哪找去呀？但毕竟不敢惹人家，只好回村想办法。族长说，"挣钱的机会不能让，没办法是怂小子，年年枣成型之时用绳子捆起来，到秋季枣熟后自然会中间有一道渠，如同亚葫芦。"结果，香峪村产的葫芦枣成了向朝廷进贡的美食品种。

图 12-7　香峪村内古枣树（2021 年 6 月 6 日摄）

香峪村的葫芦枣，形状特殊，早熟、口甜。至今一提"葫芦枣"，都说香峪村的葫芦枣最有名。

注：以上两则传说，录自2008年12月出版的《香峪》一书，略有改动。原作由谭怀孟整理。

石门的传说

香峪村南山，有一山崖，如同石门，每到雨季时，就从石门缝隙中流出红水。为何流红水，因有一个故事。

话说有个南方人来到军庄，往香峪村方向一看，发现香峪村山上有个石门，认定其内有宝，于是筹划获取财宝事宜。南方人遂在军庄村住下。一天，他在一户人家院内看见种的瓠子结出的果实特别大，心中大喜。便和这家主人订购了这枚瓠子，并付了10两银子定金，特别嘱咐主人，不论什么情况，都不要把这个瓠子摘下，必须等自己回来，亲自摘取。

瓠子熟了，主人左等右等，南方人没来。瓠子的秧干枯了，还是不来。这家主人害怕给看丢了，没法交代，便把瓠子摘下来。可巧，第二天南方人就来了，到院内一看，瓠子没有了，便问主人怎么回事。主人说：我怕给您看丢了，昨天把瓠子摘下来。南方人看主人也是好意，说："您还是摘早了。好吧，我凑合着用它。"

南方人拿着这个瓠子，来到香峪村山上的石门前。用瓠子朝石门一指，石门开了。原来，这个瓠子是开石门的钥匙。石门开了以后，南方人进了石门，一看里边金银财宝无数，还有金碾子、金磨。就在南方人埋头盗宝之时，石门便慢慢关上了。人紧跑也没跑出来，被关在石门缝内，活活挤死了。这就是每逢下雨天石门缝内流红水的缘故。

注：村民韩书义讲述。

母亲泉的传说

母亲泉起源在京西的香山岭下。多少年了，它在那一岁一枯荣的草木丛中，默默地涌淌着。

据传说，自从有了这座山的时候，也就跟着有了这个泉。多旱的天儿，泉水也不会枯竭；多涝的年景，也不见它暴涨。永远显得那样凝重和温厚。

听这里的老人们讲，母亲泉深处居住着条巨大的蟒，它保护吃这泉水的所有善良的人们。有一个没爹没娘的小孩儿，白天采野果子吃，渴了喝这山泉水，乏了困了就宿在泉水旁。一天，一个外来的财主见小孩年幼无依，就伺机抓他去做长工。深夜，正待他要动手抓孩子的时候，山泉里爬出了无数条各色各样的蛇，护在了小孩四周。财主吓坏了，拼命地朝山外逃跑了。后来，每年二月初二“龙抬头”的日子，当地的百姓们总要到附近的庙宇烧香上供求神灵保佑这条勇猛善良、却从未谋面的大蟒。

母亲泉的水，甘洌纯美，沁人心脾，凡路经此泉的人们，见到这清亮晶莹、没有一丝污染的泉水无不驻足俯身，一饮为乐。据懂行的人说，这母亲泉的水还真的具有提神养胃，治疗疾病的功效呢。

温和的母亲泉在香山岭下悄悄地淌，一滴滴随着时间涌进岁月的长河。是它给了这里的人们一息生存之地，使他们得以在这块贫瘠的土地上生生不息，一脉相传。然而知道它的人很少，它仿佛也无需人们知道，就如同这山里的人。

到了雨天儿，离它不远的香峪村里也会涌出许多眼山泉来，可天一放晴，又很快枯竭了。只有母亲泉不问晴雨，永远敞开它朴素的衣襟，袒露着丰腴的乳房，将自己的乳汁奉献给儿女们。

注：录自2008年12月出版的《香峪》一书，作者朴玉兰。香峪村人，门头沟区退休干部。

第十三章　方言　俗语

香峪村，位于门头沟区的城区附近，是门头沟区距北京市城区较近村庄之一。香峪村所在地及其周边，农工商业比较发达，其生产生活方式以及由此产生的语言，与门头沟的城区基本相同，说的是北京话。但香峪村是山村，也有一定的封闭性。村民长期偏于一隅，耕种稼穑、土里刨食，也产生有方言土语，形成特色。

第一节　名词用语

亲属称谓

曾祖父：称太爷；曾祖母：称太太

祖父：称爷爷；祖母：称奶奶

伯父：称大爷；二伯父：称二大爷

伯母：称大妈；二伯母：称二大妈

男孩：称小子；女孩：称丫头

小儿子：称老儿子；小闺女：称老闺女

姑姑的丈夫：称姑父

姨的丈夫：称姨父

叔：读 Shū（叔儿）

连襟：称一担挑或一边沉

妗子：称舅妈

媳妇的姐姐、妹妹，称大姨子、小姨子

媳妇的哥哥、弟弟，称大舅子、小舅子

植物名称

玉米：称棒子

马铃薯：称土豆、山药

黑豆：称料豆

红果：称山里红

菊芋：称鬼子姜

向日葵：称太阳转、望日莲

辣椒：称秦椒

蓖麻：称大麻籽

牵牛花：称喇叭花

动物名称

老鼠：称耗子

狐狸：称臊狗子

蛇：称长虫

壁虎：称蝎虎子或蝎了虎子

乌鸦：称老鸹

猫头鹰：称夜猫子

啄木鸟：称奔得木

蓝喜鹊：称长尾巴郎

黄鹂鸟：称黄搂子

戴胜鸟：称臭咕咕

蝙蝠：称燕皮虎、燕蝙蝠

蟾蜍：称癞蛤蟆

蝉：称呜儿哇子、知了

蜻蜓：称蚂螂

蚯蚓：称曲虫

蟋蟀：称灶马、曲曲儿

螳螂：称刀螂

刺蛾：称会子、洋刺子，吃枣树、核桃树、榆树等树叶，多绿色，身上有毒毛，人触之，疼痛如蜇。其中有扁平的刺蛾，称巴儿，多生于核桃树、枣树和庄稼的叶上。

雌蝈蝈：称驴驹子

蚜虫：称腻虫

蝼蛄：称蝲蝲蛄

梨蝽象：称臭板子

公马：称儿马；母马：称骒马

公驴：称叫驴；母驴：称草驴

公牛：称犍牛；骟的公牛：称犍子

公种山羊：称臊咕噜；劁的公羊：称羯子

公猪：称压猪、跑三儿；公猪仔：称牓儿；母猪仔：称豚儿

母鸡：称草鸡

乌龟：称王八

用品称谓

端筐：称夻子

粪筐：称粪箕子

让牲口驮的驮筐：称拢驮

当地喝水用的砂制水壶：称水嘟噜

用绳紧口袋：称抽子。多用作装粮食、饲草

采用劈接法嫁接树木时，在插接穗前先插入的木棍或竹片：称替死鬼儿

捆秸秆用的拘（jū）子绳：也称替死鬼儿

手电筒：称电棒儿

井下支撑巷道横木与梢子之间的木棍：称桄子

井下支柱与顶板之间用的木楔：称陂头

被褥：称铺盖

肥皂：称胰子

火柴：称取灯、洋火

印章：称手戳儿，也称手章

手套：称手巴掌儿

民间自己缝制的汗衫和背心：称汗褟儿、汗落儿

矮腰雨鞋：称油窠拉

小孩围嘴儿：称哈拉

围在小孩屁股后边的棉垫、布垫：称屁帘子

衣裤上留有的口袋：称兜儿

尿布：称褯子

厕所：称茅房

摩托车：称电驴子

收音机：话匣子

口水：称哈喇子

高粱顶节秸秆：称格档儿

花销（xiāo）：开支、支出

嚼谷（gǔ）：吃喝类零用支出，口粮

炖吊子：炖猪下水

时间称谓

今天：称今儿个；明天：称明儿个

后天：称后儿个；昨天：称昨个

上午：称前半晌；下午：称后半晌；中午：称晌午、晌乎

时间较长：称半天儿。例：你干嘛去啦，我找你半天儿了

半个白天：称半天儿

明年：称过年儿。例：这件事情，放一放，过年儿再办吧！

过春节：称过年

时间很快：称一眨眼工夫、一忽撩儿

一段时间：称一阵子。例：这一阵子尽是感冒的

时间长了：称且。例："且完不了呢"，"且不下班呢！"

没希望：称驴年马月

方位称谓

左边：称左半拉；右边：称右半拉

东头：称东半拉；西头：称西半拉

中间：称当间儿、中当间儿、当乎间儿毛皮

那头：称那疙瘩、那地方

上头：称上边；下头：称下边

上边：称浮头儿、表面；下边：称底下

地面：称地下。例：你怎么把糖扔在地下啦！

数量称谓

来往次数：称趟

两臂伸开的长度：称庹（tuǒ），约五尺

拇指和中指叉开长度：称拃（zhǎ）

小捆：称把儿。如：一把儿葱，一把儿韭菜

把儿：指牲口数目，一把儿为五个。例：一把儿骆驼

串：称挂。例：一挂鞭炮

挂：称辆。例：一挂车，即一辆马车

毛：钱币单位，一毛钱即一角钱

将带叶的蒜编在一起：称辫。一辫蒜多为 50 头

遍：称过儿。例：这地浇俩过儿了

支：称管、根。例：一管毛笔，一根毛笔

（长度）一段：称一咕噜。例：一咕噜儿木头，一咕噜儿铁丝

正好：称将。例：将及格，将够吃

最：称顶。例：顶尖、顶好、顶能干

特别满：称岗（gàng）尖儿

老鼻子了：很多的意思

挺：很。例：挺好，挺多

立马儿：很快，马上，即刻

自然景物与劳作称谓

沟岔子：称港（读讲）

山崖的崖：称 nié

太阳：称老爷儿；太阳光：称老爷儿

耕地：称 jīng（读京）地

密集的灌木林：称林障

人物称谓

赶马车的人：称车把式

赶牲口驮运的人：称掌鞭儿的

煤窑、灰窑的窑场总管：称掌堆（duī）儿的

婚丧寿庆等事的总管：称大了（liǎo）

有配偶、儿女双全者：称全合人

第二节　形容词用语

大爷（yé）：男人光说不练、动嘴不动手；大爷（yè）：伯父

二大妈：热心肠管闲事、多事者

二百五：办事不牢靠，不沾边；也称二不浪当噌、等格楞

二傻半奸：不聪明

二愣子：办事鲁莽

三青子：犯浑、没正经的

胡扯六丢：说话没根据、信口开河。也称胡诌、乱诌、瞎诌

刺头：脾气大不好接近，耍浑

毛驴：浑而不讲道理

榆木疙瘩脑袋：不开化、顽固

难剃：难对付

一根筋：办事不通融，也称钻牛犄角尖

半彪子：不通事理，行为鲁莽之人

小神仙：能算计的人，也称小算盘

杠头：爱抬杠争辩的人

给瞎骡子骑：让人犯错误，受损失，出馊主意

皮脸（liǎn）：顽皮；任旁人怎么说，自己依然去做那些使旁人不愉快的事

皮实：身体健康，不易生病；器物耐用，不易破损

妙相：式样得体；动作灵便

眼浊：看不清楚

欠债：拉饥荒

咸了：口重

淡了：口轻、薄了

消停：安静。例：这会真消停；稳定、稳当，例：过日子图个消停；停止，例：先消停会，待会儿再干

勺道：话多；说不该说的话

渠：吝啬。也称为抠。例：这人真渠；这人办事特抠

紧：尽、最。例：他住在紧东头

个：与一般人不一样，不合群。也称个色

柴：干瘦、不松软、纤维多、不易嚼烂；晚辈与长辈不顾身份地开玩笑

糗（qiǔ）：米或面食熬成块状或糊状；借指多人在一起或某人长期在一个地方工作。例：你们几个又在一块糗呢，我在那儿糗了二十多年

像旦：言谈举止装腔作势，像京剧旦角哼哼呀呀

力巴：对从事的工作不熟练

坐实：指鞭炮声响、重；家具结实笨重；活茬扎实

坐坐实实：扎扎实实。例：他的活干得坐坐实实

泼实：能干泼辣；吃东西不挑食，且快、多

溇续：一点一点地、慢慢地。例：这事得溇续着办

泡（pāo）：体积大、分量小；虚而松软不坚硬

邪门儿：不正常，反常

呵碜：难看、寒碜

厌气：没眼力见儿，贪吃贪喝

格（gé）局：指东西摆设规整；器具设计制造科学合理。例：这屋子摆设真格局，这家具做得真格局

鲜（xiān）活：颜色鲜艳

四致：周全、稳妥、妥当。例：你的事办四致了吗？

一扑（pū）纳心儿：专心致志，一心扑在上头

一世界、一世八界（jiè）：满地都是。例：你那点东西摆了一世界。

侉（kuǎ）：不是本地口音。例：他说话有点侉

呓尔巴睁：起床但没有睡醒

没人拉（lǎ）样：不懂规矩和礼貌

曳（yè）挣（zhèng）：可怜、艰难

怯勺：外行，不懂事理

乌泱乌泱：水特别大；人或物特别多

不自在：不舒服、生病

发苶（nié）：疲倦、精神不振、痴呆

各应：讨厌。例：他那人忒各应

不赖呆：不错、了不起

扎窝子：见识少、害羞、不能到大庭广众之处去

拘挛（luán）儿：手脚冻僵，屈伸不灵便

拘连（liàn）：柔体长物抖动。例：这蛇拘连一动。

潦儿逛唧：心不在焉，马马虎虎

扯了去：多得很

奸臣：吃东西挑三拣四，吃得又少

嘎嘣儿新：崭新

撑死：最大限度

拌蒜：拿不准主意，左右为难

捎带手儿：顺便

腌（ā）臜（zā）：脏、不干净

兀突，也写为乌涂：意为水不凉也不热，办事不爽利、不干脆

白不呲咧：物件褪色发白或汤菜颜色、滋味淡薄

不大离儿：差不多

瓷实：结实或扎实；没有空隙很满

刺挠（nāo）：痒；不好惹

狼乎（虎）：指人吃东西不挑剔，快、猛或干活快、猛

寸：凑巧

烧包：由于变得富有或得势而忘乎所以

眼力见：有见识，懂事理，善机变

挂落（lào）儿：牵扯倒霉的事

高落：高处地方

磕磨儿：辛苦、困难、挫折

头水儿：最先挑选的人或物

起子：出息、起色

嘬牙花子：惋惜；舍不得；棘手

嘬瘪子：因自己的言行使自己处境窘迫、受到挫折

打奔儿：说话或背诵不连贯，中间停顿

打嘴：夸口后出丑

毛咕、毛登：有所疑惧而惊慌；干事不稳重

砸了：事没办好

背兴：倒霉

幺蛾子：鬼点子、坏主意

撒丫子、颠了：跑了

包袱底儿：指家庭多年不动用的积蓄或非常珍贵的东西

肯綮儿：关键

拉倒：算了，结束

第三节　动词用语

钊：用镐翻地。例：钊地

扦：用镰刀削。例：扦高粱穗

爪：用爪镰掐黍穗、谷穗

擗（pǐ）：用力掰扯。例：把树杈给擗下来

该：欠。例：你该人多少钱

虑论：考虑、思谋

呵唬：大声训斥

囚着：缩着、等着

抬杠：拌嘴，争辩

溜：扔。例：溜石头

磕（kē）：修理砍掉树枝

泡（pào）：从山上滚下来。如：pào 坡、pào 石头

扻（kuǎi）：挎。例：扻篮子

拽（zhuāi）：看着目标投扔。例：拽那马蜂窝；胳膊有毛病，活动不灵便。例：他是个拽子

扽（dèn）：拉紧；猛拉

薅：抓。例：薅住他，别让他跑了

刨：制作。例：刨笤帚

趁：拥有。例：你趁多少钱

巴：张开。例：水泥地面巴缝了

撮：吃。例：今天咱们撮一顿儿

潲：洒水

箍了锅：将铁、铜熔化补锅

跟尾（yǐ）儿：排队；按先后顺序

甩咧子：不明言直对，带有不满或气愤

裹乱：加入其中，扰乱搅乱

由性儿：随性子做事；过分

敲锣边：旁敲侧击

撺秧子：发火，发脾气大闹

露怯：因不懂而闹出笑话

格儿愣：大人把小孩放在双肩上坐着

掰饬（chì）：对某件事证明清楚、弄明白

砸衣裳：用缝纫机做衣裳

求磨：撒娇、撒贱、玩耍不离开

疑应：心里觉得不干净。

捯饬：修饰、打扮

闲连（liàn）：淘气、乱动让人讨厌

该（gài）络：收集；例：你把那些东西该络起来；将不属于自己的东西收归已有。例：你别瞎该络，不是你的，别动

转幺子：到处乱转

背络：平均

颠儿了：跑了

赙受：继承

拆兑：为应急临时借用财物；解决纠纷；办理事情

蹚道：探路、摸情况；新走出一条路

踅（xuè）摸（mò）：寻找。例：你踅摸踅摸把丢的东西找回来

种崖花地：种坡地、漫撒播种

蜡油：把猪、羊等动物脂肪多的肉膘放在热锅里将油榨出

摊：得到。例：他摊（tān）了一个好活

找巴：少量弥补

打眼儿：用硬物顶着车轱辘；钻孔

起根儿：从来，开始

逗闷子：开玩笑

第四节　谚　语

气象谚语

南山戴帽，大雨要来到

早看东南天，晚看西北云

有钱难买五月旱，六月连阴吃饱饭

蚂蚁搬家蛇过道，大雨要来到

燕子低飞蛇过道，水缸穿裙山戴帽，羊不下坡紧吃草，必有大雨要来到

早上大雾中午晴

不怕初一下，就怕初二阴

早立秋，冷飕飕，晚立秋，热死牛

大旱不过五月十三

一场春风一场暖，一场秋风一场寒

雹砸一条线，风刮一大片

黑夜下雨白天晴，打下粮食没地方盛

生产谚语

春争日，夏争时，农活宜早不宜迟

菜三儿，菜三儿，三天露尖儿

夏播无巧，越早越好

二月茵陈三月蒿，四月以后当柴烧

谷雨前后，种瓜点豆

芒种不忙，一年无粮

立夏锄草，秋后粮仓满

六月六看谷秀，八月八把谷掐

七月十五枣红圈儿，八月十五枣落杆儿

七月枣儿八月梨，九月柿子红了皮

立秋十八天，寸草结籽

秋高气爽，白薯正长

去暑不出头，割巴割巴喂老牛

去暑摘花椒，白露打核桃，霜降摘柿子，立冬打黑枣

去暑找黍，白露割谷

白露核桃满仁

九月九，牛羊遍地走

深耕加一寸，顶上一茬粪

头遍锄苗二遍草，三遍培土防止倒

锄头有水又有火

旱耪田，涝浇园

人勤地出宝，人懒地长草

没有赖地，只有懒人

好种出好苗，好葫芦锯好瓢

不怕重茬谷，就怕谷重茬

坡地平一平，一顷顶三顷

庄稼一枝花，全凭粪当家

施肥一大片，不如一条线

头伏萝卜二伏菜，三伏种荞麦

人哄地一时，地哄人一年

要想富，多栽树

好年头人养树，赖年头树养人

千年松，万年柏，不如老槐树踟一踟

要吃梨，刮树皮

三分造林七分管

枣树打，梨果摘，柿子采收连枝掰

桃饱杏伤人，李子树下噎死人

桃三杏四梨五年，枣儿当年就还钱

旱枣儿、涝栗子、热核桃

长嘴的少养，有根的多栽

猪吃百样草，看你找不找

放羊跑断肠，放牛睡扁头

马不吃夜草不肥

寸草铡三刀，没料也上膘

上坡骡子下坡马，平地毛驴不用打

毛驴不大，二百上下

长木匠、短铁匠，不长不短是石匠

砍的没有镟的圆

靠山吃山，有山靠山

煤山石头三分火

第五节　歇后语　俚语

歇后语

老香椿树——俏（翘）皮

煤矿矿主——摇（窑）头

白露核桃——满人（仁）

老黄瓜刷绿漆——装嫩

枣核破板——没几句（锯）

摸黑吃柿子——专拣软的捏

搂草打兔子——捎带手的事

癞蛤蟆上鞋面——想充眼前花

歪脖子看手表——观点不正

麻子上台——群众观点

瞎子上街——目中无人

一根筷子吃藕——专挑眼儿

高射炮打蚊子——大材小用

老和尚的木鱼——挨敲的货

肉锅里煮茄子——馄饨（混蛋）一锅粥

老牛追兔子——有劲使不上

茶壶煮饺子——肚子里有，倒（道）不出来

半斤面——一剂（季）儿

年糕掉豆——找拍

纸糊驴——大嗓门

脚面水——平蹚

使唤丫头拿钥匙——当家做不了主
卖不了的秫秸——戳着
剃头挑子——一头热
电线杆子绑鸡毛——好大的掸（胆）子
大风刮碌碡——往场（长）里瞧
马尾（yǐ）儿穿豆腐——提不起来

俚　语

玻璃耗子琉璃猫——形容人吝啬，一毛不拔
老家雀斗不过小家雀——被年轻人糊弄了
人脑袋打成狗脑子了——打斗激烈
蹶驴拉好磨，懒驴上磨屎尿多
胳膊折了袖口里揣
猫有猫道，狗有狗道
嘎叭利落脆
打哈哈凑气

第六节　缀词　口语

缀词使用

香峪村语言中，有在形容词后边加缀词现象，如：绿不英英、红了呱唧、紫不留丢、白了呲呱、黑咕隆咚、粘不唧唧、水拉巴溻、蠢了巴唧、滑拉巴唧、圆拉咕嘟、甜格盈盈、傻不愣登、寒碜巴拉、凉了呱唧、美巴唧唧、曳挣巴拉、叮光五四、瞎么合眼、腌拉巴臜等。

也有缀词置于中间者，如：邋里邋遢、咣里咣当、结里结巴、糊里糊涂。此种缀词单独看无实际意义，但和前面的形容词组合在一起，则加重了语气和感情色彩，和普通话比较，显得更加生动和丰富。

役使畜禽口语

大大咧咧把牛赶，咦咦哦哦把驴轰。

赶牛用语：牛牵引犁耕地时，有当墒牛和配墒牛，当墒牛为主在右侧走熟地，配墒牛为辅在左侧走生地。“大大”，为靠右行；“咧咧”，为靠左行；“吁嘞大咳”，为往前行；“吵吵”，为往后退；“吁嘞大回”，为由右侧掉头；“吁嘞咧回”，为由左侧掉头；“吁”，为停下；“挨着挨着”，为上套时让两头牛并在一起；上坎时称“上上”，下坎时称“下下”。

赶驴、骡子、马用语：“哦哦”，为靠左行；“咦咦”，为靠右行；“喔”，为往前行；“吁”，为停下。

叫猪吃东西用语：“噜噜噜噜……”

叫猫用语：“喵喵……”

叫鸡用语：“鸡儿……，鸡儿……”

放羊出圈用语：“出棍……，出棍……”

第十四章　民俗村风

民俗村风，是流行于民间的风俗习惯。伴随着历史的发展而传承、流布、演变，反映着不同历史时期人们的社会生活、思想意识和精神风貌。有的是对安全生产的经验总结，有的是对美好生活的憧憬期盼，有的体现出优良传统道德规范，也有愚昧落后的封建糟粕。香峪村地处北京西部山区，距离城区和平原较近，村庄长期从事农业和煤炭生产经营，其风俗习惯和村风在保留北京西部山区特点的同时，也必然会打上深深的农耕烙印，充溢煤业和市井生活痕迹。其中的婚丧嫁娶、生育寿诞、祭祀活动、行止礼仪、村风民风等，无论内容和形式，都形成了自己的特色特征。中华人民共和国成立后，生产关系的巨大变革，生产力水平的大幅度提升，使人们的思想行为和价值观念发生重大变化，推陈出新，扬弃创造，社会主义的新思想、新时尚、新道德蔚然成风，推动了村庄精神文明建设和物质文明建设的不断进步。

第一节　婚姻习俗

相亲　清至民国年间，香峪村男女青年快成年时，会有亲友或媒婆出面为两家说媒保亲。有的人家还会根据男女双方的家庭条件、出生年月日与天干地支相配等情况相互挑选，看是否生辰八字相符、门当户对，如果合适，则答应亲事。结亲之家多是本村不同姓氏之间或附近村庄的姓氏，两家相距多在几十里范围之内，本村与外乡人结亲的较少。被提亲的男女青年，有的不相识，甚至没有见过面，完全听从父母之命、媒妁之言。

中华人民共和国成立后，提倡男女自由恋爱，婚姻自主。但相亲方式依然是通过中间人介绍。介绍人一般为亲戚、同事、同乡、朋友，认为彼此条件相当，就分别向男女双方介绍对方情况，以促成彼此了解。当事人如果对基本情况比较满意，便可见面、交谈，深入了解。第一次见面，按传统说法仍称“相亲”。有多种方式，或由介绍人会同男女双方见面，或由家长陪同，或男女自相约定。相亲的目的是在介绍人介绍基本情况后，彼此直接接触，进一步了解，以决定是否继续发展恋爱关系。不再以父母之命和“生辰八字”是否相合为条件。同时，本为同村、同学、同事或有条件互相了解的当事人，则不需介绍人，也无须相亲，随着交往范围的扩大和对婚姻自主认识的加深，男女青年不经人介绍而建立恋爱婚姻关系者增多。

定亲　清至民国，香峪村男女双方亲事说定后，一般男方家庭都会带上点心等礼品到女方家庭看望。男女双方见面相亲后，经过交往、了解，双方均较满意，双方家长备礼正式确定婚姻关系，称“定亲”或“订婚”。订婚礼物多为衣物等生活用品，不具备彩礼和买卖婚姻性质。订婚不是婚姻关系成立的必要程序，也不具法律效力，因此解除婚约也只是双方当事人和双方家庭之间的问题。男女当事人婚事确定，男方家备齐送往女方家的礼物，谓之“彩礼”。礼之轻重，因人因地因时而异。中华人民共和国成立后，要彩礼习俗改革，有的人家不计财物，也不重视“彩礼”，有的要求有住房、家具、自行车、手表、缝纫机之类物品，是为婚后工作、生活提供方便。很多自由恋爱结婚者，无定亲程序。

接亲　姑娘出嫁时，娘家要把一些礼物陪送过去，称之为“送嫁妆”。嫁妆多少根据家庭经济条件而定。男方家庭，一般要准备好房屋、衣柜、被褥等生活设施和用品；女方家庭多陪送梳妆台、暖水瓶、被褥、皮箱等。结婚时，有吹鼓手和抬嫁妆的相送。村人常用“哩儿拉、拉儿拉（指吹鼓手），一个皮箱俩匣子”来形容结婚送亲的场面。

男女婚姻当事人答应亲事后或办理结婚登记手续后，男方布置新房，选定日期，接新娘至夫家，称“娶亲”或“迎亲”。结婚时，新郎要去女方家接亲。女方家有时故意不开门迎接，尤其是新娘家的小辈亲属，要故意难为新郎取乐，此时新郎要向在女方家看热闹的人群和亲属说好话，发放喜糖，求得大家同意开门进屋，增加喜庆气氛。

男方根据道路和交通工具情况，亲自到女方家迎娶。新娘到达男方家时，鼓乐齐鸣，爆竹连天，十分热闹。当日，男方家设宴庆贺，招待女方家送亲人员及亲朋好友，邻居、本家族人、亲朋好友送礼物祝贺，称“出份子”。

新郎迎娶新娘时，有的用轿抬，有的备好毛驴骑乘。新娘上轿下轿，或乘坐毛驴，脚不准踩地。20 世纪 50 年代，出村多是山路，有的新郎和新娘一起步行至村，有的请新娘骑乘毛驴至村。20 世纪 60 年代，村里有了公路，开始以拖拉机或汽车接新娘。20 世纪 80 年代，村民结婚时，使用汽车接新娘。有的青年结婚时，即使女方家就住附近村庄，男方也雇用轿车七八辆接亲，以示隆重。

结婚典礼　新娘到男方家庭后，结婚时的高潮是“拜天地”，在主婚人的指导下，新郎、新娘首先向天地叩头，再向父母叩头，最后是夫妻对拜，拜堂后，新娘新郎才被社会和家庭认可。

新郎新娘还要共吃煮得半生半熟的“子孙饽饽”（即饺子，由新娘家准备）和长寿面（即面条，由新郎家准备），还要喝糖水。吃时旁人要问“生不生”？新郎新娘回答“生”。喝水时，旁人要问“甜不甜”，新郎新娘回答“甜”。吃子孙饽饽、长寿面象征子孙后代兴旺长寿，喝糖水象征生活甜甜蜜蜜。

迎亲当天，正式举行结婚仪式。村里人认为结婚登记是取得法律承认，结婚仪式是取得社会公众承认。结婚典礼由男方家主办，家长、亲戚、同事、朋友、邻里和单位负责人参加，备糖、果、烟、茶、花生、瓜子之类招待客人。婚礼由“司仪”主持，拜见家长，拜见来宾，夫妻对拜，主婚人致辞，证婚人读结婚证，家长及单位领导讲话。所谓拜见，有的采取下跪形式，后来改成了鞠躬。结婚典礼仪式繁简不一，有的只是走走形式、热闹热闹而已。婚礼当天，男方家要准备婚宴招待来宾。一般人家，也要备几桌酒席，多者备有几十桌酒席的。20世纪90年代后，结婚典礼又借鉴了西方仪式，新娘、新郎着西式结婚礼服，在婚礼上互换礼物、喝交杯酒，同时用茶点或举行宴会招待宾客。有的家庭还租饭店、宾馆或请专业婚庆公司举办结婚典礼。

晚上，洞房中要有“全和人”铺床铺。“全和人”应为有配偶和儿女双全的妇女，被角里和炕上要有花生、枣儿、栗子。要闹洞房，向新人要喜糖，抢吃花生、枣儿、栗子。花生，意为生小孩有男有女；枣儿、栗子，意为早生贵子。新婚后的第一个春节，新婚夫妇要到男女双方家中拜新年。

20世纪50年代至80年代，登记不举行婚礼而同居者，会受到舆论的谴责，反映了法律和习惯之间的距离。90年代以后，结婚典礼仪式虽然是结婚的重要标准，但领结婚证后不举行结婚典礼仪式逐渐被视为正常现象，结婚形式也逐渐多样化。有的采取旅行结婚方式，有的参加集体举办的婚礼，这些简单、有意义而又别开生面的结婚形式，受到人们的称赞。但随着生活水平的提高和经济收入的增加，摆阔气、互相攀比和大办婚事的旧俗也有回潮，婚礼讲究排场，迎娶和接送宾客用高级轿车，有的人家接亲还有专门的录像汽车。结婚用的衣服、家具、电器也要求高档次。婚礼仪式后大办宴席，三五十桌者常见，铺张浪费现象日益严重。

中华人民共和国成立后，颁布《中华人民共和国婚姻法》，实行婚姻自主和严格的一夫一妻制，规定夫妻有使用各自姓名的权利，在家庭中有平等地位和共同的财产权。新的男女平等的婚姻家庭制度开始建立，新的婚俗逐步形成，相亲、定亲、迎亲、结婚典礼等形式上都发生了新变化。

第二节　丧葬习俗

清至中华民国时期，村人丧葬仪式比较复杂，有入殓、出殡、发引、破土、下葬之程序，请村中或家族中有威望的人主持丧事。

受传统文化影响，村人讲究尽孝。当家中老人病危时，儿女尽量把自己的事情放下，要守护在老人身边，离家远的儿女，也努力赶到，多陪陪老人，努力满足老人临终时的愿望。老人咽气后，要为老人净身，穿上早已准备好的衣服，在棺中铺好被褥。入殓时，先把准备好的棺材擦洗干净，在里边糊上布或纸，将褥子、枕头放好，放上冥币。若丧者为妇人，要等丧者娘家人来到，与死者见面告别后方可入殓。入殓时，由长子抱头入棺，将老人生前的心爱之物放入棺中让老人带走。有的棺材前脸还写有“寿”字或“奠”字，棺材底板下部还有通座托衬棺材。入殓后的棺木停放家中称“停灵”。停灵的时间长短没有统一规定，但必须是单数，一般为 3 天，也有停放 5 天、7 天者。灵柩要停放在堂屋或院内，在院内停放时还要搭棚遮阳。灵柩的两旁放上板凳或椅子，让前来吊唁哭丧的人有歇息之处。当亲友或乡邻前来吊唁烧纸时，孝子要在灵柩左右跪着相陪，以示对来者的感谢和尊重。灵前桌子下面放一个沙瞌子或盆，做燃烧纸钱用，称丧瞌子。灵前桌子上摆放供品水果、点心等，点燃蜡烛。

老人去世，晚辈要穿孝，穿孝依据与逝者的关系不同而不同。辈分不同穿的孝也不同。儿子辈与孙子辈不同，孙子辈孝帽上要缝一块红布，上面再配上一枚铜钱。儿子与姑爷、闺女与儿媳的孝也不同。外人一看穿的是什么孝，就知道穿孝者与逝者的关系。

逝者亲属（一般由长子）要到各亲戚家送信，称为报丧。报丧时不能直接推门进去，要喊亲友出来，叩头后说明来意方可进屋谈话。报丧时除给亲友叩头外，凡是遇到认识的人，即便是比自己辈分小的人也要给对方叩头，磕了头才能说话。俗谚“报丧头满街流”“丧头不论大小”。报丧者要穿孝衣，来不及制孝衣时，要戴顶孝帽或腰间系一根麻绳或白布带。报丧后，亲友前来吊丧。

停灵期间，亲属尤其是子女要在灵旁轮流昼夜守灵。丧主家属每日要到庙中报庙，去时排成一队，长子在最前，闺女们在后依次排开，手里分别拿着茶盘（里边放上纸钱）、火把和水，哭嚎着向庙里走去，寓意是把逝者的灵魂领出家门送向西天。有的丧家还请僧道来灵前念经为死者超度，有的还请民间花会中的银音会吹打奏乐，请人扎糊纸制的车马、轿子、房屋等冥物。逝者第二天，亲属要请人到选好的坟地打坑，按风水选好坟坑位置，校正坟坑方向，坑打好后要遮盖以防阳光射入。凡到坟地参与帮忙干活的人员，主人家都让吃点点心，回来时不能空口。治丧期间，主人家对前来吊唁的亲友、村民都要热情招待、管饭，答谢亲戚朋友和帮忙人员。前来吊唁的人是都有礼节的，有的拿供品烧纸，有的交帛金，有的还挂挽幛，上面写上悼念的文字和送挽幛人姓名，也有送花圈的。香峪村民风淳厚，有老人去世，几乎全村都来相助。不仅亲戚去吊唁，就是老乡亲、邻里也都去烧纸，交奠礼钱。

逝者的棺柩由家宅往墓地送称“出殡”。出殡时诸亲属及晚辈号哭。前边由姑爷撒买路纸钱，长子摔碎丧盬子，由人搀扶，手执纸幡走在前面。随后是抱灵牌的、抱“噎死罐”的、举花圈的，抬灵柩的紧跟其后，女眷在抬棺队伍之后，送灵吹打人员在最后。整个队伍浩浩荡荡，哭声震天。

灵柩至茔地下葬，由娘家人先往坑内抓把土后，众人再开始动手掩埋，烧扎糊的纸车马、纸房屋等冥品。灵柩掩埋后，堆起坟堆，有的立上墓碑，写上逝者姓名及生辰，留下立碑人落款。丧家跪谢送殡亲友。逝者葬后第三天，长子在天亮前到坟地“开墓门”，在坟前左右各绕三圈，说“天门开，地门开，某某从这出来”，说完就走，路上见人不许说话。开墓门的意思是让逝者的灵魂从坟墓中出来。在逝者葬后的第三天，家人要往坟地“圆坟”，即再次修整坟墓。此后，逢三七、五七、七七、六十日、百日、周年，家人均有祭奠活动。到春节祭祖挂家堂时，将逝者姓名添写在家堂上，和先人一起接受祭奠。

中华人民共和国成立后，提倡推广火葬。20 世纪 80 年代后期，门头沟区将香峪村划为火葬实施范围。丧事一般从简，人去世后，丧主家以口头或书面形式通知亲友、同事，村领导也积极参与，帮助丧主家处理后事。

第三节　生育习俗

妇女怀孕，为保证顺利生产，产前一月，娘家会把为孩子准备的衣裤鞋袜及小米、红糖、鸡蛋、面条等保健品送到孕妇家里，或者送一个盛有肉饼的升，以祝孕妇顺利生产，俗称“催生”。孕妇不能在别人家生孩子，也不能在娘家生。分娩产房要安静、封闭、暖和。孩子产下后，门外要挂“诞生标志”红布条，以防外人突然闯入，提醒孕妇、戴孝的人自动避讳。为保护母婴健康，禁止婴儿出生 3 日内未曾进过产房的人进房，否则会认为来者踩断奶。为使产妇“下奶”，产妇分娩的第三天，至亲、好友和邻里前来赠送面条、鸡蛋、猪肉、鸡等，祝愿产妇早下乳汁。婴儿出生后第三天举行洗澡仪式，洗三完毕，产妇家摆桌款待亲友。20 世纪 30 年代后期，日本占领期间，很多村人外出逃荒，生育减少，无暇顾及“洗三”。中华人民共和国成立后，现代医学发展，“洗三”仪式逐渐消亡。

婴儿出生一个月或百日，要举行满月或百日仪式，请亲友庆贺。因为百日礼与满月礼在内容、形式上基本相同，村人大多只办一次庆典，或办满月或办百日。此多为头生儿，再生小孩，有的家庭不再举办。婴儿周岁时，村人有“抓周礼”习俗。当天中午吃长寿面，意为婴儿将来长寿。吃长寿面前，在炕上摆放书一本、笔一支、算盘一个、点心、水果等，女孩加放铲子、剪子、尺子各一把。物品摆好后，大人抱来小孩放在炕上，不做任何诱导，令其自由挑选，视其先抓何物后抓何物，以此测卜其未来志趣、前途和职业。

小孩出生后要择吉日剪发并由父亲或长辈起名，名字中多使用吉祥、喜庆和兴旺的字眼，有时起名还要查《易经》、字典等书籍或请专门人士代为起名。村人为小孩取小名（乳名）颇多随意，男孩常用秃子、狗子、顺子、德子、福子等，有的人家则将小孩的小名与生肖联系，如牛子、大龙、二虎等。女孩多用英、兰、珍、敏、琴等。村人为小孩取学名时则比较认真，按小孩在宗族辈分的排字取名，还要考虑兄弟之间的排序，常用的字有仁义礼智信、山水林田路、英雄豪杰、文武双全、江河湖海、吉祥福瑞、龙凤虎雄等。中华人民共和国成立后，村人命名常受政治思潮的影响，如建国、新华、和平、爱国、胜利、跃进、卫东、红军、永红等。

改革开放后，命名追求艺术化、寓意化，比如蕾、颖、倩、茜、珊、萌等雅名得到人们的青睐，起单名也呈上升趋势，但容易造成人名重复。简单的命名往往打上时代、文化的烙印，寄托着家长的希望。但起名中忌讳晚辈与长辈重名。

孩子在成长过程中，为求得成长顺利，还有很多习俗做法。有的家长在小孩上衣的胳肢窝处悬系一钱币大小的红布袋，认为可以避邪。小孩不小心摔了一跤，有的家长扶起小孩后，会说“胡噜胡噜毛，吓不着”，用以安慰小孩，鼓励小孩大胆练习走路。

第四节　寿诞习俗

做寿　清至民国，村人多是种地挖煤之人，做寿的不多。村中偶有办寿者，仪式也比较简单，多是家人或至亲，在家里吃喝一顿，说说喜庆话。晚辈向做寿人磕头。

旧俗，50岁以上的人过生日为“做寿”。逢十称大寿，如“50大寿”“60大寿”“70大寿”等。50岁以下的村人没有做寿的。20世纪80年代以后，由于生活水平的提高，老人做寿的多了，但做寿的形式仍比较简单，有的在家中，有的到饭店，老少团聚一堂，吃喝拍照，图个老人高兴、全家热闹。

过生日　20世纪90年代后，“西风东渐”，过生日增加了吃蛋糕、吹蜡烛、唱《生日歌》等新内容。有的过生日地点改在宾馆、饭店进行。许多家庭中，大人小孩，只要有人遇到生日，全家就庆贺一番，相互赠送礼物。大人多祝小孩学习好，能够考上好学校；小孩多祝父母身体健康。

坎儿年　人到老年时寿命上的关口称为“坎儿年”。此关口并非自然所致，而是人的思想认识所为。民谚有：“33大拐弯，66不死掉块肉，73、84 阎王不叫自己去。”又有“人活 55，阎王数一数”之说。故 33、55、66、73、84 岁被称为坎儿年。人们为了长寿在坎儿年倍加小心，并想办法“破解”。常用的办法是系红腰带，腰带一般由女儿赠送，传说红色可以避邪消灾。还有的人穿红绒衣、红绒裤。村人有在本命年和 60 岁以后系红腰带的习俗。还有的是姐姐在弟弟、妹妹遇到“坎儿年”时，送弟、妹红腰带或红衣服，意为解除“坎儿年”的邪或灾。有的父母 66 岁时，子女要为父母买块肉吃。大多数人，在遇到“坎儿年”时，都比较注意自己的安全和保健。大多数家庭，在父母遇到“坎儿年”时，都比较注重父母的意愿，尽量让自己的长辈高兴愉快。

第五节　节令习俗

元旦　阳历 1 月 1 日。民国以后实行公元纪年，将此日作为新年，是国家法定节日。中华人民共和国成立后，工作单位一般都会放假。村民一般都会改善一下伙食，买几个菜或到饭店吃一顿，也就算是过节了。但集体、企业、机关则不同，因为这个日子是年头岁尾，要对过去的一年进行总结，统计汇总，计算盈余，所以马虎不得。

春节　农历正月初一日，但一般称初一、初二、初三这三天为春节，是中国最隆重、最热闹的传统节日，也是国家法定的三天假日。为了过好这个节日，需要提前进行准备，往长了说，从上年农历腊月初八开始，就算进入春节期间，腊月初八开始腌过节吃饺子用的腊八蒜。往短了说，由上年腊月二十三开始过节，传说这一天是灶王爷的生日，要祭灶，体现人们对火的重视。村人说法有 “小孩小孩你别馋，过了腊八就是年；腊八粥，喝几天，哩哩啦啦二十三。二十三，糖瓜粘；二十四，扫房日；二十五，磨豆腐；二十六，割猪肉；二十七，宰公鸡；二十八，把面发；

二十九，买烧酒；三十晚上熬一宿；大年初一走一走。您新禧，您发财，福禄寿喜全都来，一年到头乐开怀”。此说法，将过春节之前的每天工作准备都包括了，几乎成了民间约定。

过年前，村人还要去门头沟或北京城里买年画，贴在家里，请人或自家写春联贴在屋门、院门上。营造出节日气氛，体现出新的一年面貌一新。年画画幅有单张的、四扇屏等形式，画的内容有传统戏出儿、传说故事、动物花卉、新风新貌等。村民们多爱购买体现美好生活、五谷丰登的《花好月圆》《天仙配》《年年有余》和大胖丫头、大胖小子的年画。中华人民共和国成立后，生活水平大大提高，村民贴的春联内容增加有“翻身不忘共产党，幸福不忘毛主席”等。村民贴的年画，增加有毛主席、周总理、朱德等老一辈革命家的画像。

春节前，还有来村挑担子的货郎，举着拨浪鼓摇个不停招揽村民。只要货郎担子一放下，人们就围成一团，各自挑选自己喜欢的物品。

过年，吃肉是必不可少的，大部分人家买肉，一部分人家是杀自己家养的猪、羊。

过年要吃年糕，喻为一年更比一年高；过年要吃馒头，喻为白面发年年发。对这些食物的制作比较麻烦，没有电磨，全靠推碾子，一推就是几个小时，把人累得晕头转向，可心里还是乐的。年前要碾的米、面太多，碾子不够用，于是就得排队，轮到时是夜里，只能夜里推碾子，不仅要带上罩子灯照明，还要生上一堆柴火取暖。人或牲口边推边拉，还得有人在一边箩面。箩完剩下的糁子再添到碾子上继续碾轧，直至剩下粮食的皮子为止。旧时过年还要蒸团子。因为山区不产麦子，所以做团子是用玉米面，里面放上豆泥馅儿和糖，喻为全家团团圆圆，生活甜甜蜜蜜。因春节的节期长，家中往来人员多，村民就将过年用的年糕、馒头、团子、豆腐、肉食等放在院中的大缸里，然后盖上大石板盖自然冷冻，随用随取。

过春节要大扫除，而且搞得非常彻底。扫房子时，将笤帚绑在竹竿上，掸子也加长，把平时打扫不到的地方，统统收拾干净。把土炕上的炕席卷起来拿到外边敲打。把被子、褥子、衣服都拆洗干净。

腊月三十这天，是最忙碌的一天。此时春联、年画、窗花均已贴好，新年的色彩完全展现出来，要做年夜大饭。天黑之前，要接祖宗过年，在屋中主要位置挂上家堂，摆上供品。全家人在长者的带领下，祭拜先人。祭拜之后，老人总是要和祖宗以及逝去的亲人说说话，诉说家里的变化，将家里盖了新房、添了新丁等喜事一一告诉祖宗，既是告慰先人，也是对美好生活的欣慰。很多家庭在祭祖时还进行宗族传统教育，告诉孩子和年轻人，家族里出过什么有名望的人，对社会对家族做过什么贡献，教育后代要向先人学习，弘扬家族传统。

年夜饭，是一年中最丰盛的饭，也是大团圆的饭，全家人围坐在一起，相互敬酒，相互祝愿，其乐融融。团圆饭，有的是以家庭为单元过日子的团圆，有的是兄弟几家和老人一起的大团圆。即便平时有个磕磕碰碰，这一天也要聚在一起，以示团结和谐。三十年夜饭的主食，多爱吃饼，意为“翻身饼”，去旧迎新。

年夜饭吃罢，放爆竹。各家各户，争相竞放，大炮、小炮、长鞭、烟花噼啪作响，火光照亮天空，五颜六色的烟花争奇斗艳，空气中弥漫着火药味。放鞭炮，意在崩穷气、崩晦气，扫除阴霾，让来年有个好响（想）头、好兆头。

大年三十晚上守岁，一宿不睡。有的准备大年初一的饺子，有的嗑瓜子、花生，聊家常。20 世纪 80 年代后，村人多围在一起看电视。到午夜过后，在院中将准备好的岁火点燃，大人小孩都来烤岁火。岁火熊熊，象征着来年的日子红火；烤岁火，意为烤走一年的晦气，抖起来年的精气神。孩子们对岁火更感兴趣，不怕寒冷，让火光烤遍全身，烤火时还往火里扔小炮，炸得火星四溅，恶作剧后还哈哈大笑。

正月初一，家家要吃饺子。在吃饺子前，要给长辈和父母拜年，行磕头礼，长辈要给小辈压岁钱，意为增长一岁。给长辈、父母拜完年后，开始包饺子，按老规矩老祖宗在家是不能动刀的，对和好的面、面剂子用手揪，不能用刀切，饺子捏好煮熟，先给老祖宗上供，然后全家就可以吃饺子了。初一的饺子要吃全素的。吃完饺子，男孩子到本族和街坊邻居家拜年，拜年要给孩子压岁钱。这也是孩子盼过年的一个重要原因。

正月初二，是串亲戚的日子，拜访亲戚朋友，走动走动，彼此加深感情，增进友谊，祝亲朋好友过年好。

正月初三，用完晚饭后，开始送祖宗。给家堂上的祖宗先人再上供品，沏茶，然后取下家堂收好。带上纸钱、鞭炮，到村口烧纸钱、放起鞭炮，把接回的祖宗先人送走。

正月初五，这一天仍要吃饺子，称为“破五”。

立春　是二十四节气之首。立春日在春节期间，有“春打六九头”之说，阳气由此日开始上升。此日要吃春饼、卷合子菜，还有吃南瓜的习俗，称“咬春”“打春”。有的村民，早晨天一放亮，找来一根当年的椿木棍，用火烧一下，放在水缸里，寓意消春灾，去瘟疫。

元宵节　在农历正月十五，也叫上元节。几乎家家都买元宵、吃元宵，以示庆祝，意为一年圆圆满满，万事如意。买不到元宵的，有时还自做元宵，以江米面和好后做皮，以豆沙或芝麻、白糖做馅，包好后用簸箕摇成。买不到江米面时，用当地产的黄米碾成面做皮。有的村民，还用纸做灯花，蘸上油，晚上天黑以后，在炕沿、锅台、屋门口、院落门口、街口、碾台、道边等地一一点燃，谓之散灯花，其意为消灾散灾、驱鬼避邪。

农历二月二　当天也称龙抬头。人们早早起床，到村中大水泉去挑水，在天大亮时挑满一缸水。如果要到太阳出来再去挑水，就会被人耻笑，说“懒龙出窝”了。这一天，人们都争着去理发，以新的面貌出现，寓意龙抬头，会给人带来好运。

清明节　是国家法定假日，是中国人祭祖扫墓的日子。但村人多选清明节前的逢三、六、九的日子，全家男女老少，一起出动，带上供品、烧纸、挂纸，去坟地祭奠逝去的先人。同时整理先人的坟茔，填培新土。20 世纪 90 年代以后，为防火灾，很多人家将烧纸改为挂花环，在坟前放鲜花或纸花。很多家庭，还借上坟之机，出门到野外游览，活动筋骨，增长精神。清明节当天，学生在学校的组织下，还去为烈士扫墓，进行爱国主义教育。

端午节　农历五月初五，村人在此节日期间包粽子、吃粽子。包粽子用大黄米，或买来的江米、箬叶、苇叶，根据自己的口味选择红枣或豆沙做馅，煮熟后即成。有的家庭门前挂艾蒿，意为驱邪避凶。

中元节　农历七月十五，在民间被称为鬼节。人们为纪念先祖，买来各色冥币、纸活，到坟地或街口祭奠先人。

中秋节　农历八月十五，是中国人民的传统节日，节日的重要性仅次于春节。中秋节，村人也称团圆节，还俗称月饼节。此时，农作物相继成熟，人们充满丰收的喜悦。节日之前，人们就涌向市场，采购成熟的瓜果和各式月饼，走亲访友，送长辈，送家人，一直延续到农历八月十四，外出工作的人员也尽量往家赶。到节日这天，全家男女老少，聚在家中，吃团圆饭。摆上月饼，端起美酒，互相祝福问好，祝长辈、亲人、朋友幸福安康、团团圆圆。晚上，还在庭院摆上供桌，放上月饼及鲜果等供品，点上清香，拜月、

图 14-1　村民欢度中秋佳节（2020 年 9 月摄）

赏月，预祝来年的日子更加美好。20 世纪 90 年代后，人们的生活水平大幅度提高，有的家庭还在中秋节期间，开车拉上全家人，到门头沟城区或北京市内的饭店包桌吃团圆饭。

重阳节　农历九月初九日。旧时，村民在这一天要改善伙食，包个饺子，吃顿面条。1989 年开始，重阳节这一天被国家定为老年节，21 世纪初，村里开始有组织地为老年人过节。村领导在此时机，向村人汇报工作，提出明年工作目标，征求大家意见。大家在一起，畅谈家事、村事、国事，为村里发展出谋划策。有时，村里还会为老人发一份纪念品，祝老人健康长寿。

下元节　农历十月初一。此节已近冬季，天气转凉，这一天晚上，村人要到村口，为逝去的先人烧纸冥币，意为送寒衣，怕先人受冻挨饿，表示不忘祖先。

此外，还有夏至吃面条、称体重的民俗，立秋贴秋膘、吃肉的民俗，冬至吃饺子的民俗。

中华人民共和国成立后，出现现代节庆，以纪念和庆典为主。主要节日有国际妇女节（3 月 8 日）、国际劳动节（5 月 1 日）、中国青年节（5 月 4 日）、国际儿童节（6 月 1 日）、建军节（8 月 1 日）、教师节（9 月 10 日）、国庆节（10 月 1 日）等，村里也经常组织不同形式的庆贺活动。

第六节　祭祀习俗

香峪村村民以农耕为主，庄稼靠天生长。因此，村民对土地和水的期盼极为强烈，总希望风调雨顺。村中建有七神庙，供奉山神、龙王、虫神和风、雨、雷、电四神。每年秋后，香峪村民组织有“歇秋”活动，向山川天地上供，感谢山川天地赐予，又获得丰收年，到七神庙为山神上供，祈盼山神护佑明年再得好收成。每遇天旱和虫灾，村民常去七神庙祭祀，向龙王求雨，要虫神保佑不发生或减少蝗灾。

香峪村民风淳朴，崇尚忠义，村中建有关帝庙，认为关帝崇德崇义，是正义化身，并把关帝作为育人榜样。

香峪村有娘娘庙，供天仙圣母，是村民的求子场所。

村民认为马王爷是主管毛驴等牲畜运输的神灵，祭祀马王爷可保佑牲畜行路平安。村民认为村中有的老树也是神灵，老树根深叶茂可以荫庇子孙，保佑村庄兴旺。

还有的人家在院落旁边建有财神房，是一个高不过 1 米的小房屋，里面贴有财神像，逢年过节求财神爷保佑财运亨通。

农历腊月二十三，是祭祀灶王爷生日，传说此日灶王要回天宫向玉皇大帝汇报工作。因此家家都向灶王祭祀，让灶王爷“上天言好事，回宫降吉祥”。

村民的祭祀活动，有着浓厚的迷信、盲目崇拜色彩。在从事小农经济、自然经济的情况下，很多村民遇到困难，无法解决，只好祈求神灵保佑，甚至不知神灵为谁。见神就跪有庙就烧香，求得身心慰藉。村中有时开展的祭祀活动，往往是以祭祀为由，表达村民的美好愿望，成为村民苦中作乐的欢庆节日，起到凝聚人心、增强和谐、引人向上的作用。

20 世纪 50 年代初，破除迷信，提倡科学。村中祭祀神灵活动逐步减少、陆续停止。

第七节　礼仪习俗

形体礼仪

坐姿　坐时要庄重、规矩，坐姿不佳者被视为没有坐相。老人教育后辈“站有站相，坐有坐相”，使之从小养成好习惯，尽显文明礼貌、教养和家风。

站姿　老人在对晚辈进行礼仪教育时，要求青少年自小养成“坐如钟，站如松”的姿势。即要求人站立时，要像松树一样正直挺拔，不能东倒西歪。信奉“立不中门”的古训，要求后辈无论在自家还是到别家串门，不许站在门中间，尤其忌讳踩门槛。

睡姿　认为躺卧在床时“四仰八叉”不雅。如生病在床需要躺卧时，有外人来探望，要尽可能侧卧，脸向外侧，以表现对客人的礼貌。

走势　不要在路的当中走，与长辈同行时应走两旁，让长辈或尊者走在中间，以示尊重。在堂屋中行走时要迈小步。上台阶时要随着客人的步伐迈步，不紧不慢，不前不后。前边若是两个人并立，不要从中间穿过去。

言谈礼仪

文雅　反对讲粗话，厌恶脏话。将鸡蛋称为鸡子，因为“蛋”字听起来不雅。在与生人或长者说话时称“您”而不称“你”。有求于别人要先道“劳驾”，最后还要说“谢谢您那”。在日常生活中注意禁忌，如“死”称为“老了”或“走了”，生病称“有疾”，棺材称“寿材”等。

和善　说话时表情、语调和善，平心静气，和颜悦色与人说话；不强词夺理，不说过头话，不得理不让人。

谦虚　说话时不自吹自擂，注意分寸，既尊重对方又表现出自己的修养。交谈时要大方，直视对方的眼睛，用心听对方讲话，不能无所用心，不能随意打断对方说话，也不能双目乱看或躲躲闪闪。对在交谈中油腔滑调、语无伦次和夸夸其谈者，称其“耍贫嘴”；对满嘴粗话、脏话、吹牛皮、说大话者，称其为“散德性”。

待客礼仪

接待　接待来客时，将室中最好的位置让客就座。客人落座后要讲问候语和客气话，如“近日可好”等。在与客人接触时和颜悦色，落落大方，给客人留下“宾至如归”的感觉。

敬茶　在给客人沏茶或倒茶时，杯中茶不要太满。在献茶时如果客人是长辈或尊者，要双手捧茶敬上，在客人饮茶时不要等客人杯干碗净时再续水。如果使用茶壶沏水，不可将茶壶嘴对着客人。所敬的茶水要新沏的，不可用旧茶应付客人。

送别　客人告辞时，讲婉言相留的客气话，要等客人站起来时再相送，对长辈和尊者要全家出动相送。客人走出门外后不能立即关门入室，要目送片刻，直到客人走远之后方能回屋。在分手时双方握手、相互鞠躬。

秩序礼仪

村民盖房时，如先盖厢房，则在正房位置，立一碑石，上书“石敢当”或“泰山石敢当”。出门对面如是邻人墙角，也在迎门处适当位置立一“石敢当”。以图和谐对称，主次分明。

村中盖房，注意门不对邻家窗户，以避免窥视邻家屋内。

村民盖房，多征求邻人意见，与周边建筑保持和谐，高度、宽度尽量求一致、不突出。

村民注重尊卑长幼，尊敬年长者和长辈。聚集发言，多让长者、长辈、领导先说。走路遇有长者、长辈、领导，多自己后行、随行。同桌吃饭，先让长者、长辈、领导动筷。

村民守秩序、讲规则。办事排队，讲究先来后到。

第八节　忌讳习俗

春节期间的农历腊月三十至正月初三，有家中不动剪刀、不做针线活的禁忌。认为这几天，家中要挂家堂祭祖，去世的祖宗要回家过年，动剪刀、做针线活容易伤到祖宗的眼睛。

正月里不结婚，腊月里不订婚。名为“正不娶，腊不订”。

正月不剃头，不理发。认为正月剃头、理发会妨舅舅。

拆房子时，经邻人同意，要在相邻的房屋脊上压红纸，意思是告知周围，此地要动工了，打乱了秩序，影响邻居生活，请周围人家退避，注意安全。也有的邻家在自己房屋脊上压红纸，拆房尘土飞扬，用红纸挡住邪气进入自家。

平时说话，忌讳说“死”字，认为不吉利。如果村中有老年人死了，说“老了”；有成年人死了，说“过去了”；年轻人死了，说“不在了”。

香峪村村民，在生产生活中的很多忌讳，其来源多数不清。有的是图吉利，有的是为安全、平安。也有的有迷信色彩，虽经移风易俗，提倡科学认识事物，但村中仍有人照旧行事，以求心理安慰、平衡和寄托。

第九节　村风民风

不怕艰苦，坚韧顽强

香峪村地处山区，石厚土薄，从事农业和煤业，都是繁重的体力劳动，需要巨大的付出。村民世世代代，与土地打交道，开出层层梯田，栽植棵棵树木，脸朝黄土背朝天，汗水滴滴入田地。春种秋收，夏管冬藏，日出而作，日落而息，一年四季不休闲。开煤窑时，村民在黑暗、潮湿、危险的矿井工作，背拉肩扛，抡锤操镐。由于村民年年月月从事艰辛劳作，长期处于苦累脏险的环境，造就出村民不怕困难、勇于吃苦、性格坚韧、沉稳顽强的特点。

团结和谐，集体至上

香峪村人口较少，在生产生活过程中，时时需要集体的力量。尤其是从事盖房、修路、采煤等工作时，必须按劳动分工，各岗位密切配合，依靠大家的力量才能完成。从而造就出村民群体意识强、组织观念强，全村犹如一个大家庭。一人有事，众人相帮，一家有难，全村相助。即使平时有点摩擦或隔阂，此时也不计较，而是踊跃前去帮忙，尽其所能，此种做法，不但感动事主、教育众人，许多矛盾也自然化解。香峪村有“歇秋”传统，每年雨季过后，村庄要整修被雨水冲毁的道路，由村中会首到各户敛收布施，有钱出钱，有力出力，钱粮多少不限。上街村户负责修通往过街塔古驮道，下街村户负责修村中通往杨坨道路。工程结束后，村民集中在七神庙前吃团圆饭，这顿饭称为“歇秋”。

热心公益，急公好义

香峪村人，旧时多是体力劳动农民，靠天种地吃饭，下井挖煤挣钱。每年劳动所得无几，能填饱肚子过日子已很不错。但村人热心公益，乐善好施。每遇公益之事，必争先趋赴，慷慨解囊。虽是绵薄之力，却是尽力所出。2008 年，香峪村向汶川地震灾区捐款 5520 元，交纳党费 2610 元。2013 年 4 月初，军庄镇红十字会开展“博爱在京城”募捐活动，香峪村村民积极响应，踊跃参加，至 4 月 10 日，有 50 人捐款计 2680 元。捐款交到军庄镇计划生育办公室。2013 年，香峪村开展为四川雅安地震灾区捐款活动，全村有 72 人参加，计捐款 4700 元。2015 年，香峪村组织向海啸受灾地区捐款活动，有 26 人捐款 424 元。组织向幸福工程救济母亲及残疾儿童捐款活动，有 43 户参加，计捐款 274 元。20 世纪 70 年代至 21 世纪初，香峪村人每每得知某地出现水灾、震灾等灾情险况，必发扬共产主义风格，捐资捐物，为灾区人民送温暖。

家国情怀，知恩图报

香峪村人重情重义，知恩图报，恪守孝道。对先人艰苦创业、建设村庄，总怀感激之情；对父母辛勤养育、培养后人，常思回报之心。村庄育人，除要求遵守国家法律、法规之外，还注重以德服人。出现矛盾，往往请村中德高望重之人拍板说话，得以解决。中华人民共和国成立后，香峪村人生活越来越好，深深地体会到社会主义的温暖。村民以感恩的朴素感情，积极投入社会主义革命和建设，立足家乡，建设祖国，努力工作，无私奉献，感谢党的关心，感谢国家的厚爱。改革开放，香峪村人解放思想，在搞好农业生产的同时，发展林果业、工副业，多种经营，集体经济迅速发展壮大。

尊重自然，注重生态

香峪村人在多年的生产实践中，注重生态建设，注重绿色发展，注重环境保护。在努力提高经济效益的同时，环境效益、社会效益同步发展。对农田基本建设不断加大投资，农业水利设施陆续增加，植树造林，栽花种草，村庄建设越来越美，山水林田规划有方。村庄建筑，依地势高低，错落有致，全村山岗坡谷，林木扶疏，满目郁郁葱葱。尤其是21世纪初，北京市将门头沟区划入生态涵养保护区后，香峪村自觉地转变经济发展模式，转轨变型适应北京城市建设发展规划，保护了环境和生态，为子孙留下了绿色山川，为后续发展提供了物质基础。21世纪初期，香峪村环境优美，绿意盎然，与自然更加和谐，呈现一派生机勃勃景象，多年被首都精神文明建设委员会评为首都文明村庄。

第十五章　村民生活

清至民国年间，香峪村大多数百姓，靠天种地、走窑挖煤为生，一年到头辛苦劳作，过着吃不饱穿不暖的苦难日子。中华人民共和国成立，香峪村民翻身做了主人，生活有了保障，走集体化道路，村民倍感社会主义的温暖。改革开放，村民生活从勉强度日到实现小康，衣食住行发生翻天覆地的变化。吃，从温饱到讲究营养；穿，从结实耐用到追求时尚；住，从土石房屋的栖身之所到宽敞明亮的舒适房屋；行，从以步当车到几乎家家都有自己的机动车辆。村民少有所学、壮有所成、老有所养，还有的村民经常外出旅游或出国观光。

第一节　村民收入

集体劳动收入

1949年村土地改革，农民分得土地，生活有了依靠，但生产力水平低，生产条件较差，摆脱不了贫困。1952年至1958年，村民先后成立初级社、高级社。村民一起参加集体劳动，收益由集体进行分配，生产积极性和生产力水平有了较大提高，村民生活有了改善。

1958 年，成立人民公社。管理体制和生产规模扩大，周围的几个村合并，成立农业生产大队。1961 年后半年，管理体制缩小下放，1962 年香峪村成为公社直接管理的生产大队。社员参加集体劳动，采取以工分计酬方式。有两种方法，一是采取包活和计件，即将一定工作量的活茬折成工分数字，不论用时长短、用工多少，按质按量完成后获取工分。二是日工方法，一般农活，男劳力干一天记 10 分，稍差一点的记 9 分；女劳力每天记 7.5 分；半劳力酌情而定。一般情况，1 个男整劳力一年可挣 3500 工分左右，女劳力 2500 工分左右。对特殊工种，工分标准略高。赶马车人员每天可挣 14 分，出车有补助；耕地人员每天可挣 13 分，到煤窑干活每天可挣 12 分。

60 年代，香峪村工分值多年在一角以下，即一个好劳力劳动一天一般记 10 分，一天的劳动挣几角钱。按一年挣 3500 工分计算，全年劳动挣不到 300 元钱。年终决算扣除生产队所分粮食等款项外所剩无几，甚至有的社员收不抵支，成为超支户。也有的家庭劳力多，挣的工分多，年终决算会分些钱。1965 年，香峪村的工分值为 2 分 4 厘 1.8 毫，一个劳动力一天劳动挣 10 分，可得 2 角 4 分钱，是香峪生产大队工分值最低的一年。1978 年党的十一届三中全会后，工作重心转移到经济建设上来，香峪村经济迅速变化。1979 年，香峪村的工分分值达到 1 角 8 分，创历史最高水平。到 1983 年香峪大队解体，香峪村农业社员的生活，主要依靠集体的生产经营收入，农业社员都是以工分计算劳动报酬。

1983 年，实行家庭联产承包责任制后，村民基本不再依靠集体经济生活。

20 世纪末，村里的男整劳力主要依靠外出打工生活，留在村中的劳动力主要从事村民事务管理和护林、物业工作。

2020 年年底，香峪村村民在村集体从事管理、护林、物业的计有 30 多人，其他劳龄人员均靠在外务工生活，按月领取工资生活。

自留地收入

50年代成立农业生产合作社后，村民走上集体化道路，土地归集体所有。60年代初期，国民经济发生困难，曾允许社员开垦“十边地”耕种，在入社土地的沟边地角，有限度地允许社员种农作物归个人所有，以解决粮食危机。1962年划小经济核算单位后，依照当时政策，生产队拿出集体耕地总亩数的5%~7%，作为自留地，分给社员自己耕种，收获归自己。当时全大队的社员每人自留地标准0.04亩。分给社员的自留地，只能由自己耕种，不准改变自留地的用途和性质。自留地的树木仍归集体所有。自留地不得出租和转让，经营自留地不得耽误参加集体生产劳动，要保证集体的出工天数。社员在自留地劳动，很有积极性，一般经营得都很好，地种得满，利用率高，收获的粮食和农副产品，补充了社员的口粮，也为家庭养殖提供饲料来源，对集体和个人都大有益处。

庭院经济收入

庭院种植收入　50年代，村民走上集体化道路以后，村民的宅基地仍归自己所有。村民在房前屋后、院落周边属于宅基地的范围，种植南瓜、豆角等蔬菜以食用，栽种树木为自己盖房使用，还有的栽培果木、花卉用以观瞻、改善环境。所收获的农产品和林木、果品，也成为村民收入组成部分。但宅基地生长的林木，砍伐时要经过批准，也有人将宅基地的林木出售获取收入。村民的宅基地收入，在总收入中占比微乎其微。

庭院养殖收入　50年代，为改善家庭生活，国家支持社员家庭养猪、羊、鸡等家畜家禽，社员几乎家家养猪、养鸡，一般家庭养猪1~2头，养鸡3~5只，多了缺少饲料养不起。养猪因无粮可喂，多是用糠、菜、涮锅水、草末子及植物叶子喂猪。一头猪养10~12个月出售，猪瘦价格低，一般4、5、6级猪居多。每斤猪肉只能作价5角钱左右，一头120斤重的猪，卖掉后除得到相应的猪饲料奖励粮外，还可得五六十元现款。社员养鸡，以产蛋鸡为主，用鸡蛋改善生活，招待亲友，卖鸡蛋挣钱。还有的社员养几只羊，到需要时卖掉，自己杀掉吃肉的户很少。生产队的集体猪场，有时饲养公猪和母猪，产的仔猪，提供卖给社员饲养。社员饲养家畜、家禽，还可造肥，供社员自留地使用或出售给集体。当时的家庭养殖收入，也是家庭的重要收入。

80 年代以后，生活越来越好，家庭养猪、养鸡的越来越少，家庭养殖收入占家庭全部收入的比重越来越小。90 年代市场放开，村民买肉、买鸡蛋越来越方便，村民减少家庭养殖。21 世纪初开始进行新农村建设，为保护环境，村中不再饲养禽畜。

房屋出租收入

21 世纪初，香峪村村民大多房屋富裕，有的还在门头沟等地购有楼房，村中房屋经常闲置。有人将村中闲房出租，获取收入。2020 年年底，香峪村有众多人家出租房屋，户出租房屋收入不等。有的村民房屋出租每月可得几千元收入。还有的将房屋整体售出。

1973—2020 年香峪村农业户数、人口、劳力、收入统计表

表 15–1

年度	户数（户）	人口（人）	劳力（人）	收入（万元）
1973	55	230	59	—
1974	49	238	62	—
1975	45	238	70	4.7
1976	47	204	56	5.4
1977	48	216	75	5.3
1978	47	230	100	6.8
1979	50	221	107（其中男劳力 54 人）	9.4

续表 15-1

年度	户数（户）	人口（人）	劳力（人）	收入（万元）
1980	55	229	100（其中男劳力 45 人）	9.9
1981	53	229	103（其中男劳力 55 人）	8.3
1982	62	237	122（其中男劳力 66 人）	10.1
1983	63	238	131（其中男劳力 65 人）	13.7
1984	70	232	125（其中男劳力 70 人）	14.5
1985	66	236	127（其中男劳力 70 人）	15.0
1986	73	233	120（其中男劳力 57 人）	27.0
1987	78	243	106	63.7
1988	79	280	121	87.7
1989	93	243	92	152.8
1990	98	246	117	172.6
1991	99	249	118	159.5
1992	87	259	90	129.4
1993	102	257	86	185
1994	101	223	83	351
1995	98	228	118	199
1996	88	254	116	152

续表 15–1

年度	户数（户）	人口（人）	劳力（人）	收入（万元）
1997	88	231	118	168
1998	89	244	140	219
1999	89	293	129	281
2000	89	292	126	313
2001	89	286	108	389
2002	82	270	102	411.7
2003	85	255	98	443.3
2004	85	246	96（以下为从业人员）	504.4
2005	165	468	180	553
2006	—	—	—	668
2007	170	470	128	695.6
2008	171	472	177	763.2
2009	173	476	215	866
2010	184	495	221	1012
2011	186	496	223	1163
2012	188	496	336	1319
2013	184	516	237	1409
2014	185	524	239	1523.9

续表 15–1

年度	户数（户）	人口（人）	劳力（人）	收入（万元）
2015	186	520	234	1671.9
2016	245	453	303	45（以下为村经营收入）
2017	245	454	304	93.9
2018	245	454	302	126.9
2019	248	451	304	206.9
2020	226	417	256	68

说明：1. 表中数字源自《门头沟区社会经济统计资料》《门头沟区年鉴》。其中，2005 年以后的户数、人口、劳力项目中的数字包括流动人口

2. 表格内“—”无数据

第二节 食品 饮料

食品变化

清至民国时期，村土地少，土壤贫瘠，大多数村民辛苦一年解决不了温饱，遇有灾情，雪上加霜，难以生存。1942 年，侵华日军实行经济封锁，农业遇上旱灾，庄稼几乎绝收。村中家家无粮，村民饿得吃树皮、草根、树叶。翌年，许多人携家带口逃荒，在外打工扛活。村里的男劳动力多数去门头沟、杨坨背煤拉煤求生。

中华人民共和国成立后，在中国共产党领导下，村走上集体化道路。村民分得土地，吃粮有了改善。

1954 年，国家户籍管理实行二元结构，分为农业户口和非农业户口。香峪村村民家中主要劳动力在外工作者，多数为非农业户。非农业户家中的口粮，按国家政策统购统销，由国家计划供应。家中人口根据年龄和就业情况，有不同的粮食定量，粮食品种由国家配给。直到 20 世纪 90 年代，国家实行市场经济，非农户的购粮本撤销。香峪村家中劳动力在村中从事农业劳动人员和无在外工作人员的家庭，基本为农业户口。农业户口村民，参加村内集体劳动组织，按集体劳动所得，进行粮油和收入分配。集体劳动主要是种植玉米、小麦、谷子等庄稼，农民的口粮，主要是收获的粗粮，要吃细粮，需要再加工制作。农民每年劳作收获的粮食，按人口分配达不到国家规定粮食定量标准的，不足部分由国家补充供应。

1958 年，人民公社时期，香峪村成立集体食堂。村民参加集体劳动，进食堂吃饭，不计定量，吃得饱，伙食有玉米粥、窝头，也能吃上大米饭、馒头，逢年过节还能吃上几顿肉。1959 年开始，国家出现三年经济困难，粮食严重不足，人民公社大食堂难以为继，1961 年集体食堂解散。

20 世纪 60 年代前期和中期，香峪村农业人口每户粮食标准，定量低，劳动强度大，粮食需求大，全村大部分农户都亏粮，家家过着“瓜菜半年粮”的生活。

1965 年，加上国家补贴，香峪村农业人口人均口粮 160 公斤。

20 世纪 60 年代、70 年代，为了多产粮，香峪村的耕地全部种上粮食作物。缺少青菜和油料，家家只能腌制咸菜。一天三顿饭餐桌上离不开咸菜。直至夏季，瓜花、瓜杈及房前屋后的青菜下来，餐桌上才有新鲜蔬菜。

70 年代中后期，农业大量投入，实行科学种田，粮食产量大幅度增长。人均口粮增加到 200 余千克。社员不再向集体借粮，不再“吃粮靠国家返销”，村里还通过各种渠道用粗粮换细粮，社员也吃上大米白面。

1983 年，农村进行经济体制改革，实行家庭联产承包责任制，农民在自己承包的土地上，想吃什么种什么，承包土地的收获归个人所有。

80 年代后期，国家从计划经济逐步走向市场经济，香峪村村民收入增加，国家粮食政策放开，无论是农业户口人员，还是非农业户口人员，都可以从市场购粮。村民食用粮食数量没有标准限制。

90 年代以后，香峪村村民的饮食中，大米、白面成为主要品种，只要手里有钱，想买什么粮食，随手就可以买到。而玉米、白薯等反倒成为餐桌上的养生粮，野菜也被称为绿色食品、有机食品。餐桌上除了家常菜，也有丰盛的鸡、鸭、鱼、肉。家里来了亲戚朋友，还可点外卖或到餐厅饭店一聚。村民一年四季常常挑着样儿吃，进口的水果也时常能称上几斤。超市货架上摆着名贵糕点，村人也经常购买。

主　食

蒸食　主要有蒸窝头、蒸包子、蒸菜团子、蒸饽饽、蒸年糕等。其中，蒸窝头，又称窝窝头，主要是玉米面窝头。还衍生出很多杂粮窝头，有枣儿窝头、豆儿窝头、薯干面窝头、高粱面窝头、小米面窝头、栗子面窝头等，其颜色有黄色、白色、褐色，花色等。

煮食　主要有粥、汤、饭、面条、饺子等。

煮粥，有以小米、大米作为食材熬制而成的小米粥、大米粥、二米粥，有用玉米制成的蹅子粥、糊糊粥等。煮饭，有小米饭，大米饭。小米饭食材为谷子，大米饭食材为稻米。20世纪50年代、60年代，村民中农业户口吃大米很少，80年代后，市场放开，大米饭成为家常便饭。

煮面，种类较多。主要有板条、压捏格儿、煮饺子、拨鱼、摇球、猫耳朵等。其中，拨鱼，是用一个拨鱼铲子，一个拨鱼筷子，将和好的稀面放在拨鱼铲上以拨鱼筷子拨入锅内，煮熟即可。因拨入锅内的小面团在锅内如鱼在游，故名拨鱼。还有一种拨鱼，称为抹鱼，也叫遛鱼，是将和好的稀面放入碗内，以筷子从碗沿往外抹入锅内煮熟。摇球，是将玉米面和好擀成片，再切成面丁儿，放在簸箕里摇成球状，下锅煮食。猫耳朵，将面和好擀成片，再切成面丁儿，放在簸箕、格挡锅拍或手心，用大拇指按住小面丁块，向下用力往前一推，使面丁形成一个猫耳朵形状，就捻好了。下锅煮熟后捞出，加适量炸酱或卤，拌匀即食，称“捻猫耳朵”。

烙食　主要有烙饼、摊黄儿、春饼、贴饼子等。

烙饼，用面粉烙制而成，可以配肉、蛋、蔬菜等一起食用。20世纪50年代，香峪村种小麦，但产量不高，白面烙饼只是待客或为从事重体力劳动者食用，平时以玉米面、豆面、薯干面、小米面的食材或以杂面烙出的饼。改革开放后，生活提高，白面敞开供应，白面烙饼成为村人主食，种类有烫面饼、发面饼、葱花饼、大饼等多种。

摊黄儿，将玉米面用水调成面糊，待发酵后再掺入适量面粉搅成面糊，然后将特制铁铛放在火炉上，烧热后抹食用油，用勺子舀入搅好的面糊，倒在铁铛上，盖上铛盖，两分钟后，铛内发出滋啦声，掀开铛盖，中间薄外围厚且有蜂窝的“黄儿”制成，此种食品又称“象鼻子”。

春饼，做法是热水汤面，面团上抹油，两块面团合在一起擀片，上铛烙熟。食用时将两片饼揭开、铺平，放上菜卷起。传统菜由炒熟的绿豆芽和煮熟粉丝浇汁拌成。

炸食　多种。有炸香椿鱼，将面粉加鸡蛋搅拌成面糊，用嫩香椿粘面糊，放进油锅里炸，炸出的食品香鲜酥脆，外焦里嫩，外观如鱼形，故称香椿鱼儿。香峪村香椿树多，盛产香椿，一般家里来客人，都会用此招待，既可当主食，又可当菜肴。炸食费油，计划经济时期，农村供应食用油很少，炸食主要是改善生活或待客。20 世纪 80 年代后，村人吃炸食成为日常。

吃白薯　1958 年成立人民公社到 1983 年，香峪村为多打粮食，除种植玉米、谷子外，也把栽白薯作为主要农作物。社员每人每年都从集体分百十斤，每 5 斤白薯折 1 斤口粮。白薯做法多样，有蒸白薯，将白薯洗净，放入锅煮，不能干锅，也不能剩汤太多，剩少许汤（已成为白薯粘子）为宜。将吃剩余的白薯放在炉洞里熥干大部分水分，或放在火炉边炕，缩水后的白薯呈牛筋状，更好吃。有炉白薯，又名烤白薯。家中的土炕、地炉子，取暖做饭时，将白薯洗净码放在火炉口四周，火头不能太旺，扣上铁锅，待闻到薯香后，掀开锅盖将炉熟的白薯取出。有白薯干，将白薯洗净切片晒干，用碾子或电磨碾成面，掺榆皮面和好，可切“板条”吃，可“蒸窝头”吃；无米下锅时，将铁锅注水稳上笼屉或篦子放上薯干，蒸软可当饭吃。白薯拔丝，是将白薯洗净削皮，切成滚刀块，放入油锅里炸到金黄八九成熟捞出，锅底剩少许油加入白糖熬制起沫，掌握好火候，将炸好的薯块再次放进锅里，翻个后沾上糖色用筷子搛出，薯块会出长长的糖丝，称为白薯拔丝。村民经常用白薯拔丝招待客人，厨师也经常用白薯拔丝显示手艺。

副　食

肉类　20世纪50年代，村民以种地为业，土里刨食，生活贫困，常吃不饱肚子，平时见不到更吃不上肉，只是过年时，有些户宰一头自养的生猪，宰只羊或几只鸡，能吃上几顿肉。

60年代，走上集体道路，生产队建起集体猪场，养猪主要是交售国家，增加集体收入。社员家庭副业养猪、养羊，卖钱补贴家用。合作供销社只有到年节时，才供应猪肉，平时并不卖肉。平时要想吃肉，需到门头沟的肉站购买。当时肉价六七角钱一斤，但手中缺钱，只有家中办婚丧嫁娶之事或招待亲朋好友，才去买肉炒菜，顺便改善生活。

改革开放后，经济发展，人们生活水平提高，村民手头有了钱，交通方便，村民吃肉增多。80年代后，卖肉的商户频繁往来，村民可随时购买，肉食成为家常食品。

蛋类　家庭养鸡是香峪村传统，每户多者养十几只，少者三四只。养鸡是为了产蛋。因养鸡要吃粮食，村民不专门养肉鸡，觉得成本高，不合算。鸡下的蛋，村民平时也舍不得吃，多是给病人或体弱人群或小孩食用。攒起来的鸡蛋，多用于走亲访友、看望病人或产妇的礼品，有时也拿到市场或供销社，换生活用品，或卖蛋挣钱补贴家用。改革开放后，生活提高，买鸡蛋方便，村民养鸡户减少。21世纪初，进行新农村建设，为保持卫生，除集中养鸡外，村民家中不再养鸡。

奶类　20世纪50年代，村养牛户是为了使役耕地，养羊是为出售赚钱或年节宰食，故无奶牛、奶羊，村民也基本没有喝鲜奶的概念。80年代后，市场上奶制品、炼乳和奶粉增多，村中产妇奶水不足者，出村到商场买奶制品代替母乳。90年代后，市场放开，奶制品丰富，村民生活水平提高，经常选购适合自己的鲜奶及奶制品补充身体营养。

豆制品　20世纪50年代，村中时有商贩来卖鲜豆腐。村民生活水平低，只求填饱肚皮，买块豆腐，算是改善伙食，或以此招待客人。合作化后，村集体曾在七神庙前做豆腐。60年代、70年代，计划经济时期，商品短缺，取消商贩，村民很少吃上豆腐。改革开放后，豆制品多种多样，村民任意选购。

饮料和吸烟

饮酒　20世纪50年代，村民喝酒的人很少。有客人来，买酒，以“二锅头”居多。经济困难，村人多无钱买酒。20世纪80年代后，市场放开，酒品琳琅，可选购者繁多，青少年多追逐啤酒，成年村民多喜欢价廉高度白酒，中高档酒多作为礼品馈赠。

饮茶　中华民国时期，村民多经济拮据，平时的饮料主要是凉水、白开水。家家户户都备有水缸，除做饭用水外，渴了，就从缸里舀半瓢凉水喝。中华人民共和国成立后，村民生活水平提高，村民到供销社购买茶叶者增多。有的外出村民或家里有在外工作人员，回家时总爱买回茶叶，或自用或赠与亲朋好友或孝敬长辈。普及卫生知识后，人们喝凉水的大为减少。大多数人养成了喝凉白开水和饮茶的习惯，客人来了上茶成为一道礼节。村人最爱喝的茶是北京茉莉花茶，20世纪80年代以后，嗜绿茶、红茶者人数渐多。

饮果汁　种类繁多，有山楂水、杏干水、梨干水、冰糖梨水等。

山楂水，是将收获的山楂切成片，晒干或焙干，用时取出几片，用沸水冲泡或煮至汤汁变色时，加上适量白糖，喝时酸中有甜，放凉后饮用，清爽可口。

杏干水、梨干水，均是消暑冷饮佳品。将杏、梨的果肉制成干，用沸水冲泡饮用，是杏干水、梨干水；冰糖梨水，是以梨块、冰糖等煮制而成的汤水。杏干水、梨干水、冰糖梨水均有润肺、清燥、止咳、化痰，养血生肌作用。

蜂蜜　香峪村有丰富的蜜源植物，尤其是荆条，生长茂密，是荆花蜜的蜜源。每年7月中下旬至8月上中旬，荆花期长达一个多月，此时是荆花蜜的收获时节。荆花蜜呈浅琥珀色，入口留香，回味无穷，因其质优被称为“一等蜜”，有清热去燥、解毒去痛之功效。

吸烟　抽烟是一种精神嗜好品。村中不少人有抽烟习惯。多抽自种旱烟。80年代，商店、超市有卖成盒、成条香烟，市场也有烟叶、烟丝、烟末出售，村民不再种植烟草，也不再抽旱烟。90年代后，随着对吸烟有害健康的宣传，村人抽烟者减少。

随着改革开放后的市场丰富，饮料品种日益增多，果汁饮料、碳酸饮料、茶饮料、乳饮料、功能饮料、含酒精的饮料以及矿泉水、纯净水、酒品等充斥市场，村民用的饮品各取所需，但主要是青少年挑选，中老年人依然偏爱饮茶，不少人还长期喝营养保健品，如藕粉、杏仁露、核桃粉、黑芝麻糊等。

菜　肴

腌菜　主要有腌咸菜、腌青菜、糟酸菜、腌臭鸡子等。

熬菜　主要有熬小白菜、熬大白菜、熬南瓜、熬豆角、熬粉条豆腐、熬茄子等。有时熬杂烩，将豆角、土豆、葫芦条、冻豆腐、炸豆腐、粉条等加佐料一起熬，熬熟加熟肉块，再用小火熬，为美味菜肴，此道菜多在年节时做。加肉的熬菜吃完后，菜汤可反复用。

山菜、野菜

香峪村山场广阔，先民经过长期的实验，将许多植物作为食材，就地取材，既丰富了“菜篮子”，又节约了资金。有的山菜、野菜还成为特色美食。其中，木本植物山菜，主要是香椿，四月中旬至五月初树出芽时正当时。香椿的吃法：一为炸香椿鱼，春天要是没吃上一顿炸香椿鱼，就等于没过香椿秋。第二种吃法就是用水焯一下，捞出切碎拌着吃，作为面码最佳。香椿也可以焯后切碎加盐搓后晾干，放在密闭的容器中储存，等冬天无蔬菜时拌面吃，吃时用开水一泡即可。还有花椒芽，4月底至6月中旬采摘，可炸食、拌食、配菜、腌渍食用。花椒芽不宜多采摘，采摘多了影响树寿命，影响结果儿，因花椒是价值较高的经济作物，所以庄稼人要不是待客，很少去采摘。

木本植物野菜，主要有木兰芽、椿树芽、柳树芽、杏板等。杏板，是砸杏核取仁，温水泡后去皮，水煮，加花椒、大料、姜等佐料，煮熟放适量精盐即可食用，香、嫩、脆。若是苦杏仁，需煮泡三次脱苦涩方可食用。木本植物中的杨树叶、家槐树叶和刺槐树花、榆树叶和榆钱、椿树叶、山桃叶、杏树叶、椴树叶、青杠树叶等经过加工后都是可吃的野菜。榆钱和刺槐花可以做汤，与玉米面混合可制蒸糕。刺槐花可以摊槐花坨子、做小米饭打傀儡（一种食品名称）。

草本植物野菜，主要有苦荬菜、野韭菜、山葱、蕨菜、荠菜、猪毛菜、苣荬菜、苋菜（人情菜、千籽谷）、落落菜（灰菜）、刺儿菜、架架儿菜、马齿苋菜、黄花菜、酸滴溜菜、紫苏子叶、巧儿舌头等几十种。

食用菌和木耳，香峪村山地植物繁茂，雨后土壤潮湿，阳光充足，野山菌分布广泛，种类繁多，且数量大，每年 5 月开始有野生菌生长，7—8 月，山坡、草地、林缘、灌木丛、路旁经常生长有蘑菇。村中桑树、榆树、槐树等枯枝中，在水分温度适宜时，会生长木耳。尤其是雨后初晴、云雾缭绕，为蘑菇、木耳生长提供了良好条件。

第三节　服饰　发式

服　装

清至民国，大多数村民生活贫困，衣着以粗布衣为主，且穿着破旧不堪。一件衣服穿多年，补丁摞补丁。大人穿破了的衣服，改改孩子穿。实在无法穿了，用来打袼褙做鞋。有些家庭，冬天穿的棉衣，到春天将棉絮揭掉改为夹衣穿。村人俗语“新三年，旧三年，缝缝补补又三年”。

衣服颜色、款式单一，一般男子是黑色、蓝色，女子穿着也以黑蓝色居多。春夏秋三季，男子穿缅裆单裤或夹裤，冬天穿缅裆棉裤，裤脚儿打褶，用窄条黑布或蓝布绑上，称“腿带子”。一是干活或走路显得利落，二是防止蚊虫钻裤腿叮咬。大多数人不穿内裤，用布条或较细的绳子当腰带。冬天穿对襟棉袄，有的外套棉坎肩，有条件的外套羊皮袄。春夏秋季节，穿对襟褂子，以“算盘疙瘩”系“扣门”。有些村民常在腰上系“搭布”，一是防风吹腰，二是可以将镰刀、斧子、烟袋别在腰上，使用方便。夏季，女子穿大襟褂子，缅裆裤，冬季穿大襟棉袄，缅裆棉裤。

中华人民共和国成立后，村民穿戴服饰发生巨大变化。随生活水平提高，除家做衣服外，有的家庭也开始请裁缝做中式制服。年轻妇女也开始讲究买花布，做花衣裳。年纪大的也抛弃布袜子，穿上“洋袜子”。人造棉、斜纹、哔叽、咔叽布、针织内衣、秋衣、秋裤、毛线、毛衣开始出售，但多数人买不起，直到70年代中后期，人们穿着打扮依旧是清一色棉布料，质地样式单一，大人小孩没几件衣服穿，雨天出工衣服被淋湿，没有换洗的；姑娘小伙外出相亲，常借衣服穿。

1954年始至60年代，国家按人头发放布票，社员买布一律凭票购买，每年按小孩、学生、成年人为标准分别发放4.8尺、14.5尺、17尺不等，布票不够用，花高价买布票。社员穿的裤子，时间一长，多在膝盖和臀部补上大块的补丁。一些家庭人口少的或者要结婚的年轻人，用布缺口较大，就只能向孩子多的家庭借布票，或买黑市布票以解燃眉之急。

1961年，分配香峪村3件毛衣，分给社员购买。

1962年，香峪村卖白梨，商业部门奖给村两件料子，分给社员购买。

1966年“文化大革命”开始，全国学解放军，十亿人民十亿兵，军绿色衣服风靡一时，军褂、军裤、军帽、军鞋成为年轻人的时尚追求。香峪村很多年轻人也通过各种渠道穿上黄军装，讲究的还在里面套上白衬衫。当时购买衣服，不能穿得特漂亮，怕被当成“追求资产阶级生活方式”而被批判。70年代中期，村民生活水平提高，的确良、涤纶、混纺、尼绒、人造棉等化工合成类的纺织品大量上市，穿衣紧张问题得到解决。爱美之心人皆有之，一股米黄色斜纹布制作的“喇叭裤”热，应运而生。“狂不狂看米黄，美不美看裤腿”，两句顺口溜流传至今。

1978年改革开放后，随着国家纺织工业的发展和乡镇以及个体经营制衣业的兴起，服装迅速增多，产品种类不断丰富，到1983年，布票废除。村里男女老少穿着打扮发生根本性变化，有的男青年开始穿牛仔裤、格子T恤，女人开始穿羊毛衫、蝙蝠衫、西裙、长裙甚至超短裙。人们的着装，以性别、年龄为基本特征进行市场划分，有男人装、女人装、中老年服装和童装等。村民的衣着服饰从追求结实耐穿转为舒适、美观、漂亮，从单一的黑色、蓝色转为多样颜色，甚至是大红、大紫，花花绿绿。村民很少穿家做的衣服，大都到超市买衣服，或者定做。新婚青年，购买名牌服装，穿高档西装和婚纱。

进入21世纪，村里年轻人从追求时髦着装转向高档化、品牌化和个性化发展，质地、款式、做工，既讲究舒适合身，又体现个人品位。中老年人也思想解放，穿上红紫及花花绿绿的外衣外套。很多村民置办了西服，出门会友或参加重要活动，还打上领带。

鞋、帽、袜

鞋子　民国至中华人民共和国初期，村人普遍穿家做布鞋。村民劳作于山坡沟壑间，特别费鞋，所以做鞋多为“实纳帮”。实纳帮，是将碎布、布头用糨子一层一层粘在木板或石板上，数层后，再粘一块新布，称“打袼褙”。晒干后揭下来，根据脚的大小裁剪出鞋底，然后将若干片袼褙叠在一起，用麻绳纳实，称“纳鞋底”。因鞋底又硬又厚，需用锥子先扎眼，再用针穿麻绳顺眼引线勒紧。因鞋帮较薄，也用针线纳实，再将鞋帮缝在鞋底上。实纳帮鞋为圆口，左右脚通穿。有的家庭条件好，穿圆口“千层底”布鞋。

二十世纪六七十年代，村中流行球鞋、松紧口鞋、系带鞋、条绒布鞋和塑料凉鞋。家做鞋渐少，70 年代末“实纳帮”鞋绝迹。村民中的劳作人员最爱穿解放鞋，尤其是学生、男孩，几乎人人都有解放鞋。改革开放后，布鞋式样增多，布鞋重回人们脚底，皮鞋呈流行趋势。20 世纪 90 年代后，市场上有布鞋、胶鞋、皮鞋、拖鞋、高跟鞋、凉鞋，还有既美观轻便、又保暖、舒适的旅游鞋，多种多样，村民穿的鞋也就五花八门。

帽子　民国年间，成年男人夏戴草帽，冬戴棉帽、瓜皮帽、毡帽。中华人民共和国成立后，流行圆顶解放帽、栽绒帽，妇女蒙头巾，夏戴草帽。小男孩戴自制老虎头帽，老太太戴黑色平绒帽。20 世纪 60 年代流行军帽（草绿色）。80 年代帽子质料及式样多有更新，男子流行鸭舌帽，妇女戴自编制的毛线帽，蒙各色头巾或系纱巾，还流行毛线长围巾。进入 21 世纪，男子冬天多戴呢子帽、棉帽，春秋季节多戴运动帽，女子冬天多围毛绒头巾或戴绒线帽，夏天多戴遮阳帽。

袜子　民国年间，村男女大多穿自缝布袜。有的妇女缠足，用白布灰布条做裹脚布。20 世纪 50 年代，布袜减少并逐渐绝迹，针织袜增多。60 年代后，村中青年人多穿尼龙袜、尼龙丝袜。80 年代初，人们普遍穿毛袜、丝袜和各类化纤袜等。90 年代以后，村人穿的袜子按原料和造型分有棉纱袜、毛袜、丝袜、长筒袜、中筒袜、船袜、连裤袜等，还有平口、罗口、有跟、无跟和提花、织花等多种式样和品种，供人们任意选购。

装　饰

民国年间，村中妇女有插戴银簪、戴手镯和戒指者。小孩满月时，有亲朋送小手镯，还有送长命百岁字样的银“锁子”。中华人民共和国成立后，村中佩戴金银饰品者减少。“文化大革命”开始后，佩戴金银饰品绝迹。80 年代，村民收入提高，佩戴金银饰品者逐渐增多。90 年代，很多新婚女子佩戴金戒指、项链、耳坠。21 世纪初，市场繁荣，饰品种类增加，琳琅满目。村中有的女子佩戴戒指、项链、耳坠、耳环、耳钉、手镯。有的家庭娶媳妇或嫁女儿时，也送饰品。

发　型

清代，香峪村男子蓄发辫。民国期间，剪掉辫子，光头增多。中华人民共和国成立后，村中青年、学生留平头或梳分头，成年人多剃光头，有的老人留胡须。未婚女子梳一条长辫子挂在背后，辫梢扎红头绳。结婚将头发盘在一起，外罩线网，称“梳纂儿”，后逐渐改为双辫或齐肩短发。80 年代后，村中男子发型普遍为平头、分头、寸头；女子多为短发、马尾巴辫。村中有的年轻女性为改变发型，到理发馆烫发。21 世纪初，村中男子老少，以平头、分头为多，偶有背头、光头；女子发型多短发、马尾辫，以梳披肩发为时尚。

第四节　居住　出行

住房面积

民国年间，村民不少家庭两代人、三代人住在一起。有的家庭子女已成年，因盖不起房也只能挤在一个炕上。还有的无房，过着居无定所的生活。

中华人民共和国成立后，村民生活发生改变，居住环境改观。20 世纪 50 年代不少家庭盖新房，多数子女成家后，单独盖房居住。20 世纪 90 年代后期，对村民房屋调查，建筑总面积约 1 万平方米。

2000 年后，村民几乎家家户户盖新房，村中有 10 户还盖了两层楼房。2020 年年底，香峪村村民房屋总面积 5 万多平方米。人均居住面积可达 100 平方米以上。有的一户人家就有几百平方米建筑面积的房屋。

家　具

中华民国年间至20世纪50年代，香峪村民使用的家具，主要是储藏粮食的仓、柜，存放衣服的木箱，自用和接待客人的凳子、桌子。仓，有三节仓、二节仓；柜，有坐柜、碗柜等；凳，有单人凳、条凳、小板凳。桌，有地八仙、炕八仙、小吃饭桌等。家中有椅子的人家很少。有的家庭人口少，经济条件差，屋中只有一桌两凳。存放粮食用布口袋，或麻袋码在炕头上。香峪村家家有缸，有的存粮用，有的盛水用，有的用于腌菜。

20世纪70年代，村民家中开始有组合柜、沙发。有的请手艺人制作，有的到商店购买。购买家具用票证，没票证买不到，有的人家自己动手做家具。一家人吃饭围着的小饭桌，被落地的大方桌、大圆桌替代。20世纪80年代后期至90年代中期，随着改革开放，市场上的商品越来越丰富，时兴起购买新家具。有的根据家中面积，一次性购买沙发、席梦思等全套家具。

日用品及家用电器

20世纪50年代中期，村民家中有个马蹄表、有个手电筒，也是稀罕物，会受村人羡慕甚至引人围观。能戴上手表的，都是出村在外的工作人员。村中通电后，家用电器逐步进入家庭。20世纪60年代中后期，村人结婚，讲究有“三大件”，为收音机、手表、缝纫机。20世纪70年代，村民家中开始普及收音机，有的村民家中还有半导体。20世纪90年代，大多数村民家中都有了彩电、冰箱。21世纪初，村民家家都有电视，有的家庭还有2台电视。有的家庭还安装空调，购买洗衣机、数码照相机、摄像机、电子游戏机、影碟机、音响设备等。很多家庭洗衣机、空调、液晶电视等一应俱全。

照　明

民国年间至1963年，香峪村民家中照明，使用煤油灯。50年代，生产队集体有马灯。1963年后村民使用电灯。60年代，由于电压不足，村民家中电灯经常出现灯光微弱或停电现象。80 年代，村民家中安装电表，由大队或村委会按电表收电费，再付供电单位。21 世纪初，门头沟区供电局对香峪村电力改造，为每户村民家中安装智能电表，村中用电的线路、设备、设施由供电局统一管理，村民用电到供电部门购买电量。

取暖做饭

20 世纪 50 年代，香峪村村民取暖做饭，能源为木柴和煤。木柴村民自备，香峪村山场广阔，林木茂密，拾柴方便。煤炭，香峪村曾有煤矿、煤窑。50 年代中期，实行集体化后，乡办有新生煤矿，后又开办阴山煤矿，供应附近村庄烧煤。70 年代，北京矿务局在杨坨开办煤矿，与军庄公社订有协议，定量供应军庄公社农村用煤。香峪村民用煤，到村中领取煤票，可到杨坨煤矿买煤。

香峪村家家都有大土炕和用石垒砌的不足 1 米高的炉灶。用柴烧炕，用炉做饭。许多家庭设置地炉，既用于取暖又用于做饭。地炉，是在炕沿中间下部掘一坑，在坑里垒出炉灶。炉口与屋地面平，膛大口小，膛下安设炉条，炉条上存放燃煤，炉条下为炉灰洞。屋地设有炉坑，人进炉坑后将炉灰洞中的炉灰掏出再运出屋外倒掉。炉膛中有一斜向土炕的通道，炉火除向炉口燃烧外，还会沿通道向土炕供热。香峪村制作地炉子一般要用有经验的人员，要根据房屋的朝向、土炕的大小、炕内烟道的设置，垒砌炉膛的容积，选择炉与土炕之间通道的坡度等，做到既省煤，又便于炉口做饭，还会使炕热乎。地炉子的缺陷是，煤火燃烧，会产生煤气中毒，会使室内灰尘增加。地炉子只是冬季使用。还有的人家为保持室内卫生，减少炉灶的灰尘，采用“隔山取火”的方式取暖，即将燃煤用的炉灶设置在外屋，炉灶内的取暖通道隔堵墙进入里屋的炕内。

60 年代，有的村民在屋中安装铁炉子，可以室内外移动，用煤量小，炉子上安烟囱，可以使室内灰尘少，但不如地炉子温暖。

90 年代，门头沟区推广使用沼气，村民建沼气池，政府给补贴，发给沼气用灶。香峪村的王建国、韩金良等 3 户建起沼气池，使用沼气做饭、照明，约有 3 年时间。

90 年代，村中有的人家用上液化气做饭。2013 年，国家敞开液化气供应，集体和村民可以到供气站购买液化气。

21 世纪初，门头沟区推广吊炕，政府对施工用的主要材料给予补贴，村里负责辅料，不用村民花上一分钱。2007 年，香峪村为村民完建吊炕 80 铺。使用吊炕，节煤但不节柴，保暖性也不如煤火炕。随着北京西部生态涵养区的建设，村民烧柴受到限制，使用吊炕人家逐渐减少。2020 年，香峪村还有 3 户人家有吊炕。

2013 年至 2014 年的冬季取暖期间，香峪村开展预防煤气中毒工作。到取暖户家中检查安全情况。调查全村取暖户分布情况。向取暖户发放《致取暖户一封信》和宣传折页、小册子，与取暖户签订安全责任书，发放房屋四色提示帖。全村 78 户中，人户分离 17 户，空挂户 3 户，走失 1 户、服刑 1 户；使用土暖气取暖 39 户，使用火炉取暖 19 户，使用电暖气 1 户。2019 年，香峪村有火炉的烧煤柴户 83 户，其中有火炉但冬天未在家取暖用火的 11 户。

2015 年，香峪村村民开始普及使用燃气罐。

2020 年，香峪村民家中做饭、取暖，主要以煤、柴、液化气、电力为能源。有时用电饭锅、电磁灶等电炊具做饭，有时用燃气罐做饭；有时用煤火取暖，有时用电暖器、空调取暖。燃气公司定期到香峪村为村民换气罐。香峪村许多家庭都在村外购有楼房，冬天去住楼房。有的老人去有楼房的子女家中居住，在香峪的房屋中安有火炉但冬天并不使用。香峪村村民做饭烧水，主要用煤气灶和电磁灶。

洗　浴

2009 年，由区农委投资，香峪村建太阳能公共浴室 1 处，建筑面积

85 平方米，室内配备有成套洗浴设施。建成后没有使用，因村民家中都安装有太阳能热水器，没必要去公共浴室。2020 年，香峪村村民仍使用自家太阳能热水器洗澡。

出　行

民国年间，村交通不便，出行走山路，最宽的路是驮道，没有大事需要很少离家外出。村里一般人家结婚，男方拉着毛驴去接亲。有的人家结婚，想体面些，雇顶轿子，再雇上几个壮工，连同吹鼓手把新娘子接进村。村里的山货靠人背、畜驮出山销售。村里年龄大的人更不轻易出门。

50 年代后期，香峪村在门头沟煤矿工作的朴振国、王金生骑自行车上下班，是村中最早有自行车的人。

1959 年，分配香峪村购买 3 辆自行车购买指标，韩宝臣、韩宝振、樊桂芬各买 1 辆。

20 世纪 60 年代初期，驻村部队修了村中公路，村人外出办事，多步行十余里至军庄乘公共汽车。1976 年，村中有了沥青公路。

20 世纪 70 年代，军庄有了火车站，杨坨有了公共汽车站。

21 世纪初，香峪村民个人开始购置小轿车、摩托车。至 21 世纪 20 年代，村民几乎每户都有私家汽车，很多农村青年购有摩托车。村民开车出门购物、串亲戚、办事越来越方便。

图 15-1　村民出行的私家车（2020 年 1 月摄）

村民去门头沟上下班也开自家车辆。

21 世纪初，门头沟区交通运输公司开通门头沟大峪至香峪村的公共汽车。后又开设 M27 路公共汽车，起点在门头沟区的紫云路，经永定镇、龙泉镇、军庄镇三镇镇域，到香峪村为终点，每天三趟，在香峪村设有站点和车场。

21 世纪初，逢节假日，有的村民自驾车，带着家人去休闲度假。还有的村民乘火车、坐飞机去旅游。

第十六章　人物　荣誉

香峪成村数百年间，村民种地采煤，与自然斗争，从事生产实践活动，克服困难，建设家园，涌现许多公益楷模。在新民主主义革命时期，香峪村民积极参加人民军队，积极为革命事业做贡献。在社会主义革命和社会主义建设中，香峪村民发扬自力更生、艰苦奋斗精神，努力劳动、无私奉献，用自己勤劳的双手，建设家园，不断改善村民生活，不断改变村庄面貌。改革开放后，香峪村民在各自工作岗位上，不断做出新的成绩。本章中的人物记载，包括香峪村户籍人口、村籍人口中影响较大人员，外籍人口对本村有重大影响者也一并记入。范围为：革命烈士，在革命战争年代立功人员，在中华人民共和国成立前参加人民军队人员及复员、转业人员，离休人员，区级以上劳动模范与先进生产（工作）者、优秀共产党员，区级以上党代会代表、人代会代表、政协委员，副处级级别以上干部，高级职称人员，获得国家科学技术奖励人员，多年在村担任干部且在任的党支部成员和监委领导，为社会和香峪村做出突出贡献人员和在社会上有重大影响人员。其中，已去世者以人物传略形式记载，有 1 人；在世者以人物简介形式记载，以出生日期先后为序，有 4 人；革命烈士，以人物表录形式记载，以去世时间先后为序，有 2 人。记载人物中，有女性 2 人。

中华人民共和国成立后，香峪村在社会主义革命和社会主义建设的伟大事业中，争优创先，努力奋斗，政治文明建设、精神文明建设、物质文明建设结出丰硕成果，多次受到上级机关的奖励和表彰。特别是进入21世纪后，香峪村发生巨大变化，获得国家生态文明村庄等众多荣誉。由于掌握资料有限，本章记载内容只是已知的进入21世纪以后的香峪村集体荣誉。

第一节　人　物

人物传略

韩宝瑞（1930—2007），香峪村人，出身贫苦家庭，少年时即在门头沟背煤、打工。1954年到京西矿务局木城涧煤矿当采煤工。1959年6月加入中国共产党。在北京矿务局及所属单位工作期间，1969年当选为中国共产党第九次全国代表大会代表，1971年当选为中共北京市第四次党代会代表，1977年当选为北京市第六次人民代表大会代表。1973年至1984年，韩宝瑞先后担任北京矿务局工会主席、副主席。1985年担任北京矿务局爱国卫生运动委员会副主任。1990年退休，为北京矿务局处级干部。2007年去世。

人物简介

朴玉兰（1949—），女，香峪村人。1970年至1972年任香峪村党支部书记，1973年至1974年任军庄公社党委副书记、妇联主任，1974年至1977年在北京师范大学上学，毕业后到门头沟区委宣传部工作。1980年到门头沟区广播电视局任工会主席，2004年退休。曾被评为门头沟区1977年度优秀工会干部，门头沟区1986年度、1987年度、1988年度优秀共产党员。

王金林（1949—），香峪村人，中专文化，1982年11月加入中国共产党。王金林1966年7月从门头沟区杨坨中学初中毕业回香峪大队务农。1969年1月在香峪大队担任赤脚医生，1981年10月在香峪大队担任大队长，1983年2月担任香峪村村民委员会主任、村党支部委员。1990年1月，担任香峪村村民委员会主任兼任村经济联合社社长，为村党支部组织委员。2010年，担任香峪村村务监督委员会主任。王金林在1995年被北京市公安局评为先进治保积极分子，在2005年、2007年均被北京市民政局评为先进村主任，在2006年被门头沟区农工委、农委、人事局评为农村建设优秀村干部，在2009年被门头沟区评为森林防火先进个人，还被评为2001—2005年门头沟区社会法制宣传教育村先进宣传员。

韩书清（1950—），香峪村人，中专文化，1978年加入中国共产党。韩书清1967年7月从门头沟区杨坨中学初中毕业回香峪大队务农，1969年1月在香峪大队担任赤脚医生，1972年担任香峪大队会计，1981年10月以后，先后担任香峪大队、香峪村党支部书记。2018年后，兼职香峪村经济股份合作社董事长。韩书清2006年6月被军庄镇党委评为优秀共产党员，2007年1月被门头沟区委评为优秀农村党组织书记，2008年1月被门头沟区人事局评为高校师生到基层就业先进，2008年1月被门头沟区农工委、人事局评为新农村建设优秀干部，2008年6月被军庄镇党委评为优秀共产党员、被门头沟区委评为优秀共产党员。

王建华（1964—），香峪村人，大专文化，1986年加入中国共产党。王建华1981年6月从门头沟区杨坨中学高中毕业回香峪大队务农。1982年1月担任香峪大队团支部书记、大队出纳员。1983年2月担任香峪村团支部书记、村委委员、村会计、村陶粒厂会计。1993年担任香峪村团支部书记、党支部委员、村委委员、村会计。2003年2月担任香峪村团支部书记、党支部宣传委员、村委委员、村账托管记账员。

人物名录

香峪村革命烈士名录

表 16–1

姓名	性别	出生时间	牺牲时间	牺牲地点	牺牲时所在单位、职务
韩宝松	男	1921	1948	昌平	宛平县大队战士
王文元	男	1925	1952	朝鲜	志愿军排长

说明：此表源于《门头沟区志》“革命烈士英名录”。其中，烈士王文元，原为香峪村上街人，1960 年上街整体搬迁建立新村后，王文元又被列入新村的革命烈士

第二节　荣　誉

本节荣誉，记载范围为香峪村获得乡镇以上级别的集体荣誉。由于时间较长，记载缺失，仅将进入新世纪后取得的部分荣誉列出。记载方式采用列表形式，将香峪村获得区级以上集体荣誉和乡镇级集体荣誉分别列出。

2002—2020 年香峪村获区级以上荣誉一览表

表 16-2

获得时间	荣誉名称	颁发单位
2002 年 12 月	香峪村治保会被评为北京市先进治保会	北京市公安局
2003 年 7 月	香峪村党支部在全区防治非典型肺炎工作中成绩显著被评为先进集体	中共门头沟区委员会、门头沟区人民政府
2003 年 12 月	香峪村治保会被评为北京市先进治保会	北京市公安局
2004 年 8 月	香峪村党支部被评为第六届村民委员会换届选举工作先进党支部	门头沟区村民委员会换届选举工作领导小组
2004 年 12 月	香峪村治保会被评为北京市先进治保会	北京市公安局
2005 年 11 月	香峪村党支部申报的“文化服务聚人心”被评为 2005 年度特色党建措施二等奖	中共门头沟区委组织部
2005 年 12 月	香峪村治保会被评为北京市先进治保会	北京市公安局
2006 年 3 月	2006 年度门头沟区“双学双比”竞赛活动先进集体	门头沟区妇女联合会、门头沟区“双学双比”竞赛活动协调小组
2006 年 3 月	香峪村妇代会被评为门头沟区“双学双比”先进集体	门头沟区妇女联合会
2006 年 4 月	保持共产党员先进性教育活动先进党支部	中共门头沟区委员会、中共门头沟区委保持共产党员先进性教育活动领导小组

续表 16-2

获得时间	荣誉名称	颁发单位
2006 年 4 月	香峪村党支部被评为保持共产党员先进性教育活动先进党支部	—
2006 年 6 月	香峪村党支部被评为先进党支部	中共门头沟区委员会
2006 年 12 月	香峪村治保会被评为北京市先进治保会	北京市公安局
2007 年 3 月	“迎奥运、京西女性健身展示”活动三等奖	门头沟区妇女联合会、门头沟区体育局
2007 年 3 月	2006 年度首都文明村	首都精神文明建设委员会
2007 年 7 月	香峪村、中国人民解放军 66019 部队 61 分队，2007 年被评为首都军民共建精神文明先进单位	首都精神文明建设委员会
2007 年 12 月	北京市村务公开民主管理示范村	北京市社会主义新农村建设领导小组、村务公开办公室
2007 年	交通文明村	北京市交通安全委员会办公室
2008 年 2 月	2007 年度村庄建设先进村	中共门头沟区委农村工作委员会、门头沟区农业委员会、门头沟区人事局
2008 年 3 月	2007 年度首都文明村	首都精神文明建设委员会
2008 年 6 月	2006—2008 年先进基层党组织	中共门头沟区委员会

续表 16-2

获得时间	荣誉名称	颁发单位
2009 年 2 月	首都绿色村庄	北京市人民政府、首都绿色委员会
2009 年 2 月	2008 年度社会和谐先进村	中共门头沟区委农村工作委员会、门头沟区农业委员会、门头沟区人事局
2009 年 3 月	2006—2008 年度北京市“五个好”村党组织	中共北京市委组织部、中共北京市委农村工作委员会
2009 年 12 月	2009 年爱国卫生先进集体	北京市爱国卫生运动委员会
2010 年 2 月	2009 年度农民致富先进村	中共门头沟区农业农村工作委员会、门头沟区农村工作委员会、门头沟区人力资源和社会保障局
2010 年 4 月	2009 年度首都文明村	首都精神文明建设委员会
2010 年 10 月	香峪村村委会被评为 2010 年度北京市门头沟区森林防火工作先进单位	北京市门头沟区森林防火指挥部
2012 年 6 月	2010—2012 年创先争优先进基层党组织	中共门头沟区委员会

续表 16–2

获得时间	荣誉名称	颁发单位
2013 年 5 月	北京市农村妇女“双学双比”活动示范基地	北京市农村妇女“双学双比”活动协调小组、北京市妇女联合会
2013 年	生态文明创建活动绿色乡村	门头沟区精神文明建设委员会
2015 年 3 月	首都文明村	首都精神文明建设委员会
2017 年 3 月	2015 年“百县千乡万村无邪教创建示范工程”活动创建无邪教示范村	国务院防范和处理邪教问题办公室
2017 年 11 月	全国文明村镇	中央精神文明建设委员会
2018 年 1 月	香峪村文化室被评为门头沟区基层考核优秀文化室	门头沟区文化委员会
2019 年	首都环境建设样板单位（奖状）	首都城市建设管理委员会
2020 年 11 月	中央精神文明建设委员会复查，香峪村继续保留文明村镇称号	中央精神文明建设委员会
2020 年 12 月	无传销村	门头沟区市场监督管理局、门头沟区打击传销工作联席会议办公室

2003—2020 年香峪村获军庄镇荣誉一览表

表 16-3

获得时间	荣誉称号	颁发单位
2004 年 3 月	2003 年度环境综合整治工作一等奖	中共军庄镇委员会、军庄镇人民政府
2004 年 6 月	香峪村党支部被评为 2003 年度先进党支部	中共军庄镇委员会
2005 年 2 月	先进单位	中共军庄镇委员会、军庄镇人民政府
2005 年 6 月	香峪村党支部被评为 2004—2005 年度先进党支部	中共军庄镇委员会
2006 年 1 月	2005 年先进单位	中共军庄镇委员会、军庄镇人民政府
2006 年 6 月	香峪村党支部被评为 2005—2006 年度先进党支部	中共军庄镇委员会
2007 年 2 月	创卫达标村	中共军庄镇委员会、军庄镇人民政府
2007 年 2 月	村务公开管理示范奖	中共军庄镇委员会、军庄镇人民政府
2007 年 3 月	文化活动先进单位	中共军庄镇委员会、军庄镇人民政府
2008 年 1 月	社会和谐先进奖	中共军庄镇委员会、军庄镇人民政府

续表 16–3

获得时间	荣誉称号	颁发单位
2008 年 1 月	文化活动先进奖	中共军庄镇委员会、军庄镇人民政府
2008 年 6 月	香峪村党支部被评为 2007—2008 年度先进党支部	中共军庄镇委员会
2008 年 11 月	军庄镇 2008 年度森林防火“三无”单位	军庄镇人民政府
2009 年 1 月	平安奥运贡献奖	中共军庄镇委员会、军庄镇人民政府
2009 年 1 月	社会和谐先进奖	中共军庄镇委员会、军庄镇人民政府
2009 年 1 月	新农村建设示范奖	中共军庄镇委员会、军庄镇人民政府
2010 年 1 月	文化活动先进奖	中共军庄镇委员会、军庄镇人民政府
2010 年 1 月	新农村建设示范奖	中共军庄镇委员会、军庄镇人民政府
2010 年 1 月	农村制度改革示范奖	中共军庄镇委员会、军庄镇人民政府
2010 年 6 月	香峪村党支部获先进党组织	中共军庄镇委员会
2010 年 10 月	2010 年度森林防火先进单位	军庄镇人民政府

续表 16–3

获得时间	荣誉称号	颁发单位
2011 年 1 月	2011 年度“五好”党支部	中共军庄镇委员会
2011 年 1 月	2010 年度产业结构调整优秀奖	中共军庄镇委员会、军庄镇人民政府
2011 年 1 月	2010 年度社会管理进步奖	中共军庄镇委员会、军庄镇人民政府
2011 年 1 月	2010 年度农村制度改革先进奖	中共军庄镇委员会、军庄镇人民政府
2011 年 6 月	香峪村党支部获 2010—2011 年度“五个好”党支部	中共军庄镇委员会
2011 年 10 月	2010 年度森林防火先进单位	军庄镇人民政府
2012 年 1 月	2011 年度首都文明村	中共军庄镇委员会、军庄镇人民政府
2012 年 1 月	2011 年度文化党建先进村	中共军庄镇委员会、军庄镇人民政府
2012 年 10 月	2012 年森林防火先进单位	中共军庄镇委员会、军庄镇人民政府
2013 年 1 月	2012 年度产业发展先进村	中共军庄镇委员会、军庄镇人民政府
2013 年 1 月	2012 年度“五好”党支部	中共军庄镇委员会、军庄镇人民政府

续表 16-3

获得时间	荣誉称号	颁发单位
2013 年 1 月	2012 年度和谐稳定先进村	中共军庄镇委员会、军庄镇人民政府
2013 年 1 月	2012 年度发挥农村合作组织作用先进村	中共军庄镇委员会、军庄镇人民政府
2017 年 6 月	开展利剑行动，发挥党组织战斗堡垒作用先进奖	中共军庄镇委员会

附 录

香峪村村民自治章程

第一条 为了贯彻实施《村民委员会组织法》，加强基层民主政治建设，保障村民实现自我管理、自我教育、自我服务，推进社会主义新农村建设和四个文明建设，把村委会工作提高到一个新水平，特制定本章程。

第二条 本村实行村民自治，是在党的现行政策和国家法律规定的范围内，在党支部的领导下，由村民委员会具体组织实施自治内容，村民代表大会监督执行。

第三条 本章程是全体村民的行为规范，凡居住在本村的村民（包括在外务工经商的村民），无论党员、干部、群众，都必须严格遵守，做到章程面前人人平等。

第四条 村民享有《中华人民共和国宪法》规定的公民应当享有的一切权利；有参加村民会议，讨论决定重大问题的权利；有参加村务劳动，对有关村务提出建议和批评，对村干部和村务进行监督的权利；享有本村举办的各项公共事务和公益事业的权利。

第五条 全体村民必须履行《中华人民共和国宪法》规定公民应尽的各项义务。要按时交纳按政策规定的生产、生活等各项费用，积极完成村民委员会分配的各项任务。

第六条 每个村民都要学法、知法、守法，自觉地维护法律的权威和尊严，同一切犯罪行为作斗争，努力维护本村治安秩序，发现异常现象要及时向村委会报告。

第七条 村民、邻里之间要团结友爱，和睦相处，不打架斗殴酗酒滋事。严禁侮辱、诽谤他人，严禁造谣惑众，拨弄是非。因以上原因造成后果的，轻者给予全村通报批评，重者提交公安部门按《治安管理处罚条例》处理。

第八条 严禁赌博，严禁制作、出售、传播淫秽物品，遵守社会公德，抵制精神污染，开展有益活动。严禁偷盗、敲诈、哄抢国家、集体、个人财产，严禁替罪犯隐藏赃物。

第九条 严禁私自砍伐国家、集体或他人的树木，不准在村边、田边、路旁随时挖土。严禁损害农作物和果树及其他物品。

第十条 严禁非法限制他人自由或非法侵犯他人住宅，不准隐匿、毁弃、私拆他人邮件。公民在行使自己合法权益时，不得妨碍和侵犯他人的合法权益。

第十一条 加强防火、防盗，防火期内严禁一切野外用火，由于人为而发生的火灾，要追究当事人的责任。

第十二条 加强对流动人员的管理。凡租卖给外来人员居住房屋的房主，必须与村委会签订安全协议书，向外来人员讲清规定和政策，做到勤检查，勤教育，发现问题及时处理。

第十三条 自觉维护老人、妇女和未成年人的合法权益。对不履行赡养、抚养义务的村民，村委会将对其进行批评教育，促其履行义务，不服教育者移交司法部门解决。

第十四条　对未成年人和无民事行为能力的人，给集体和个人造成经济损失的，其监护人负赔偿责任。

第十五条　村民饲养家畜、家禽，要圈养以防止粪便污染街道，不往大街上泼排污水及倒垃圾、渣土、粪便等脏物，不准随便在街道两侧堆放柴草及其杂物，违者村委会按规定进行处罚。

第十六条　村民应服从村委会、村民代表会议关于村镇规划的决定，规划内的建筑、树木及堆放的物品应按要求迁移或拆除。任何人不准占用路面，堆物堆料，对随便占用路面，村委会有权强行清除或没收堆放物。

第十七条　村民要积极参加各种文体活动。严禁在村内文化、体育场所进行赌博或进行有害身心健康的活动，一经发现，严肃处理，情节严重的追究法律责任。

第十八条　认真执行计划生育政策，对违反《北京市人口与计划生育条例》的规定，超计划生育征收社会抚养费，党员、干部、团员违反的除征收社会抚育费外，还要给予必要的组织处分，并通报全村。

第十九条　村民翻建、新建房屋，应向村委会申请，由村委会统一向主管部门审批，批准后方可按规定施工。依照法律规定，凡属于集体的土地（包括承包地），村民不准随便占用、私搭乱建。不得在街道两侧堆物堆料，乱放柴草等杂物，经村委会批准有建筑的除外，但施工完毕后，必须及时清除。

第二十条　本村所有固定资产，经村“两委”研究，村民代表会讨论决定后，有权调剂使用，任何人都不得无偿长期占用，更不准窃为己有，对集体财产故意毁坏和窃为己有的，轻者处以该财产一倍以上罚款，严重的追究法律责任。由村供养的五保户去世后，房屋归集体所有。村民搬迁后的原宅基地归集体安排使用，不准任何人以任何方式和借口占用。

第二十一条　村民不得随便拉电线，低压线路下面严禁堆放柴草和其他易燃物品，禁止在电线杆上拴牲畜宠物，禁止在电线杆周围挖土。

第二十二条 村民禁止一切野外用火和上坟烧纸，放爆竹要远离易燃物，一旦发现火情及时报警和扑救。

第二十三条 要加强对未成年人安全教育，防范各种事故发生。要严禁非司机开车，严禁酒后开车。

第二十四条 全体村民要积极行动起来，维护村内环境卫生，要敢于揭发和制止不文明行为和违法违规行为，以改善全村的生活环境。

第二十五条 本章程自发至村民手中开始执行，原《章程》同时废止。

门头沟区军庄镇香峪村村委会

二〇一三年七月十八日

香峪村村规民约

1. 保护蓝天少污染，劣质燃煤共抵制。
2. 守护健康爱生命，预防煤气我先行。
3. 爱草爱花爱森林，护林防火靠大家。
4. 文明语言天天讲，文明礼仪日日行。
5. 公共秩序要维护，私家汽车不乱停。
6. 遵纪守法促和谐，环境卫生要整洁。
7. 公益活动勤参与，友善和谐荣昌盛。
8. 出租房屋要登记，安全教育不可少。
9. 盲目攀比不可取，婚丧嫁娶要节俭。
10. 法制观念齐增强，抵制邪教靠自觉。
11. 坚决远离黄赌毒，从我做起天下宁。
12. 互帮互助好邻里，互敬互爱好家庭。
13. 光盘行动我践行，珍惜粮食勤俭好。

14. 人人节约一滴水，汇聚起来成海洋。
15. 垃圾分类记心头，保护环境爱家园。
16. 公正无私心比心，建设友爱香峪村。
17. 依法治国是精神，我是祖国正能量。
18. 村规民约要牢记，为村贡献一份力。

2017 年修订稿

香峪村股份经济合作社章程

第一章　总　则

第一条　为适应城市化发展的需要，明晰产权，实现投资主体多元化，调动各方面的积极性发展经济，增加农民收入，提高生活水平，根据《北京市集体资产管理条例》《北京市股份合作企业登记管理办法》及其他有关法律、法规、政策的规定，成立北京市门头沟区军庄镇香峪村股份经济合作社，特制定本《章程》。

第二条　股份经济合作社在村级党组织的领导下，自觉遵守国家法律、法规，接受工商、税务、物价等有关部门依法进行的管理和监督，维护国家利益和社会公共利益。

第三条　股份经济合作社基本情况

名称：北京市门头沟区军庄镇香峪村股份经济合作社

住所：北京市门头沟区军庄镇香峪村

邮政编码：102300

经营范围：综合经营、集体资产管理

经济性质：股份制（合作）

第四条 股份经济合作社实行以下原则。

（一）劳动合作与资金联合相结合，按劳分配与按股分红相结合。

（二）股权平等，积累共有，利益共享，风险共担。

（三）自主经营，独立核算，自负盈亏，民主管理。

第二章 股权设置

第五条 合作社共有可量化集体经营性净资产共 32.36 万元，设置集体股、个人股，集体股 9.71 万元，个人股 596.47 股、22.65 万元。个人股份为基本股和劳龄股。其中，基本股 179 股、6.8 万元，劳龄股 417.47 股、15.85 万元。

第六条 集体股属股东共有的股份，共 9.71 万元。个人股属股东个人所有，共 22.65 万元，可以继承，也可以在合作社内部股东之间转让。集体股、个人股（不包含非集体经济组织成员股份）享有股份经济合作社经营管理、收益分配和合作社终止时剩余财产分配权并承当相应的风险。

第七条 非本集体经济组织成员劳龄股采取一次性现金兑现方式进行清退。不参与改制后新型集体经济组织的经营管理和收益分配。

股份经济合作社给个人股股东出具股权证书，制定股东名册，作为股东享受权利和履行义务的书面凭证。股东股权证书遗失时，股东应及时以书面或其他形式报告合作社，合作社在通告全体股东后，给原持股人补发股权证书，原股权证书同时废止。

第三章　股东

第八条　本合作社共有股东 180 名。其中，集体股东 1 名，个人股东 179 名。（附个人股东花名册）

第九条　集体股、个人股股东有以下权利。

1. 参加股东大会，有选举和被选举的权利。

2. 股东可委托股东代表查阅股东代表大会会议记录，有了解董事会的工作和股份经济合作社及其所属企业经营和财务状况的权利。

3. 对合作社生产、经营及分配有建议的权利。

4. 依本合作社《章程》的规定有获取红利的权利。

5. 在合作社内部有股权合法继承和转让的权利。

6. 在合作社有认购股份经济合作社新增加股本的权利。

7. 在合作社终止时，有依法分得剩余财产的权利。

第十条　集体股、个人股股东有下列义务。

1. 有依其所持股金份额承担债务的义务。

2. 有合作社成立以后，不得抽回出资的义务。

3. 有遵守合作社《章程》和服从股东代表大会决议的义务。

第四章　股东代表大会

第十一条　股份经济合作社实行股东代表大会制度，股东代表大会为合作社的最高权力机构，实行一人一票制度。

第十二条　股东代表大会行使以下职权。

1. 决定合作社的经营方针和投资计划。

2. 选举和决定更换董事会、监事会人员。

3. 审议批准董事会的工作报告。

4. 审议批准监事会的工作报告。

5. 审议批准合作社发展规划、年度生产经营计划。

6. 审议批准合作社年度财务预、决算、利润分配和弥补亏损方案。

7. 合作社注册资本的增加或减少。

8. 合作社的分立、合并、变更形式、解散和清算。

9. 修改合作社《章程》。

10. 遇国家征占土地时，经股东代表大会讨论决议，公告全体股东，停止股权转让。

股东代表大会对行使职权的第 3 项、第 4 项、第 5 项做出决议时，须经二分之一以上股东代表讨论通过。对第 1 项、第 2 项、第 6 项、第 7 项、第 8 项、第 9 项、第 10 项以及除此以外的重大事项做出决议时，须经三分之二以上股东代表讨论通过。

第十三条　股东代表大会每半年召开一次，会议由董事会召集。遇有下列情况时，可临时召开股东代表大会。

1. 有三分之一以上股东代表提出时。

2. 董事会、监事会成员认为必要时。

董事会应在股东代表大会召开前通知股东代表本人参加会议。

第十四条　股东代表大会要有书面报告、会议记录及需要讨论的决议。决议要形成书面材料，决议后股东代表必须签字。对会议的报告、记录、决议要完整存档。

第十五条　股东代表产生。股东代表由股东民主选举产生；也可由现任村民代表（非股东除外）整体转为股东代表，任期到本届村委会换届为止。股东代表受股东委托代行委托人的权利、义务。

第五章　董事会

第十六条　董事会是合作社的常设权力机构。董事会由 3 人组成，设董事长 1 人，董事 2 人，由股东代表大会选举产生；第一届董事会成员可以由本届“两委”班子成员中选举产生，村党支部书记任董事长，任期到本届村委会换届为止。换届时与村委会换届同步进行，新当选的村党支部书记任股份经济合作社董事长，董事由新当选的“两委”班子成员中选举产生。

第十七条 董事会行使下列职权。

1. 执行股东代表大会的决议。

2. 按时召开股东代表会议，并向其做工作报告。

3. 审议批准合作社年度生产经营计划。

4. 召开董事会，选举产生董事长。

5. 聘用或解聘合作社总经理，并决定其报酬。

6. 决定增减合作社的分支机构。

7. 制订合作社年度财务预、决算方案，利润分配方案和弥补亏损方案。

8. 制订合作社分立、合并、终止、解散及清算方案。

9. 制订合作社增减注册资本方案。

10. 提出合作社《章程》修改草案。

11. 制订合作社重要规章制度及其他方案。

12. 特殊情况下的临时处置权，凡属股东代表大会职权范围内的事项，处置后应向股东代表大会报告。

13. 股东代表大会授予的其他职权。

董事会在行使上述职权中，以上事项应由三分之二以上董事通过方为有效。

第十八条 董事会每半年或每季召开一次，由董事会或三分之二以上董事提议可临时召开董事会会议。

每次董事会所议事项，均应做会议记录，会议做出的决议必须形成书面材料，董事会成员签字并存档。

第六章 法定代表人

第十九条 董事长为合作社法定代表人，行使下列职权。

1. 召集并主持董事会、股东代表大会和股东大会。

2. 检查董事会决议和股东代表大会决议实施情况。

3. 代表合作社签署有关文件。

4. 对违法、违纪或不称职的董事，向股东代表大会提出更换方案。

5. 向董事会提出合作社总经理聘用和解聘方案。

6. 非正常情况下的临时处置权，但事后应向董事会报告。

7. 董事会授予的其他职权。

第七章 监事会

第二十条 监事会是合作社经营管理活动的监督机构，由 3 人组成，设监事长 1 人，监事 2 人。第一届监事会成员由本届理财小组成员（非股东除外）直接过渡，理财小组组长任监事长，任期到本届村委会换届为止。换届时与村委会换届同步进行，新产生的村民主理财小组成员（非股东除外）直接过渡为监事会成员，民主理财小组组长任监事长。

合作社董事、总经理及财务主管等人员不得兼任监事会成员。

第二十一条 监事会行使下列职权。

1. 经董事会同意监事会成员可列席参加董事会会议。

2. 监督董事长、董事、总经理的违法、违纪行为，维护股东的合法权益。

3. 股东代表大会授予的其他职权。

第二十二条 监事会所做出的决议须经监事会成员三分之二以上通过方为有效。

第八章　经营管理机构

第二十三条　合作社可设总经理一人。总经理由董事会聘任，其他管理人员由总经理任命报董事会批准。

第二十四条　总经理在董事会领导下负责合作社的日常经营管理工作，行使下列职权。

1. 组织实施股东代表大会和董事会决议，并向董事会报告决议实施情况。

2. 制定合作社年度生产经营计划方案，全面组织合作社日常经营管理活动。

3. 决定合作社内部机构设置，部门负责人任免，报董事会备案，并按绩效给予奖惩。

4. 董事会授予的其他职权。

第九章　收益分配和财务管理

第二十五条　合作社按照国家规定建立健全财务、会计、统计管理制度，按时按质向有关部门报送财务会计报表和统计报表。

第二十六条　合作社遵守税收法规，依法缴纳税款和其他费用。

第二十七条　合作社依法缴纳税费后的净利润，由董事会根据当年实际情况，提出决算分配方案并提交股东代表大会审议通过。

净利润分配顺序按国家规定的企业财务制度执行，合作社当年亏损，集体股、个人股不分红。

第二十八条　合作社年度亏损时，按国家规定用以后年度利润弥补，不足部分依次以公积金、股金进行补偿。依本《章程》规定的程序核减股东股份份额。

第十章　用人用工制度

第二十九条　合作社聘用工程技术、企业管理人员和招收新职工时，须经总经理批准。在同等条件下优先录用股东及其子女。

第十一章　股权继承、转让

第三十条　股东所持股份不得退股，可以继承、转让。继承和转让要签订书面协议，所涉及人员全部签字后，报合作社一份备案，履行继承和转让的相关手续。

第三十一条　对股权的继承，要依据《中华人民共和国继承法》的规定，履行各项手续。在继承手续结束30日内到合作社办理股权变更手续。

第三十二条　股权的转让，要依据本《章程》的规定，经董事会批准，股权只能在合作社内部股东之间进行转让。

第三十三条　合作社董事长在任职期间和离开本合作社的第一个会计年度内，其所持有的股份不得转让。

第三十四条　股权自合作社清算之日起不得转让。

第十二章　注册资本增加减少

第三十五条　合作社增加或减少注册资本，须经股东代表大会讨论通过并做出决议，同时修改本社《章程》，并到原登记主管机关办理变更登记手续。

第三十六条　合作社资产总额增值，实施配股时，必须经股东代表大会讨论通过并做出决议，将增值部分转化为资本金，增加注册资本，同时修改本社《章程》，并到原登记主管机关办理变更登记手续。

第三十七条　合作社注册资本必须减少时，首先通知债权人或予以公告。在通知或公告后九十日内未有债权人提出异议，方可按本社《章程》有关规定进行。

第十三章 变更、清算

第三十八条 合作社分立、合并由股东代表大会讨论通过并做出决议。

合作社分立、合并必须按有关政策规定由当事双方签订协议，明确划分资产，处理好债权、债务，并在决议后三十日内到原登记主管机关办理变更登记手续。

第三十九条 合作社《章程》不符合国家现行规定，不适合合作社发展或遇其他必要情况时，可经股东代表大会讨论通过并做出决议后修改合作社《章程》。

修改合作社《章程》，由董事会制定修改《章程》草案，经股东代表大会讨论通过并报原登记主管机关批准。

第四十条 合作社遇有下列情况之一终止。

1. 被依法撤销。

2. 破产。

3. 不可抗力。

4. 股东代表大会决定终止。

合作社终止由股东代表大会讨论通过并做出决议，按照《北京市股份合作制企业登记管理暂行规定》办理有关手续。

第四十一条 合作社终止时，依据有关法律法规对财产进行清算，并按法律规定程序清偿各种债务和费用。

第十四章 其他

第四十二条 遇国家征占土地，农转非人员股份处置方法国家有规定的按国家规定执行，国家没有规定的经股东代表大会讨论决议，按决议结果执行。

第十五章　附　则

第四十三条　本《章程》由董事会负责解释。

第四十四条　合作社登记事项以登记主管机关核定的内容为准。

第四十五条　本《章程》与国家法律、法规相抵触的以国家法律、法规为准。

第四十六条　合作社按《章程》规定制定的细则，与本《章程》具有同等法律效力。

第四十七条　本《章程》经股东代表签字并报登记主管机关批准后生效。

2010 年 8 月

后 记

《香峪村志》是由门头沟区档案史志馆组织编纂的一部村庄志书，是门头沟区村落文化的组成部分。《香峪村志》的编纂，按照北京地方志编纂委员会制定的统一规范和门头沟区关于村庄志书的编纂要求，组织实施，历时三年完成。

2021 年 5 月，门头沟区档案史志馆和军庄镇政府及中共香峪村党支部、村委会，联合在香峪村召开村志编纂工作启动会，做出修志计划和安排。随之制定印发了《香峪村志》编纂纲要和志书的初步篇目设计，落实了编纂人员和责任分工，提出了任务要求、质量标准和完成时间。

启动会后，编纂人员即深入香峪村，开始进行编写资料的收集与整理工作，制订印发收集资料提纲 10 余份，收集资料表格 20 份。为在较短的时间收集更多的资料，提高对资料的使用率，减少工作的反复和提高工作效率，采取了有针对性的多种收集资料方式。一是召开座谈会。先后请本村的老干部、老党员、老年村民和知情人员座谈 4 次，参加人员计 30 人次。二是采访知情人员和亲历亲见人员。到有关单位采访 5 次，到村民家中采访 20 余次，采访新、老村干部 20 余人次，采访拥有老物件、老家谱的家庭和人员 10 余次。对村民的生产工具、生活用品、屋内摆设、姓氏来由、就业情况进行了解。三是查阅档案。到区档案馆、军庄镇档案室、京煤集团档案馆、北京永定河博物馆以及区属职能部门档案室寻找资料，涉及单位和部门10余个，查阅文件、报表、图册、书籍数百件。四是实地走访。编纂人员到香峪村的街道、民居、住宅、公用设施、田野、山林等地现场察勘，对村中文物古迹及遗址、村中特色林果等尤其考察细致，对村中发生的重大事件尤其注重。实地走访除记录文字外，拍摄照片几百张。五是摘抄和收录文献和书籍资料。从《北京市门头沟区志》《北京市门头沟区地名志》《门头沟区村落文化志》《门头沟文史》《京西时报》等书籍、报刊中，寻找有关香峪资料，涉及北京地区、门头沟区、军庄镇以及香峪周边村庄的书籍几十本。六是利用科技手段和信息化方式收集资料，发信发函、打电话了解情况。

2022年初，在收集部分资料的基础上，采取收集资料与试写相结合的方式，努力加快编纂工作的进度。本着先易后难的原则，对部分比较成熟的资料进行整理。至7月，基本形成资料长篇，进行初审。在取得阶段性成果的基础上，进一步扩大收集资料的范围。至2022年年底，《香峪村志》进入复审阶段。2023年6月，提交了终审稿。8月，门头沟区档案史志馆再次请北京地方志办公室领导和专家，对《香峪村志》进行终审。批准后进入出书阶段。

《香峪村志》是香峪村的第一部村志，万事开头难，其记载时限达数百年历史，其记载内容涉及自然、政治、经济、社会、人文的众多方面。村庄虽小、人口不多，但内容丰富。尤其是改革开放后，香峪村发生巨大变化，获得北京市文明村庄等众多荣誉，村民的生产方式、生活方式、精神面貌、信念追求，都有历史性的嬗变。如何以村志的形式，将香峪村的发展情况实事求是地记录在册，寻找出亮点特色，挖掘出发展规律，当然会有修志的难度。而修志期间，又逢新冠疫情，更增加了修志困难。可喜的是，修志人员和香峪村民，矢志不渝，无私奉献，终以高度的事业心和责任感，完成这一光荣而又艰巨的任务。

在编纂《香峪村志》的过程中，军庄镇政府十分重视，提供了全方位服务。镇领导金敬、安文娴，多次抽出时间，到香峪村检查督办修志工作。镇政府专门安排办公室工作人员王亚男、郭赢，负责接洽工作。香峪村请村委会原主任王金林作为联络人员，全程负责资料收集和核实。王金林在身体有病的情况下，坚持工作，不辞辛苦、不计报酬，对志书的初稿、复审稿、终审稿多次校核，认真负责，体现出老村干部的精神风貌。村党支部书记韩书清、支委王建华，以及村办公室工作人员王建梅、李小婵、王素芳等，在繁忙的工作中，为修志人员提供工作方便，帮助查找资料。村支委孙二树和从事乡村振兴工作驻村人员吕佳豪，多次为编纂人员开车服务。村民韩金良两次带领编纂人员，翻山越岭，考察村庄自然地理情况。村民韩书祥、韩书义、韩秀霞、孙长江、王德生、朴玉卿等，积极参加座谈会，积极向编纂人员反映情况、提供资料、核查事实。正是村民的热情、大家的努力，形成了村志的集体智慧结晶。在此，谨向所有参加、参与、支持、帮助此书编纂的人员和未列出名称的单位及人员，表示诚挚的谢意。

编纂村志，是一项重要的村庄文化工程。了解过去，才能更好地认识现在，才能更好地把握将来。愿《香峪村志》在香峪村的发展建设中发挥更大作用。由于编纂时间较短、编纂者水平有限，对书中不足和不妥之处，谨希读者批评指正。

《香峪村志》编纂委员会

2023 年 12 月